Q&A
商業登記利用案内

土手 敏行［著］
TOSHIYUKI DOTE

一般社団法人 金融財政事情研究会

はしがき

　本書は、起業者等商業登記制度を初めて利用される方向けの案内書です。
　本書では、登記の種類ごとの案内については、中小会社がよく申請するものに限る一方で、証明書に関するサービス、インターネットを利用したサービス、困った場合の対処方法等について詳しく案内しています。
　商業登記制度は、明治26年の制度施行以来、時代とともに進化し続けており、現在では、インターネットを利用して登記の申請をすることができ、どこの登記所でも全国の証明書を取得することができるなど利用者に便利な多くの仕組みや機能があります。
　また、登記の適正な申請を確保するため、これを怠ったときは過料に処されるなど利用者が知っておかなければならない情報も少なくありません。
　本書では、これらの情報について、43の項目を設け、一つの項目ごとに基礎的な情報と三つのQ＆Aで案内しています。また、さらに深く理解していただくために「補足説明」や「詳細情報」を掲載し、特にお勧めの情報については「耳寄りな情報」として案内しています。なお、いずれの案内も著者の個人的見解であることを申し添えます。
　私は、法務省民事局および法務局の職員や司法書士等利用者の皆様をはじめ多くの方々を通じて、商業登記制度について理解を進めていくことができました。読者の皆様にも、本書を通じて商業登記制度の理解を進め、同制度のサービスを活用していただけるようになれば幸いです。
　最後に、本書の刊行にあたっては、一般社団法人金融財政事情研究会の田島正一郎さんに大変お世話になりました。この場を借りて厚くお礼申し上げます。

平成26年8月

　　　　　　　　　　　　　　　　　　　　　　　　　　　　著　者

凡　　例

[法令・通達]

カッコ内略称	法令・通達名
民	民法（明治29年法律第89号）
商	商法（明治32年法律第48号）
会	会社法（平成17年法律第87号）
会整法	会社法の施行に伴う関係法律の整備等に関する法律（平成17年法律第88号）
商登法	商業登記法（昭和39年法律第125号）
商登規	商業登記規則（昭和40年法務省令第23号）
商準則	商業登記等事務取扱手続準則（平成17年3月2日民商第501号法務省民事局長通達別添）
登免法	登録免許税法（昭和42年法律第36号）
登手令	登記手数料令（昭和24年政令第140号）
法設法	法務省設置法（平成11年法律第93号）
法組令	法務省組織令（平成12年政令第248号）
法設規	法務局及び地方法務局の支局及び出張所設置規則（平成13年法務省令第12号）
登委規	登記事務委任規則（昭和24年法務府令第13号）

[文献]

カッコ内略称	文献名
論点解説	相澤哲＝葉玉匡美＝郡谷大輔『論点解説　新会社法』（商事法務、2006）
江頭会社	江頭憲治郎『株式会社法』（有斐閣、2011）
詳解商登	筧康生＝神﨑満治郎＝立花宣男『〔全訂〕詳解商業登記』（金融財政事情研究会、2012）
通達準拠	小川秀樹・相澤哲『通達準拠　会社法と商業登記』（金融財政事情研究会、2008）
商登ブック	松井信憲『商業登記ハンドブック（第2版）』（商事法務、2007）

商登逐条	商業登記実務研究会『新版商業登記法逐条解説』（日本加除出版、2005）
商登入門	法務省民事局第四課『全訂版商業登記法入門』（民事法情報センター、1994）
法人精義	登記研究編集室『法人登記書式精義〔第1巻〕』（テイハン、2009）
法用辞典	吉国一郎ほか『法令用語辞典（第9次改訂版)』（学陽書房、2009）
民月	民事月報（法務省民事局）
登情	月刊登記情報（金融財政事情研究会）
登研	登記研究（テイハン）
登解	登記先例解説集（金融財政事情研究会）
登インター	登記インターネット（民事法情報センター）

目　次

第1章
商業登記の仕組みについて知りたいとき

1　商業登記制度 ……………………………………………………… 2
　　Q1　商業登記に関するサービスには、どんなものがありますか ……… 4
　　Q2　登記の申請をしないと、どうなりますか …………………………… 5
　　Q3　登記後、何かする必要はありますか ………………………………… 6
2　登 記 所 …………………………………………………………… 7
　　Q4　登記所はいつ開いていますか ………………………………………… 13
　　Q5　どこの登記所に行ってもよいのですか ……………………………… 14
　　Q6　商業登記所とは何ですか ……………………………………………… 15

第2章
商業登記の申請全般について知りたいとき

1　申 請 人 …………………………………………………………… 18
　　Q7　株主が会社を代表して登記の申請をすることはできますか ……… 22
　　Q8　従業員が代理人として登記の申請をすることはできますか ……… 22
　　Q9　専門家に登記の申請の代理を依頼することはできますか ………… 23
2　申請の時期 ………………………………………………………… 24
　　Q10　登記の申請をする必要があるときは、連絡がありますか ……… 25
　　Q11　登記の期間経過後も、登記の申請をすることはできますか …… 26
　　Q12　登記の事由の発生前に、登記の申請をすることはできますか … 26
3　申請の方法 ………………………………………………………… 27
　　Q13　登記の申請を郵送ですることはできますか ……………………… 30
　　Q14　登記の申請をインターネットですることはできますか ………… 30
　　Q15　オンライン提出方式とはどんな申請方式ですか ………………… 31

4 申請の受付 ………………………………………………………… 32
      Q16 従業員に申請書を持参させても受付されますか ………… 33
      Q17 受付の所要時間はどれくらいですか ……………………… 33
      Q18 受領証を請求するには手数料が必要ですか …………… 33
   5 申 請 書 …………………………………………………………… 35
      Q19 登記の事由や添付書面の名称の記載方法を教えてください …… 39
      Q20 複数の登記については、まとめて申請することができますか …… 41
      Q21 申請書の記載の訂正方法に決まりはありますか ……………… 43
   6 申請書の添付書面 ……………………………………………… 45
      Q22 添付書面は返却されますか ……………………………… 48
      Q23 どうやって定款を提出するのですか …………………… 49
      Q24 委任状の作成方法を教えてください …………………… 51
   7 申請の審査（補正・取下げ・却下） ……………………………… 53
      Q25 登記が完了した時は、連絡がありますか ……………… 59
      Q26 補正書や取下書を郵送することはできますか ………… 60
      Q27 申請が却下されると、添付書面は返却されますか …… 62
   8 登録免許税の納付 ……………………………………………… 64
      Q28 いつ、どうやって、登録免許税を納付するのですか …… 65
      Q29 登録免許税については、何円単位で納付するのですか …… 66
      Q30 登記されなかったとき、登録免許税はどうなりますか …… 67

第 3 章
商業登記の申請について登記の種類ごとに知りたいとき

   1 株式会社の設立の登記 ………………………………………… 70
      Q31 専門用語によって目的を定めることができますか …… 78
      Q32 払込みがあったことの証明とは、残高証明のことですか …… 79
      Q33 日本在住の代表取締役は必要ですか …………………… 79
   2 株式会社の商号の変更の登記 ………………………………… 80
      Q34 商号のどこに株式会社という文字を置けばよいですか …… 81

  Q35 ローマ字の入った商号に変更することはできますか ………… 81
  Q36 商号を譲り受けたとき、どんな登記をすればよいですか ……… 82
 3 株式会社の本店移転の登記 ………………………………………… 85
  Q37 新本店所在地における登記すべき事項は何ですか ……………… 87
  Q38 本店移転の日とはどの日ですか …………………………………… 89
  Q39 本店と支店とを交換したときの申請の方法を教えてください …… 90
 4 株式会社の募集株式の発行による変更の登記 ………………… 94
  Q40 現物出資による場合には、検査役による調査が必要ですか …… 98
  Q41 募集事項と割当てとを同時に決定することはできますか ……… 99
  Q42 払込期間の末日前に、登記の申請をすることはできますか …… 100
 5 株式会社の取締役等の変更の登記 ……………………………… 102
  Q43 取締役を再任したときも、登記の申請は必要ですか ………… 108
  Q44 代表取締役の住所が変更したとき、登記の申請は必要ですか … 108
  Q45 外国人が添付書面にした署名については、証明が必要ですか … 109
 6 株式会社の解散・清算人・継続・清算結了の登記 …………… 110
  Q46 1年後に解散する旨株主総会で決議することはできますか …… 113
  Q47 裁判所が清算人を選任したとき、登記の申請は必要ですか …… 114
  Q48 清算結了の登記の申請はいつするのですか ……………………… 115
 7 特例有限会社の登記 ……………………………………………… 116
  Q49 取締役に関する登記事項は、株式会社のものと違いますか …… 117
  Q50 清算人の登記事項は、株式会社のものと違いますか ………… 118
  Q51 株式会社への移行時の本店は、移転後のものでもよいですか … 119
 8 合同会社の登記 …………………………………………………… 122
  Q52 株式会社が代表社員になることはできますか …………………… 126
  Q53 社員が加入したとき、登記の申請は必要ですか ………………… 128
  Q54 代表社員が解散の登記の申請をすることはできますか ………… 129
 9 組織再編の登記 …………………………………………………… 130
  Q55 組織変更すると、会社法人等番号は変わりますか ……………… 132
  Q56 存続会社の商号・本店を消滅会社のものにできますか ………… 133
  Q57 会社分割で債権者異議手続が不要となる場合はありますか …… 135

- 10 嘱託の登記 …………………………………………………… 138
  - Q58 仮処分命令がされたときは、登記の嘱託がされますか…… 139
  - Q59 刑事事件の有罪が確定したときは、登記の嘱託がされますか… 139
  - Q60 再生会社が株式を発行したときは、登記の嘱託がされますか… 140
- 11 更正の登記 …………………………………………………… 141
  - Q61 管轄外本店移転後に重任日を更正することはできますか …… 142
  - Q62 退任した取締役の就任日を更正することはできますか …… 143
  - Q63 計算を誤った資本金の額を更正することはできますか …… 144
- 12 抹消の登記 …………………………………………………… 147
  - Q64 無権限者が申請した登記を抹消することはできますか …… 150
  - Q65 取締役の解任の登記を抹消することはできますか ………… 150
  - Q66 管轄外本店移転の登記を抹消することはできますか ……… 151

第 4 章
印鑑の提出や印鑑カードについて知りたいとき

- 1 印鑑の提出の方法・内容 ………………………………………… 154
  - Q67 代理人が印鑑を提出することはできますか ………………… 157
  - Q68 印鑑の提出を郵送ですることはできますか ………………… 157
  - Q69 印鑑の提出をインターネットですることはできますか …… 158
- 2 印鑑の提出の要否 ………………………………………………… 159
  - Q70 複数の印鑑を提出することはできますか …………………… 160
  - Q71 外国人が登記を申請するとき、印鑑の提出が必要ですか … 160
  - Q72 再任されると、あらためて印鑑の提出が必要ですか ……… 161
- 3 印鑑カード ………………………………………………………… 162
  - Q73 印鑑カードの交付を請求するとき、手数料は必要ですか … 163
  - Q74 印鑑カードの交付の請求を郵送ですることはできますか … 163
  - Q75 退任した代表取締役の印鑑カードは使えますか …………… 164

第 5 章
商業登記に関する証明等について知りたいとき

1 帳簿の保存期間 ……………………………………………………… 166
 Q76 閉鎖した登記用紙は、いつまで保存されていますか ………… 168
 Q77 提出した申請書の添付書面は、いつまで保存されていますか … 170
 Q78 印鑑届書は、いつまで保存されていますか …………………… 170
2 証明書の交付等の請求 ……………………………………………… 171
 Q79 郵送で請求した証明書は、どれくらいで届きますか ………… 174
 Q80 インターネットで証明書を請求することはできますか ……… 175
 Q81 証明書をとれなかったとき、手数料はどうなりますか ……… 175
3 証　　　明 …………………………………………………………… 176
 Q82 証明書に記載されている登記官とはどのような者ですか …… 177
 Q83 証明書に有効期限は記載されますか …………………………… 177
 Q84 どうやって登記官印の公印証明をとるのですか ……………… 178
4 登記事項証明書の種類 ……………………………………………… 181
 Q85 現在事項証明書に記載されない事項は何ですか ……………… 182
 Q86 資格証明書とは何ですか ………………………………………… 183
 Q87 概要記録事項証明書とは何ですか ……………………………… 184
5 登記事項証明書の記載内容 ………………………………………… 186
 Q88 会社法人等番号とは何ですか …………………………………… 189
 Q89 取締役会設置会社か否かについて、証明書でわかりますか … 191
 Q90 公開会社か否かについて、証明書でわかりますか …………… 192
6 登記簿謄抄本 ………………………………………………………… 196
 Q91 改製不適合の登記簿とは何ですか ……………………………… 196
 Q92 閉鎖登記簿の謄本とは何ですか ………………………………… 198
 Q93 閉鎖役員欄の謄本とは何ですか ………………………………… 199
7 印鑑証明書 …………………………………………………………… 201
 Q94 代理人は委任状を添付せずに印鑑証明書をとれますか ……… 202
 Q95 再生会社の印鑑証明書には何が付記されるのですか ………… 202

	Q96	破産手続開始決定がされても、印鑑証明書をとれますか……… 203
8	登記簿の附属書類の閲覧・登記事項要約書……………………… 204
	Q97	申請書やその添付書面のコピーをとれますか……………… 205
	Q98	登記前に申請書を閲覧することはできますか……………… 205
	Q99	登記事項要約書はどこでとれますか………………………… 206

第 6 章
インターネットによるサービスについて知りたいとき

1	登記情報提供サービス…………………………………………… 208
	Q100　いますぐ利用することはできますか……………………… 209
	Q101　正確な商号が不明でも、利用することはできますか…… 209
	Q102　取得した登記情報は、証明書として使えますか………… 209
2	電子認証登記所の電子証明書…………………………………… 211
	Q103　どんな手続に利用することができますか………………… 212
	Q104　電子証明書発行申請書を郵送することはできますか…… 212
	Q105　だれでも電子証明書の発行を請求することができますか… 213
3	オンラインによる登記の申請…………………………………… 217
	Q106　登録免許税を収入印紙で納付することはできますか…… 221
	Q107　どうやって添付書面や印鑑届書を提出するのですか…… 222
	Q108　インターネットで受領証を受け取ることはできますか… 225
4	オンラインによる証明書の交付の請求………………………… 228
	Q109　代理人が証明書を請求することはできますか…………… 229
	Q110　どうやって登記手数料を納付するのですか……………… 232
	Q111　登記手数料は書面で請求するよりも安いですか………… 233

第 7 章
商業登記に関して困ったとき

1	登記された事項に無効の原因があるとき……………………… 236

- Q112 会社の設立に無効原因があるとき、どうすればよいですか …… 238
- Q113 株式の発行に無効原因があるとき、どうすればよいですか …… 240
- Q114 株主総会の決議が無効であるとき、どうすればよいですか …… 242

2 会社の閉鎖した登記記録を復活したいとき ………………… 244
- Q115 清算結了会社を復活するにはどうすればよいですか ………… 244
- Q116 休眠閉鎖会社を復活するにはどうすればよいですか ………… 245
- Q117 破産手続終結会社を復活するにはどうすればよいですか …… 246

3 登記の申請をすることができないとき ……………………… 247
- Q118 申請書に添付する定款が不明です。どうすればよいですか …… 248
- Q119 取締役が署名することができません。どうすればよいですか … 249
- Q120 取締役の後任が決まりません。どうすればよいですか ………… 249

4 不正な登記・不審な証明書に関して困ったとき ……………… 252
- Q121 不正に登記の申請がされそうです。どうすればよいですか …… 252
- Q122 不正に取締役が登記されました。どうすればよいですか …… 253
- Q123 不審な証明書を受領しました。どうすればよいですか ………… 254

5 証明書をとれないとき・電子証明書が失効したとき ………… 255
- Q124 請求した会社が見当たりません。どうすればよいですか …… 255
- Q125 請求した会社が登記中です。どうすればよいですか ………… 256
- Q126 電子証明書が失効しました。どうすればよいですか ………… 257

6 印鑑・印鑑カードに関して困ったとき ……………………… 258
- Q127 印鑑を紛失しました。どうすればよいですか ………………… 258
- Q128 印鑑カードを紛失しました。どうすればよいですか ………… 259
- Q129 印鑑と印鑑カードを紛失しました。どうすればよいですか …… 259

参考資料

1 商業登記サービス関係費用、利用場所・方法（受取場所・方法）一覧 ……………………………………………………………… 262
2 商業登記の全部または一部の事務を扱う登記所一覧 ………… 264
3 同時申請・経由申請を要する登記一覧 ………………………… 265
4 株式会社の機関設計 …………………………………………… 267

5	株式会社の役員の任期等	268
6	印鑑カード交付申請書	269
7	登記事項証明書・登記簿謄抄本等交付申請書	270
8	印鑑証明書・登記事項証明書交付申請書	271
9	登記事項要約書交付・閲覧申請書	272
10	商業登記に関する主な用語の英訳例	273
11	電子証明書発行申請書	274
12	印鑑・印鑑カード廃止届書	275

◆事項索引 …………………………………………………………… 276

【詳細情報】

1	商業登記簿とは？	3
2	登記とは？	3
3	商業登記の効力とは？	3
4	法務局もしくは地方法務局もしくはこれらの支局またはこれらの出張所とは？	8
5	商業登記の事務とは？	8
6	法人登記とは？	9
7	法人登記等の事務とは？	9
8	登記所とは？	15
9	外国会社とは？	19
10	登記の申請をする代表者とは？	21
11	登記の期間とは？	24
12	過料とは？	25
13	登記すべき事項を電磁的記録に記録して提出する方法とは？	37
14	法務大臣の指定する電磁的記録の方式等とは？	46
15	電子証明書とは？	47
16	電磁的記録を提出するときに必要な電子証明書とは？	47

17	申請の補正とは？………………………………………………	55
18	申請の取下げとは？………………………………………………	56
19	審査請求とは？……………………………………………………	58
20	電磁的記録をもって作成された定款とは？……………………	75
21	本店の所在地・本店の所在場所とは？…………………………	76
22	銀行等とは？………………………………………………………	76
23	株式会社の払込みがあったことを証する書面とは？…………	77
24	会社成立の年月日とは？…………………………………………	78
25	官公庁の許認可とは？……………………………………………	80
26	商号譲渡人の債務の免責の登記とは？…………………………	84
27	募集事項とは？……………………………………………………	97
28	募集事項等とは？…………………………………………………	98
29	退任を証する書面とは？…………………………………………	107
30	本国官憲の証明書とその訳文とは？……………………………	109
31	株式会社の清算人の登記とは？…………………………………	112
32	特例有限会社の発行可能株式総数および発行済株式の総数とは？………………………………………………………………	117
33	特例有限会社の株式の譲渡制限に関する規定とは？…………	117
34	合同会社の定款とは？……………………………………………	125
35	合同会社の払込みまたは給付があったことを証する書面とは？…	126
36	登記官の職権更正とは？…………………………………………	141
37	錯誤または遺漏があることを証する書面とは？………………	145
38	登記された事項につき無効の原因があることを証する書面とは？………………………………………………………………	145
39	印鑑届書への市区町村長の作成した印鑑証明書の添付とは？……	156
40	登記所の作成した資格を証する書面および印鑑証明書の添付とは？………………………………………………………………	156
41	印鑑の提出とは？…………………………………………………	159
42	閉鎖した登記記録とは？…………………………………………	166
43	閉鎖した登記用紙および各欄の用紙とは？……………………	168

44	外務省による証明とは？	179
45	現に効力を有する登記事項とは？	182
46	動産譲渡登記および債権譲渡登記制度とは？	184
47	管轄転属とは？	189
48	事務委任とは？	190
49	取締役会設置会社とは？	192
50	公開会社とは？	194
51	磁気ディスクの登記簿への改製とは？	197
52	閉鎖年月日とは？	200
53	受付の日とは？	204
54	本人が申請書情報とあわせて送信すべき電子証明書とは？	220
55	代理人が申請書情報とあわせて送信すべき電子証明書とは？	220
56	代理人が委任状情報とあわせて送信すべき電子証明書とは？	220
57	添付書面にかわるべき情報とあわせて送信すべき電子証明書とは？	223
58	印鑑を提出した者が印鑑証明書請求書情報とあわせて送信すべき電子証明書とは？	229
59	代理人が印鑑証明書の交付の請求をするときに必要な電子証明書とは？	231
60	株式会社の設立の無効とは？	240
61	株式の発行の無効とは？	241
62	休眠会社とは？	245
63	登記すべき事項の存在を証する書面とは？	247
64	不正登記防止申出とは？	252

【耳寄りな情報】

1	他の登記所の管轄に属する会社等の登記事項証明書および印鑑証明書の交付とは？	10
2	アクセス登記所とは？	10
3	証明書発行登記所とは？	12

4	日本司法書士会連合会のホームページとは？	23
5	法務局ホームページとは？	29
6	本支店一括登記とは？	29
7	登録免許税の額が1件分の納付で足りる場合とは？	42
8	法務省ホームページの記載例とは？	45
9	登記完了予定日とは？	60
10	登記事項証明書の記載等の引用とは？	88
11	外国人による印鑑の提出とは？	161
12	証明書発行請求機とは？	172
13	照会番号とは？	210
14	申請用総合ソフト等とは？	221
15	ペイジーとは？	232

第 **1** 章

商業登記の仕組みについて知りたいとき

1　商業登記制度

- 商業登記制度は、会社など商人に係る信用の維持を図り、取引の安全と円滑に資するために、商業登記簿【詳細情報1】に商号、本店、代表者などの取引上重要な事項を登記【詳細情報2】し、これを公示する制度です。
- 商業登記には、さまざまな効力【詳細情報3】があります。その効力は、登記の種類によって異なります。

（参考）　商業登記制度概要イメージ図

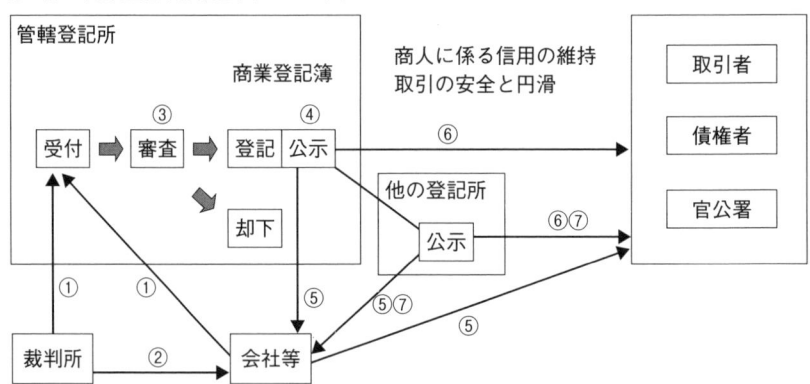

① 会社の商号、本店、代表者など取引上重要な事項の登記を申請・嘱託（138頁第3章10）するとされています。
② 登記の申請を確保するため、登記の期間（24頁【詳細情報11】）が定められているものについて登記の申請を怠ると、会社の代表者は過料（25頁【詳細情報12】）に処されるとされています。
③ 登記官が、提出された書面によって、形式的審査権をもって、審査（53頁第2章7）するので、登記には事実上の推定力【詳細情報3】があります。
④ 登記の有無は、登記事項証明書等によって公開されています。
⑤ 自社の登記の有無を登記事項証明書によって取引の相手方等に証明（176頁第5章3）することができます。
⑥ 取引の相手方等の登記の有無を登記事項証明書等（自宅やオフィスから登記情報提供サービス（208頁第6章1）により登記情報を有料で取得することもできる）によって直接調査（171頁第5章2）することもできます。
⑦ 登記事項証明書は、全国の登記所で取得可能です（171頁第5章2）。

| 詳細情報1 | 商業登記簿とは？ |

　商法、会社法その他の法律の規定により、商号、本店、代表者などの登記すべき事項が記録される帳簿で、磁気ディスクをもって調製されます（商登法第1条の2第1号）。

　商業登記法では、登記所に九つの商業登記簿（商号登記簿、未成年者登記簿、後見人登記簿、支配人登記簿、株式会社登記簿、合名会社登記簿、合資会社登記簿、合同会社登記簿、外国会社登記簿）を備えるとしています（商登法第6条）。特例有限会社登記簿は、株式会社登記簿とみなされています（会整法第136条第15項）。

　商業登記簿は、その種類に従い、商号区、役員区等の各区に区分した登記記録をもって編成されています（商登規第1条）。

| 詳細情報2 | 登記とは？ |

　国家機関である登記官が登記所に備える公簿（登記簿）に一定の事項を記載して公示する制度、あるいはその記載そのものをいいます（商登入門4頁参照）。

　登記には、商業登記のほか、不動産登記、動産譲渡登記、債権譲渡登記、成年後見登記などがあります。

| 詳細情報3 | 商業登記の効力とは？ |

　商業登記の主な効力は、次のとおりです（商登入門26頁、詳解商登（上）63頁参照）。
① 公　示　力
　　登記すべき事項は、登記の後であれば、第三者が正当な事由によってその登記があることを知らなかったときを除き、善意の第三者に登記をもって対抗することができる効力（商第9条第1項、会第908条第1項）。
② 公　信　力
　　故意または過失により不実の登記をした者は、その事項が不実であることをもって善意の第三者に対抗することができない効力（商第9条第2項、会第908条第2項）。

不実の登記がされるについて故意または過失がない場合において、当事者が故意または過失により不実の登記を存置し、登記の更正または抹消の申請を怠ったときにも適用されます。

③ 形成力

たとえば、会社がその本店の所在地において設立の登記をすることによって成立する（会第49条）など、登記すること自体が、法律関係を形成する効力。

④ 対抗力

たとえば、個人商人の商号の譲渡は、登記をしなければこれをもって第三者に対抗することができない（商第15条第2項）など、悪意の第三者にも登記をしなければ、対抗することができないものについて、対抗力を付与する効力。

⑤ 補完的効力

たとえば、会社の設立の無効については会社の成立の日から2年以内に訴えをもってのみ主張しなければならない（会第828条）など、登記を経ることにより、または登記後一定の期間が経過することにより、法律関係について存する一定の瑕疵が治癒され、もはやそれを争うことができなくなる効力。

⑥ 免責的効力

退社した持分会社の社員が退社の登記をする前に生じた会社の債務について、従前の責任の範囲内でこれを弁済する責任（会第612条第1項）が、退社の登記後2年以内に請求または請求の予告をしない会社の債権者に対しては、当該退社の登記後2年を経過した時に消滅する（会第612条第2項）など、登記を経ることにより、または登記後一定の期間が経過することにより一定の者の責任が解除され、免責される効力。

⑦ 事実上の推定力

登記官が形式的審査権をもって添付書面を審査して、登記されたものであることから認められる事実上の推定力。

登記事項証明書は、事実上の証明力をもった書証として機能しています。

Q1 商業登記に関するサービスには、どんなものがありますか

利用者に応じて、主に次のサービスがあります。

(1)	だれもが利用することができるサービス	
	① 登記事項証明書の交付	171頁第5章2、181頁第5章4
	② 登記事項要約書の交付	171頁第5章2、204頁第5章8
	③ 改製不適合の登記簿の謄抄本の交付	171頁第5章2、196頁第5章6
	④ 登記情報提供サービスによる登記情報の取得	208頁第6章1
(2)	印鑑を提出している者が利用することができるサービス	
	① 印鑑証明書の交付	171頁第5章2、201頁第5章7
	② 電子認証登記所の電子証明書の発行	211頁第6章2
(3)	利害関係人が利用することができるサービス	
	登記簿の附属書類（登記後の申請書またはその添付書面など）の閲覧	171頁第5章2、204頁第5章8
(4)	登記の申請をする者が利用することができるサービス	
	① 本支店一括登記の申請	29頁【耳寄りな情報6】
	② 登記の申請書およびその添付書面の受領証の交付	33頁Q18、225頁Q108

■ 補足説明

・関係費用、利用場所などについては、262頁参考資料1参照。

Q2 登記の申請をしないと、どうなりますか

A 登記の申請をしないと、商業登記の効力（3頁【詳細情報3】）を得られないなどの不利益を受けることがあります。また、登記の申請をする必要があるにもかかわらず、これを怠ると、100万円以下の過料（25頁【詳細情報12】）に処されます。

■ 補足説明

・たとえば、株式会社は、設立の手続が終了したとき（新たな登記事項の発生）、代表取締役が就任したとき（登記事項の変更）、清算結了したとき（登記事項の消滅）などに登記の申請をする必要があります。

・登記の期間（24頁【詳細情報11】）が定められている登記について、その申請が当該期間内にされることは、商業登記制度が有効に機能するために、きわめて重要であり、これを確保するために過料の制度が設けられています。

Q3 登記後、何かする必要はありますか

A 商業登記法上、登記の申請をした者が登記後にすべきことは、定められていません。

なお、登記後、登記した事項が変更し、または消滅したときは、所要の登記の申請をする必要があります（商第10条、会第909条等）。

また、他の法令や契約等において、たとえば、届出事項に変更があったときは、当該変更に係る事項が記載された登記事項証明書を添付して届出書を提出しなければならないと定められている場合もあります。

■ 補足説明

・登記の申請の内容が誤っていることが判明したときは、登記の更正または抹消の申請をします（141頁第3章11、147頁第3章12）。

（参考） 登記後に必要となる行為のイメージ図

[登記後に必要となる行為]

登記の申請	→	登記	→	登記した事項が変更、登記事項が消滅	→	変更の登記等の申請
			→	法令や契約等において届出義務あり	→	他の役所等に登記事項証明書等を届出
			→	登記の申請の内容が誤っていることが判明	→	登記の更正の申請 登記の抹消の申請

2　登記所

・商業登記法第1条の3において、「登記の事務は、当事者の営業所の所在地を管轄する法務局若しくは地方法務局若しくはこれらの支局又はこれらの出張所（以下単に「登記所」という。）がつかさどる」と規定され、法務局もしくは地方法務局またはこれらの支局もしくはこれらの出張所（8頁【詳細情報4】）（以下「法務局等」という）に商業登記の事務（8頁【詳細情報5】）に関する権限が付与されています（詳解商登（上）137頁参照）。

・法務局等は、扱う事務の範囲により下表のとおり三つに区分されます（具体的な法務局等の庁名は、264頁参考資料2参照）。また、法務局等は、法人登記（9頁【詳細情報6】）等の事務（9頁【詳細情報7】）も下表と同様の区分により扱っています。

商業登記所（15頁Q6） （商業・法人登記事務の集中化を実施していない局にあっては①、②、⑤の事務）	アクセス登記所 （10頁【耳寄りな情報2】）	証明書発行登記所 （12頁【耳寄りな情報3】）
①　他の登記所の管轄に属する会社等の登記事項証明書および印鑑証明書の交付（10頁【耳寄りな情報1】）の事務 ②　他の登記所の登記官の嘱託による登記の申請の権限の有無の調査の事務（商登法第23条の2第2項）	同左	同左
当該登記所を管轄している法務局または地方法務局管内の登記所の管轄に属する次の事務 ③　印鑑に関する事務（登記の申請に伴う印鑑の提出に関する事務を除く） ④　印鑑カードに関する事務および電子認証に関する事務	同左	
⑤　当該登記所の管轄に属する商業登記の全部の事務		

（参考） 登記所と利用者との関係イメージ図

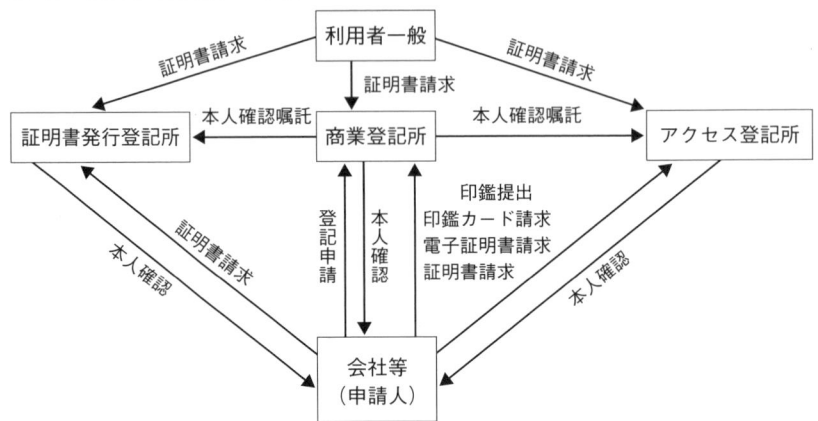

（注）「本人確認」とは、登記の申請人の申請の権限の有無の調査。

詳細情報4	法務局もしくは地方法務局もしくはこれらの支局またはこれらの出張所とは？

　法務省の本省に8の法務局（東京都、大阪市、名古屋市、広島市、福岡市、仙台市、札幌市、高松市に置かれている）および42の地方法務局（法務局が置かれていない府県に1カ所ずつ、北海道に3カ所置かれている）が置かれています（法設法第15条、法組令第68条、第70条）。
　法務局または地方法務局の所掌事務の一部（登記の事務等）を分掌させるため、法務大臣は、所要の地に支局および出張所を置くことができるとされています（法設法第19条第1項、第20条第1項）。法務大臣は、法務局及び地方法務局の支局及び出張所設置規則を定め、平成26年4月1日現在、264カ所の支局および112カ所の出張所を置いています。
　なお、法務局等は単に「法務局」と呼ばれることがあり、たとえば、庁舎の所在場所を示す道路案内標識にはいずれも「法務局」と表示されています。

詳細情報5	商業登記の事務とは？

　商業登記の申請の受付・却下・受理、印鑑届の処理、印鑑カードの交付、

電子認証登記所の電子証明書（211頁第6章2）の発行の請求の処理、登記簿の附属書類（登記後の申請書およびその添付書面など）の保管・閲覧の請求の処理、証明書の発行などの事務です。

詳細情報6	法人登記とは？

　法人登記制度は、法人（株式会社、合名会社、合資会社、合同会社および外国会社を除く。以下同じ）に係る信用の維持を図り、取引の安全と円滑に資するために、それぞれの法人の設立根拠法令の定めにより、当該法人の登記簿に名称、主たる事務所（投資法人および特定目的会社にあっては、商号、本店）、代表者などの取引上重要な事項を登記し、公示する制度です。

　法人の登記簿にする登記のほか、投資事業有限責任組合契約登記簿、有限責任事業組合契約登記簿および責任限定信託登記簿にする登記も、総称して法人登記と呼ばれることがあります。

　なお、「法人」は、自然人以外で、法律上の権利義務の帰属主体となること（権利能力）を認められているもの（法用辞典691頁）であるので、たとえば、株式会社登記簿にする登記も、法人登記と呼ばれることがあります。

　また、法務局本局〔法務局または地方法務局は、その支局または出張所でないことを示すために、「本局」と呼ばれることがあります〕および法人登記担当の首席登記官が置かれている地方法務局本局の商業登記に係る事務等を扱う部署は、法人登記部門と呼ばれています。〔これ以外の地方法務局本局の当該事務および不動産登記に係る事務等を扱う部署は、登記部門と呼ばれています。〕

詳細情報7	法人登記等の事務とは？

　次の事務です（法設規第4条、登委規第46条）。
① 　法人の登記の事務
② 　投資事業有限責任組合契約の登記の事務
③ 　有限責任事業組合契約の登記の事務
④ 　責任限定信託の登記の事務
⑤ 　動産譲渡登記および債権譲渡登記に関する事務のうち動産譲渡概要ファイルおよび債権譲渡概要ファイル（以下「登記事項概要ファイル」という）に係るものの事務

第1章　商業登記の仕組みについて知りたいとき

法人の登記、投資事業有限責任組合契約の登記、有限責任事業組合契約の登記および責任限定信託の登記について商業登記所（15頁Q6）、アクセス登記所【耳よりな情報2】または証明書発行登記所（12頁【耳よりな情報3】）である各法務局等の扱う事務の範囲は、商業登記について当該法務局等の扱う事務の範囲と同じです。
　なお、登記事項概要ファイルに係るものの事務については、
① 　商業登記所である法務局等にあっては、管轄区域（商業登記所の管轄区域と同じ）内の登記事項概要ファイルへの記録等の事務および他の法務局等の管轄に属する会社の概要記録事項証明書（184頁Q87）の交付の事務
② 　アクセス登記所である法務局等および証明書発行登記所である法務局等にあっては、他の法務局等の管轄に属する会社等の概要記録事項証明書の交付の事務
をそれぞれ扱っています。

耳よりな情報1　他の登記所の管轄に属する会社等の登記事項証明書および印鑑証明書の交付とは？

　登記事項証明書および印鑑証明書の交付の請求は、他の登記所の登記官に対してもすることができます（商登法第10条第2項、第12条第2項）。これらの証明書は、平成23年8月26日から、登記簿の備えられている登記所と同様に情報量の制限なく交付されることとなっています（平成23年法務省令第25号）。他の登記所の登記官が発行する登記事項証明書または印鑑証明書には、請求に係る登記簿の備えられている登記所が表示（「（○○法務局○○出張所管轄）」の振合いで付記）されます（186頁第5章5）。

耳よりな情報2　アクセス登記所とは？

　法令上は、他の登記所の管轄に属する会社等の登記事項証明書および

印鑑証明書の交付の事務ならびに他の登記所の登記官からの嘱託（公の機関が事務の便宜その他の事由に基づき他の機関等に一定の行為をすることを依頼すること（法用辞典430頁参照））により本人確認事務を扱うとされているところ、「法務局及び地方法務局における商業・法人登記事務の集中化の実施後の商業・法人登記事務に関する取扱要領」（平成24年4月27日民商第1094号法務省民事局長通達（登情611号94頁））により、特例的に、次の事務を扱うとされている法務局等のことです。なお、同要項上、これまでアクセス登記所が行っていた、いわゆる登記（校合）事務を扱うこととなった登記所を商業登記所といいますが、当該商業登記所においても次の事務を扱うとされています。

・当該登記所を管轄している法務局または地方法務局管内の登記所の管轄に属する会社等の印鑑に関する事務（登記の申請に伴う印鑑の提出に関する事務を除く）
・当該登記所を管轄している法務局または地方法務局管内の登記所の管轄に属する会社等の印鑑カードに関する事務および電子認証に関する事務

　たとえば、アクセス登記所である横浜地方法務局大和出張所は、商業登記に係る事務に関し、全国の会社等の登記事項証明書および印鑑証明書の交付の事務ならびに他の登記所の登記官の嘱託による登記の申請の権限の有無の調査の事務のほか、同出張所を管轄する横浜地方法務局管内の同局本局および湘南支局の管轄に属する印鑑に関する事務（登記の申請に伴う印鑑の提出に関する事務を除く）ならびに印鑑カードに関する事務および電子認証に関する事務を扱っています。〔また、たとえば、商業・法人登記事務の集中化を実施している横浜地方法務局の商業登記所（15頁Q6）である同局本局は、商業登記に係る事務に関し、当該登記所の管轄に属する商業登記の全部の事務、全国の会社等の登記事項証明書および印鑑証明書の交付の事務ならびに他の登記所の嘱託による登記の申請の権限の有無の調査の事務のほか、同局管内の湘南支局の管轄

に属する印鑑に関する事務（登記の申請に伴う印鑑の提出に関する事務を除く）ならびに印鑑カード・電子認証に関する事務および電子認証に関する事務を扱っています。〕

　高度で専門性の高い商業登記の審査に関する事務については商業登記所で扱われる一方で、印鑑・印鑑カード・電子認証に関するサービス、証明書の発行等のサービスについては身近な法務局等を利用することができます。

耳寄りな情報3　証明書発行登記所とは？

　全国の会社等の登記事項証明書および印鑑証明書の交付の事務ならびに他の登記所の登記官からの嘱託による本人確認事務を扱うとされている法務局等のことです。

　平成17年12月5日以降、それまで、商業登記の登記事項証明書または印鑑証明書の交付の事務を行っていなかった法務局等も、順次、全国の会社等の登記事項証明書および印鑑証明書の交付の事務を行うこととなりました（平成17年12月5日民商第2738号法務省民事局商事課長通知（登研715号127頁））。

　たとえば、証明書発行登記所である京都地方法務局嵯峨出張所は、商業登記に係る事務に関し、全国の会社等の登記事項証明書および印鑑証明書の交付の事務ならびに他の登記所の登記官からの嘱託による本人確認事務を扱っています。

　証明書の発行等のサービスについて身近な法務局等を利用することができます。

Q4 登記所はいつ開いていますか

 登記所は、次の日を除く午前8時30分から午後5時15分まで開庁しています。
・土曜日、日曜日および休日
・12月28日から翌年の1月3日までの期間

午後0時から1時までのいわゆる昼休み時間についても、登記所は開庁しています。

■ 補足説明
・登記相談については、登記所によって扱う範囲や時間が異なります。
・大量の証明書の交付の請求については、請求時間によっては当日中に交付を受けられないおそれがあり、また、登記簿の附属書類（登記後の申請書およびその添付書面など）の閲覧については、登記所によってはその一部が窓口庁舎外に保管され、当日中に閲覧することができないおそれがあるので、登記所に行く前に当日中に閲覧することができるか確認しておくとよいでしょう。

（参考） 開庁時間のイメージ図

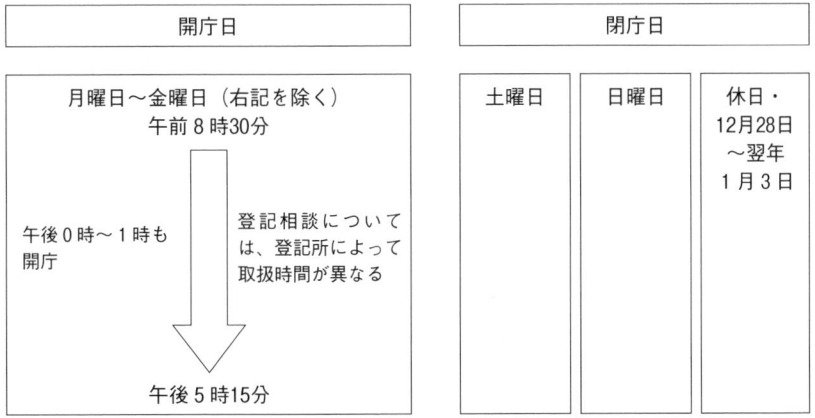

第1章 商業登記の仕組みについて知りたいとき

Q5 どこの登記所に行ってもよいのですか

 たとえば、会社に関してはその目的により主に次のとおりです。

① 全国のどこの登記所に行ってもよいもの

登記事項証明書または印鑑証明書の交付の請求（注）

（注） 郵送・オンライン（インターネット）可。

② 会社の本店の所在地を管轄する登記所に行く必要があるもの

本店の所在地における登記の申請（注1）
印鑑届書、改印届書、印鑑廃止届書（211頁第6章2）の提出（注2）
印鑑カードの交付の請求、廃止の届出（注2）
電子認証登記所の電子証明書（211頁第6章2）の発行の請求（注2）
管轄区域内の登記事項要約書の交付の請求
不正登記防止申出書の提出（252頁【詳細情報64】）

（注1） 郵送・オンライン（インターネット）可。
（注2） 郵送可。商業・法人登記事務の集中化を実施している局においては、登記申請を伴う印鑑届書の提出を除き、当該登記所を管轄する局内の商業登記所・アクセス登記所（10頁【耳よりな情報2】）も取り扱ってます。

③ 帳簿等を保存している登記所に行く必要があるもの

改製不適合の登記簿（196頁Q91）の謄抄本の交付の請求（注）
改製不適合の登記簿の閲覧の請求
登記簿の附属書類（登記後の申請書およびその添付書面など）の閲覧の請求

（注） 郵送可。

④ 会社の支店の所在地を管轄する登記所に行く必要があるもの

支店の所在地における登記の申請（注）

（注） 本支店一括登記（29頁【耳よりな情報6】）によるときは、本店の所在地を管轄する登記所経由可。郵送・オンライン（インターネット）可。

Q6 商業登記所とは何ですか

A 商業登記法上、商業登記の事務は、当事者の営業所の所在地を管轄する法務局等がつかさどるとされ、当該法務局等を同法では単に登記所【詳細情報8】というとされています（商登法第1条の3）。

一方、法令上、商業登記所という定めはありませんが、「法務局及び地方法務局における商業・法人登記事務の集中化の実施後の商業・法人登記事務に関する取扱要領」（平成24年4月27日民商第1094号法務省民事局長通達（登情611号94頁））において、商業・法人登記事務の集中化を実施している局の商業登記の全部の事務を扱う、別表に記載された登記所が「商業登記所」と定義されています（本書においては、同要項上の商業登記所および商業・法人登記事務の集中化を実施していない局の登記所（商業登記の全部の事務を扱う）をあわせて「商業登記所」という）。

詳細情報8	登記所とは？

登記事務を担当する国家機関をいいます。国家行政組織法令上、登記所という名称をもった行政機関は存在しません（詳解商登（上）137頁参照）。

商業登記法のほか、法務局等が登記所として登記の事務を扱うとされている法律の規定の例は次のとおり。

○宗教法人法
　第62条 宗教法人の登記に関する事務は、その事務所の所在地を管轄する法務局若しくは地方法務局若しくはこれらの支局又はこれらの出張所が管轄登記所としてつかさどる。

○動産及び債権の譲渡の対抗要件に関する民法の特例等に関する法律
　第5条 動産譲渡登記及び債権譲渡登記に関する事務のうち、第7条から第11条まで及び第12条第2項に規定する事務は、法務大臣の指定する法務局若しくは地方法務局若しくはこれらの支局又はこれらの出張所（以下「指定法務局等」という。）が、登記所としてつかさどる。

○不動産登記法

第6条 登記の事務は、不動産の所在地を管轄する法務局若しくは地方法務局若しくはこれらの支局又はこれらの出張所（以下単に「登記所」という。）がつかさどる。

第 **2** 章

商業登記の申請全般について知りたいとき

1　申　請　人

- 登記は、法令に別段の定めがある場合を除くほか、当事者の申請または官庁の嘱託（138頁第3章10）がなければ、することができません（商登法第14条）。法令に別段の定めがある場合には、登記官が職権で登記します。
- 会社の登記については、会社の代表者（株式会社においては代表取締役、代表清算人等）が当事者である会社を代表して申請します（詳解商登（上）26頁参照）。
- 外国会社【詳細情報9】の登記の申請については、日本における代表者が外国会社を代表するとされています（商登法第128条）。
- 会社の代表者が複数あるときは、そのうちの一人が会社を代表して登記の申請をすれば足ります。なお、登記の申請をする代表者（21頁【詳細情報10】）は、会社の本店の所在地を管轄する登記所に印鑑を提出する必要があります（159頁第4章2）。
- 取締役の辞任による変更の登記の申請がされない場合において、当該登記の申請をすべき旨の給付判決が確定したときは、当該取締役が登記の申請をすることができるものとして扱われています（昭和30年6月15日民事甲第1249号法務省民事局長回答（登解311号116頁、詳解商登（上）134頁））。この場合の取締役は、いわば会社の代理人として登記の申請をするものと解され、添付書面として判決謄本等のほか、通常どおりの添付書面を要するとされています（登解311号119、120頁、詳解商登（上）133頁参照）。
- 管財人等（商登規第9条第1項第5号に規定する管財人等をいう）の職務執行者が登記の申請をするときは、申請人である会社の登記事項に職務執行者はなっていないため、申請書に当該管財人等である法人の登記事項証明書で作成後3日以内のものを添付しなければなりません（商登規第111条）。ただし、当該法人の本店または主たる事務所の所在地を管轄する登記所に申請するときは、不要です。

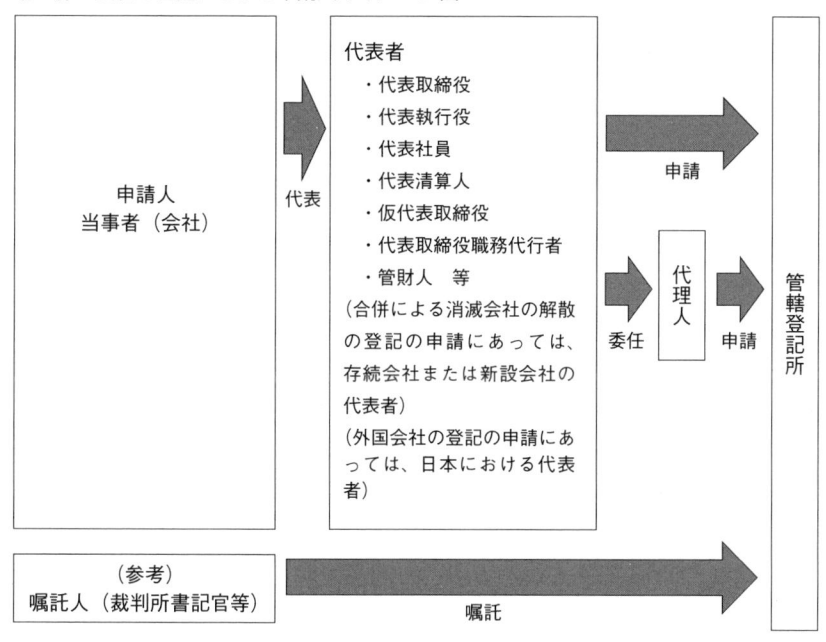

（参考）　会社の登記における申請人のイメージ図

```
┌─────────────┐        ┌─────────────────┐
│             │        │ 代表者          │
│             │        │ ・代表取締役    │
│             │        │ ・代表執行役    │
│             │        │ ・代表社員      │──申請──▶┐
│  申請人     │──代表─▶│ ・代表清算人    │         │
│  当事者（会社）│      │ ・仮代表取締役  │         │
│             │        │ ・代表取締役職務行為者│   │ ┌──┐      ┌────┐
│             │        │ ・管財人　等    │         │ │代│      │管  │
│             │        │（合併による消滅会社の解散│ │理│      │轄  │
│             │        │ の登記の申請にあっては、 │─▶│人│──申請▶│登  │
│             │        │ 存続会社または新設会社の │委任│  │      │記  │
│             │        │ 代表者）        │         │ │  │      │所  │
│             │        │（外国会社の登記の申請に │ └──┘      │    │
│             │        │ あっては、日本における代│            │    │
│             │        │ 表者）          │            │    │
└─────────────┘        └─────────────────┘            │    │
┌─────────────┐                                       │    │
│  （参考）   │                                       │    │
│  嘱託人（裁判所書記官等）│──────────嘱託──────────▶ │    │
└─────────────┘                                       └────┘
```

| 詳細情報9 | 外国会社とは？ |

　外国の法令に準拠して設立された法人その他の外国の団体であって、会社と同種のものまたは会社に類似するものをいいます（会第2条2号）。

　外国会社は、日本において取引を継続してしようとするときは、日本における代表者を定めなければならず、当該日本における代表者のうち一人以上は、日本に住所を有する者でなければなりません（会第817条）。

　外国会社が初めて日本における代表者を定めたときは、日本に営業所を設けていない場合にあっては日本における代表者の住所地において、日本に営業所を設けた場合にあっては当該営業所の所在地において、外国会社の登記の申請をしなければなりません（会第933条）。

　外国会社の登記においては、日本における同種の会社または最も類似する会社の種類に従い、株式会社、合名会社、合資会社または合同会社の設立の登記事項を登記するほか、次に掲げる事項等を登記しなければなりません（会第933条第2項）。

① 外国会社の設立の準拠法
② 日本における代表者の氏名および住所

　外国会社が初めて日本における代表者を定めたときの登記の申請書には、次の書面を添付し、当該書類は、外国会社の本国の管轄官庁または日本における領事その他権限がある官憲の認証を受けなければなりません（商登法第129条第1項、第2項。109頁【詳細情報30】）。ただし、他の登記所の登記事項証明書で日本における代表者を定めた旨または日本に営業所を設けた旨の記載があるものを添付したときは、同項の書面の添付を要しません（商登法第129条第3項）。

① 本店の存在を認めるに足りる書面
② 日本における代表者の資格を証する書面
③ 外国会社の定款その他外国会社の性質を識別するに足りる書面
④ 公告方法についての定めがあるときは、これを証する書面

　なお、債権者保護の観点から、外国会社の登記をした外国会社は、日本における代表者（日本に住所を有するものに限る）の全員が退任しようとするときは、当該外国会社の債権者に対し異議があれば一定の期間内（1カ月以上）に異議を述べることができる旨を官報に公告し、かつ、知れている債権者には、各別に催告しなければならないとされています。また、債権者が当該期間内に異議を述べたときは、当該外国会社は、当該日本における代表者が退任をしても当該債権者を害するおそれがないときを除き、当該債権者に対し、弁済し、もしくは相当の担保を提供し、または当該債権者に弁済を受けさせることを目的として信託会社等に相当の財産を信託しなければなりません（会第820条）。

（参考）　外国会社の日本における代表者（日本に住所を有する者に限る）の全員の退任の登記までのイメージ

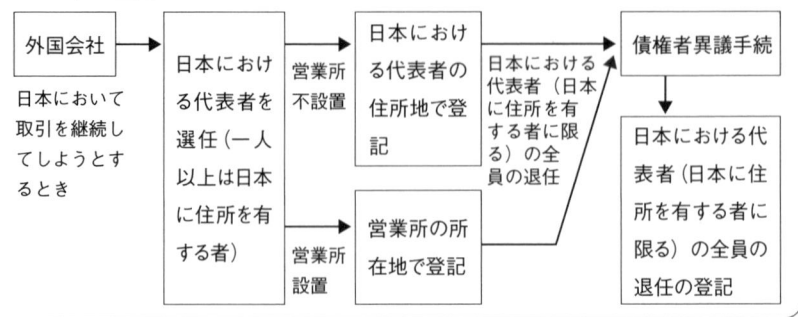

```
┌─────────┐   ┌─────────┐       ┌─────────┐              ┌─────────┐
│ 外国会社 │→ │日本にお  │ 営業所│日本におけ│ 日本における │債権者異議│
│         │   │ける代表  │ 不設置│る代表者の│ 代表者（日本 │手続      │
│日本にお  │   │者を選任  │──────→│住所地で登│ に住所を有   │          │
│いて取引を│   │（一人以  │       │記       │ する者に限   │          │
│継続しよう│   │上は日本  │       └─────────┘ る）の全員   │          │
│とするとき│   │に住所を  │                   の退任       └─────────┘
│         │   │有する者）│ 営業所┌─────────┐                    ↓
│         │   │         │ 設置  │営業所の所│              ┌─────────┐
│         │   │         │──────→│在地で登記│              │日本におけ│
│         │   │         │       │         │              │る代表者 │
│         │   │         │       │         │              │（日本に住│
│         │   │         │       │         │              │所を有する│
│         │   │         │       │         │              │者に限る）│
│         │   │         │       │         │              │の全員の │
│         │   │         │       │         │              │退任の登記│
└─────────┘   └─────────┘       └─────────┘              └─────────┘
```

| 詳細情報10 | 登記の申請をする代表者とは？ |

　会社の設立時においては、登記されてはじめて代表者が存在することとなるので、会社の設立の登記は、会社を代表すべき者（設立時代表取締役または設立時代表執行役）の申請によってするとされています（商登法第47条第1項）。

　合併による解散の登記の申請については、新設会社（合併により新設される会社）または存続会社（合併により存続する会社）を代表すべき者が消滅会社（合併により消滅する会社）を代表するとされています（商登法第82条第1項）。

　株式会社が破産手続開始の決定を受けた場合にも、本店移転の登記については、破産手続開始当時の代表取締役が申請することができるとされています（昭和56年6月22日民四第4194号法務省民事局第四課長電信回答（登解242号81頁））。

　また、最高裁判所平成21年4月17日第二小法廷判決（裁判集（民事）第230号395頁）において、会社が破産法に基づく破産手続開始の決定を受けた場合、破産財団についての管理処分権限は破産管財人に帰属するが、役員の選任または解任のような破産財団に関する管理処分権限と無関係な会社組織に係る行為等は、破産管財人の権限に属するものではなく、破産者たる会社が自ら行うことができ、破産手続開始当時の取締役も、破産手続開始によりその地位を当然には失わず、会社組織に係る行為等については取締役としての権限を行使しうると解するのが相当とされています。したがって、会社が破産手続開始の決定を受けた場合において、会社の組織に係る行為等についての登記の申請をする必要があるときは、代表取締役等が登記の申請をすべきであると考えられます（商登ブック729頁参照）が、具体的な登記の申請が必要となるときは、資格者代理人（23頁Q9）または登記所に相談することをお勧めします。

　株式会社が会社更生法に基づく更生手続開始の決定を受けた場合には、更生計画認可前における支配人の選任もしくは解任、支店の設置もしくは廃止（定款変更を伴うものは除く）または本店移転（定款変更を伴うものは除く）の登記は、管財人が申請すべきものであり、管財人が登記の申請をするときは、登記所に印鑑を提出する必要があるとされています（昭和51年11月4日民四第5621号法務省民事局長通達（登解188号33頁、詳解商登（上）426頁））。

　また、更生会社の事業の経営の管理および処分をする権利は、裁判所が選任

した管財人に専属するとされており（会社更生法第72条）、上記以外の登記の申請をする必要がある場合においても、管財人がその権限を行使した結果生じた登記事項については、管財人が登記の申請をすべきであると考えられますが（登解188号33頁、詳解商登（上）422頁参照）、具体的な登記の申請が必要となるときは、資格者代理人または登記所に相談することをお勧めします。

Q7 株主が会社を代表して登記の申請をすることはできますか

A 株主が、株式会社を代表して登記の申請をすることはできません。

■ 補足説明

・株主が株式会社の代表者の委任を受け、代理人として登記の申請をすることは、できます（22頁Q8）。
・株主総会で決議された事項が登記された場合において、株主総会の決議が不存在またはその内容が法令に違反し無効であるときは、株主は、その不存在または無効の確認を、訴えをもって請求することができ、これを認容する判決が確定したときは、裁判所書記官から登記の嘱託がされます（242頁Q114）。

Q8 従業員が代理人として登記の申請をすることはできますか

A 従業員が会社の代表者の代理人として登記の申請をすることはできます。

■ 補足説明

　従業員が会社の代理人として本店の所在地において登記の申請をするときは、申請書に会社の代表者が登記所に提出した印鑑を押印した委任状（代理権限証書）を添付する必要があります（商登法第18条）。

Q9 専門家に登記の申請の代理を依頼することはできますか

A 司法書士・司法書士法人に登記の申請の代理を依頼することができます。司法書士・司法書士法人は、登記の申請の代理等をその主な業務とする資格者代理人です。

■ 補足説明

・登記の申請の代理を依頼したい（司法書士法第3条第1項第1号）、申請書の作成を依頼したい（同項第2号）、またはこれらの相談をしたい（同項第5号）ときは、日本司法書士会連合会のホームページ【耳寄りな情報4】でお近くの司法書士・司法書士法人を探すことができます。

耳寄りな情報4　日本司法書士会連合会のホームページとは？

　日本司法書士会連合会が司法書士に関する情報を掲載しているホームページです。

　日本司法書士会連合会は、司法書士会の会員の品位を保持し、その業務の改善進歩を図るため、司法書士会およびその会員の指導および連絡に関する事務を行い、ならびに司法書士の登録に関する事務を行うことを目的としています（司法書士法第62条第2項）。

　同ホームページの司法書士・司法書士法人検索画面の事務所所在地欄に地名等を入力すると、該当する司法書士・司法書士法人の氏名・名称・事務所所在地・電話番号等の一覧が掲示されます。また、司法書士会では、電話や面談による無料の総合相談も行っており、同ホームページによって都道府県単位で連絡先電話番号、実施日、実施場所等の情報を検索することができます。同ホームページのURLは、次のとおりです。http://www.shiho-shoshi.or.jp/support/

2 申請の時期

- 商業登記は、原則として、登記の申請を強制しています。ただし、商号の登記（変更、消滅を除く）については、登記の申請を商号使用者の自由に任せています（商第11条第2項）。
- 会社の登記には、原則として、登記の期間【詳細情報11】が定められています。なお、持分会社の本店の所在地における設立の登記（会第912条～第914条）、会社の支配人の登記（会第918条）など登記の期間が定められていないものもあります。

詳細情報11	登記の期間とは？

　登記すべき期間として法令に定められているものです。登記の事由が発生した時から、本店の所在地においては2週間内（会第911条第1項等）、支店の所在地においては2～4週間内（会第930条等）、外国会社（19頁【詳細情報9】）においては3または4週間内（会第933条等）とされています。

(1) 期間の起算日
- 官庁の許可を要するものについては、その許可書の到達した日から起算されます（会第910条）。
- 外国会社について、登記すべき事項が外国において生じたときは、その通知が日本における代表者に到達した日から起算されます（会第933条第5項）。
- 期間の初日は、算入しませんが、その期間が午前0時から始まるときは、算入します（民第140条）。
- 払込期間を定めた募集株式の発行による変更の登記は、当該期間の末日現在により、当該末日から2週間以内にすれば足ります（会第915条第2項）。
- 新株予約権の行使または取得請求権付株式の取得と引換えにする株式の交付もしくは新株予約権の交付による変更の登記は、毎月末日現在により、当該末日から2週間以内にすれば足ります（会第915条第3項）。

(2) 期間の満了日
- 登記の期間は、その末日の終了をもって満了します（民第141条）。
- 登記の期間の末日が行政機関の休日（15頁Q6）に当たるときは、その翌日をもって満了します（行政機関の休日に関する法律第2条）。

Q10 登記の申請をする必要があるときは、連絡がありますか

A 登記の申請をする必要がある旨の登記所からの連絡は、原則として、ありません。

■ 補足説明

・登記の申請をしないと、商業登記の効力（3頁【詳細情報3】）を得られないなどの不利益を受けることがあり、また、登記の申請をすることを怠ると、100万円以下の過料【詳細情報12】に処されます（5頁Q2）。

・登記官は、登記に錯誤または遺漏があることを発見したときは、その錯誤または遺漏が登記官の過誤によるものであるときを除き、登記をした者にその旨の通知をするとされています（商登法第133条第1項。141頁第3章11）。

詳細情報12	過料とは？

　①会社法に規定する登記をすることを怠ったとき、②取締役、会計参与、監査役、執行役もしくは会計監査人を欠き、または会社法もしくは定款で定めたその員数を欠くこととなった場合において、その選任（仮会計監査人の選任を含む）の手続をすることを怠ったときなどには、株式会社の代表取締役等は、100万円以下の過料に処されます（会第976条第1号、第22号）。
　二以上の登記事項（役員変更と本店移転の登記など）について登記義務を怠っている場合には、それぞれの行為について過料に処されます。過料については、時効期間の定めはなく、登記と事実の不一致の状態が長年継続しても、登記義務が消滅し、過料に処されないこととなることはありません（詳解商登（上）110頁参照）。

第2章　商業登記の申請全般について知りたいとき　25

登記すべき事項が発生した後に就任した代表者も、就任するまでにその事項の登記がされていないときは、会社の登記義務は履行されていないのであるから、就任前に発生した登記事項の登記を申請することを要し、これを怠るときは、過料に処せられます（詳解商登（上）88頁参照）。この場合において、新たに代表者として就任した者が、いつまでにその登記を申請すればよいかについては、登記期間は登記義務を履行するための準備期間としての意味をもつものであるから、後任者が就任したときから登記期間を起算するものと扱われています（詳解商登（上）89頁参照）。
　登記義務は、会社にありますが、その登記を怠ったことによって過料に処される者は、会社法第976条に掲げられる者のうち会社を代表して登記を申請すべき者であって、会社ではありません。株式会社の代表取締役が数人いるときは、各自会社を代表して登記を申請することができるので、代表取締役全員が過料に処されます（詳解商登（上）88頁参照）。
　登記官は、過料に処されるべき者があることを職務上知ったときは、管轄地方裁判所（代表者の住所地を管轄する地方裁判所）に通知するとされています（商登規第118条）。

Q11　登記の期間経過後も、登記の申請をすることはできますか

A　登記の期間（24頁【詳細情報11】）が経過した後であっても、登記の申請をすることはできます。

Q12　登記の事由の発生前に、登記の申請をすることはできますか

A　登記の事由（発起設立手続の終了、役員の就任など）の発生前に、登記の申請をすることはできません。

3　申請の方法

(1)　申請方法
- 登記の申請については、当事者の営業所（会社にあっては、本店または支店）の所在地を管轄する登記所に、赴いてするほか、郵送（30頁Q13）やインターネット（30頁Q14）ですることもできます。
- 登記所の管轄区域、電話番号、案内図などについては、法務局ホームページ（29頁【耳よりな情報5】）で、確認することもできます。
- 管轄する登記所以外の登記所に登記の申請をすると、申請は、却下される（53頁第2章7）ので（管轄する登記所を誤って送付された申請書は返送・転送されない）、管轄する登記所を十分確認して申請する必要があります。

(参考)　管轄する登記所の確認方法
① 法務局ホームページのトップページ（右側上から4番目）の「管轄のご案内」ボタンをクリックします。
② 管轄一覧または地図から、該当する法務局・地方法務局をクリックします。
③ 管轄する登記所は、「商業・法人登記管轄区域」に当事者の営業所（会社にあっては、本店または支店）がある法務局等（本局、支局、出張所）です。
④ 次の例は、横浜地方法務局の「商業・法人登記管轄区域」のページの一部ですが、たとえば、会社の本店の所在地が神奈川県鎌倉市であるときの本店の所在地を管轄する登記所は、横浜地方法務局湘南支局であることがわかります。

庁名	不動産登記管轄区域	商業・法人登記管轄区域
湘南支局 案内図	鎌倉市 藤沢市 茅ヶ崎市 高座郡（寒川町）	横浜市及び川崎市を除く神奈川県全域

(2)　本支店一括登記
　支店の所在地における登記の申請については、本店の所在地における登記の申請と同時にするとき、本店の所在地を管轄する登記所を経由してすることができます（商登法第49条）。この方法による登記は、本支店一括登記（29頁【耳寄りな情報6】）と呼ばれています。

(3) 同時申請

　複数の登記の申請を同時にしなければならないものがあります（265頁参考資料3参照）。

(4) 経由・同時申請

　本店の所在地における登記の申請を他の申請と同時に他の登記所を経由してしなければならないものがあります（265頁参考資料3参照）。

(参考) 本支店一括登記、同時申請、経由・同時申請のイメージ

○本支店一括登記

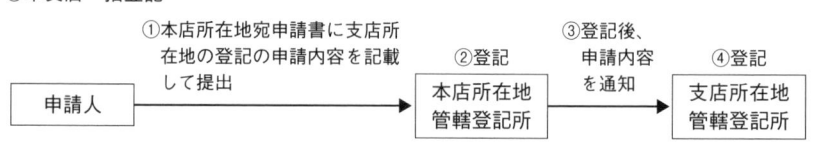

申請人 → ①本店所在地宛申請書に支店所在地の登記の申請内容を記載して提出 → 本店所在地管轄登記所（②登記） → ③登記後、申請内容を通知 → 支店所在地管轄登記所（④登記）

[参考：支店に直接申請した場合]

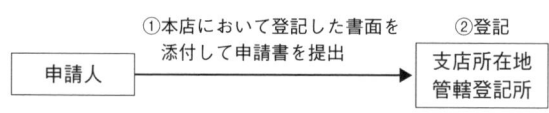

申請人 → ①本店において登記した書面を添付して申請書を提出 → 支店所在地管轄登記所（②登記）

○同時申請（組織変更の例）

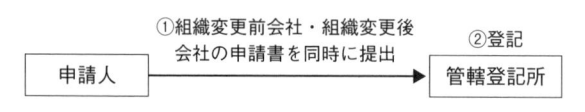

申請人 → ①組織変更前会社・組織変更後会社の申請書を同時に提出 → 管轄登記所（②登記）

○経由・同時申請（管轄外本店移転の例）

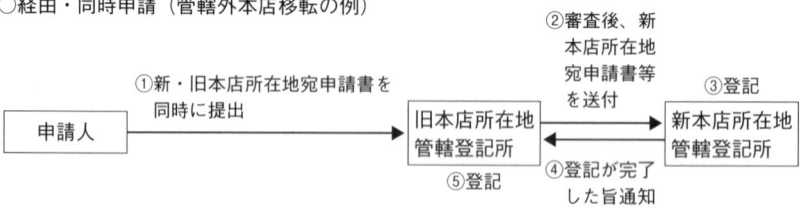

申請人 → ①新・旧本店所在地宛申請書を同時に提出 → 旧本店所在地管轄登記所（⑤登記） → ②審査後、新本店所在地宛申請書等を送付 → 新本店所在地管轄登記所（③登記） → ④登記が完了した旨通知

○経由・同時申請（管轄外吸収合併の例）

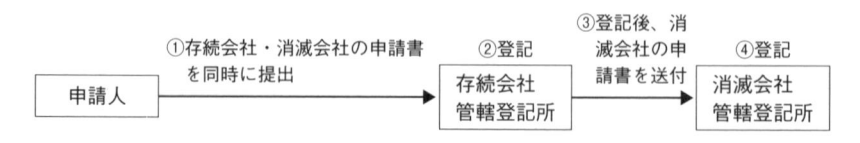

申請人 → ①存続会社・消滅会社の申請書を同時に提出 → 存続会社管轄登記所（②登記） → ③登記後、消滅会社の申請書を送付 → 消滅会社管轄登記所（④登記）

耳寄りな情報5　法務局ホームページとは?

　法務局または地方法務局の行政情報を掲載しているホームページです。

　法務局および地方法務局全体にかかるページのほか、各局ごとのページもあります。

　法務局または地方法務局の情報は、法務省ホームページのトップページからアクセスすることもできますが、管轄する登記所や申請書様式・記載例などを調べるときは、法務局ホームページのトップページからアクセスするほうが便利です。その URL は、次のとおりです。http://www.houmukyoku.moj.go.jp/

耳寄りな情報6　本支店一括登記とは?

　本店の所在地においてする登記の申請書に、支店の所在地においてする登記の申請内容を記載し（商登規第63条第1項）、手数料（支店の所在地における登記の申請1件当り300円）を納付すれば（商登法第49条第5項）、支店の所在地における登記の申請を本店の所在地における登記の申請と一括してすることができます。この方法による登記は、本支店一括登記と呼ばれています。

　通常、支店の所在地において登記の申請をするときは、本店の所在地における登記の完了を確認する必要がありますが、本支店一括登記によるときは、この確認は不要となります。

　また、支店の所在地において登記の申請をするときは、本店の所在地においてした登記を証する書面（登記事項証明書）を添付する必要がありますが（商登法第48条第1項）、本支店一括登記によるときは、当該書面を含め、添付書面は不要とされています（商登法第49条第4項）。

なお、会社法の施行に伴い、平成18年5月1日から支店の所在地（本店の所在地を管轄する登記所の管轄区域内にある場合を除く）における登記事項は、商号、本店、管轄する登記所の管轄区域内に所在する支店、会社成立の年月日、登記記録を起こした事由（支店を設置し、または移転した旨等およびその年月日）のみとなっています（会第930条第2項、商登法第48条第2項）。

Q13 登記の申請を郵送ですることはできますか

A 登記の申請を郵送ですることはできます。

■ 補足説明

・登記の申請の受付日は、申請書の投函日ではなく、登記所において受付された日です（32頁第2章4）。

Q14 登記の申請をインターネットですることはできますか

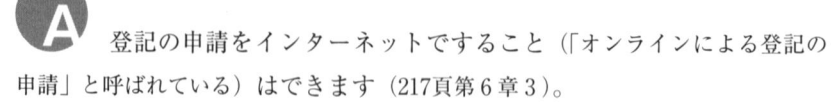

A 登記の申請をインターネットですること（「オンラインによる登記の申請」と呼ばれている）はできます（217頁第6章3）。

■ 補足説明

・インターネットで登記・供託オンライン申請システムに申請用総合ソフト等（221頁【耳寄りな情報14】）を利用して作成した申請書情報と添付書面情報を電子証明書とあわせて送信して、登記の申請をします。

・登記の申請の受付日は、申請書情報が登記・供託オンライン申請システムに到達した日ではなく、登記所において受付された日です（217頁第6章3）。

Q15 オンライン提出方式とはどんな申請方式ですか

A オンラインによる登記の申請の場合と同様に、受付、手続終了等のお知らせなどのサービスを受けることができる申請方式です。

書面の申請書を提出しますが、申請用総合ソフト等（221頁【耳寄りな情報14】）を利用して申請書を作成することができます。

■ 補足説明

・オンライン提出方式を利用する際、電子証明書は必要ありません。したがって、電子証明書を取得していない方も、オンライン提出方式を利用することができます（山川郁資＝石川結可「登記・供託オンライン申請システムによる登記事項の提出について」登情604号35頁参照）。

・申請人の情報を登録することで、手続の進捗状況を登記・供託オンライン申請システム上で確認することができます。また、メール送信サービスの登録をしておくと、手続の進捗状況に応じてお知らせメールが送信されます。

（参考） オンライン提出方式のイメージ

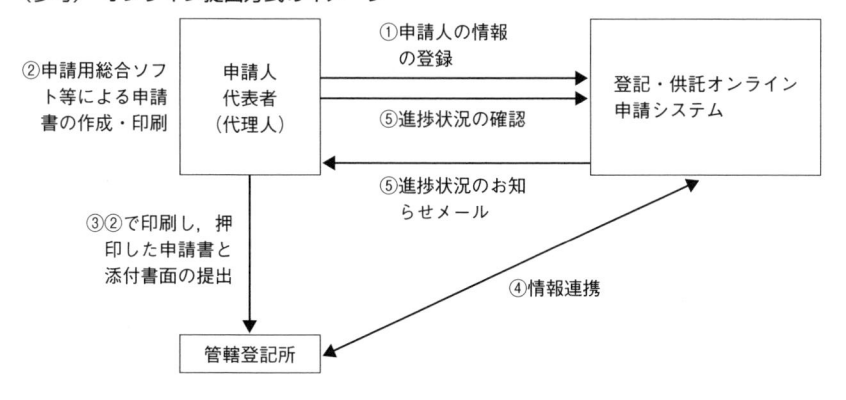

```
                   ①申請人の情報
                      の登録
②申請用総合ソフ  ┌─────┐ ────────→ ┌──────────┐
 ト等による申請  │申請人  │              │登記・供託オンライン│
 書の作成・印刷  │代表者  │ ←──────── │申請システム     │
                 │(代理人)│ ⑤進捗状況の確認│                │
                 └─────┘              └──────────┘
                     │     ⑤進捗状況のお知
                     │     らせメール
 ③②で印刷し，押     │
  印した申請書と     │              ④情報連携
  添付書面の提出     ↓
                 ┌─────┐ ←────────
                 │管轄登記所│
                 └─────┘
```

4　申請の受付

- 登記所に申請書を提出すると、受付帳に登記の種類（設立、解散等）、申請人の商号（会社のときなど）、受付の年月日および受付番号が記録され、申請書に受付の年月日および受付番号が記載されます（商登法第21条第1項）。
- 郵送による登記の申請の受付日は、登記所において受付された日です（30頁Q13）。
- 同一の郵便配達により複数の登記の申請書が同時に受領されたときは、受付帳にその旨記載されます（商登法第21条第3項、詳解商登（上）232頁参照）。〔仮にこれらの申請の目的が相互に矛盾抵触する場合は、登記官は、ともに却下することとされています（商登法第24条第5号、詳解商登（上）189頁）。〕
- 登記所に提出された申請書およびその添付書面に不備な点があっても、受付を省略して申請人またはその代理人にこれらを返戻する取扱いはされません（商準則第40条第3項）。
- 受付されると、申請書およびその添付書面は、登記所において厳重に管理され、登記前に申請の取下げ（56頁【詳細情報18】）をしない限り、返却されません。
- 受付帳は、商業登記（商号、未成年者、後見人、支配人、株式会社、合名会社、合資会社、合同会社、外国会社の登記簿にされる登記）と法人登記（会社および外国会社以外の法人の登記簿、投資事業有限責任組合契約の登記簿、有限責任事業組合契約の登記簿、限定責任信託の登記簿にされる登記）（9頁【詳細情報6】）とで別々に作成され、それぞれ一連の受付番号が付番されています。
- オンラインによる登記の申請の受付については、217頁第6章3参照。

Q16 従業員に申請書を持参させても受付されますか

A 会社の代表者が会社の従業員に申請書を持参させ、当該従業員が受付窓口にこれを提出したときも受付されます。

■ 補足説明
・申請書を提出する会社の従業員は、登記の申請の受付において、申請人である会社の代表者の使者として扱われています。

Q17 受付の所要時間はどれくらいですか

A 申請人またはその使者が受付窓口に到着してから申請書の受付が完了するまでの所要時間は、通常数分程度です。ただし、受付は申請順にされるため、直前に大量の申請書が提出されているときや登記の申請の集中する時期（4月上旬、7月上旬）、繁忙時間帯（午前11時から午後0時頃まで、午後1時から3時頃までなど）などには、数十分程度を要することがあります。

■ 補足説明
・申請人またはその使者が登記所に申請書を提出すると、受付番号が告げられます。また、受付番号等が記載された連絡文書を配付する登記所もあります。

Q18 受領証を請求するには手数料が必要ですか

A 登記の申請書およびその添付書面の受領証を請求するには、手数料は必要ありません。

■ 補足説明
・登記の申請書およびその添付書面の受領証の交付を請求するときは、申請書の写しを提出する必要があります（商準則第44条第1項）。添付書面の名

称・通数および貼付した領収証書・収入印紙に相当する登録免許税額・登記手数料額（本支店一括登記（29頁【耳寄りな情報6】）をするときに記載）が遺漏なく記載されている申請書の写しです。ただし、申請書の記載事項が記載されていない領収証書・収入印紙が貼り付けられた用紙の写しは不要です。
・登記官は、上記書面に受付年月日、受付番号、受領証である旨、交付年月日および登記官の職氏名を記載して、職印を押印し、請求者に交付します（商準則第44条第1項）。なお、受領証が再交付されることはありません。
・受領証の送付を請求することもできます。この場合には、申請書を送付する際、①請求する旨を記載した書面、②上記申請書の写し、③送付先を記載した返信用封筒および④郵便切手（書留郵便等配達が記録される郵便を推奨）を同封します（商登規第38条の2）。
・オンラインによる登記の申請をする場合の受領証の請求については、225頁Q108参照。

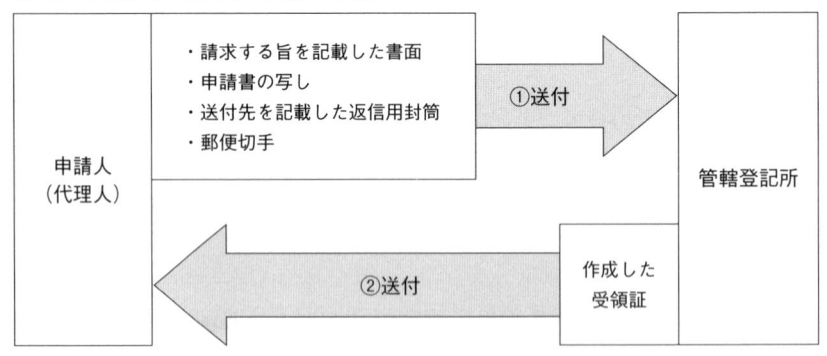

（参考）　送付による受領証の請求・交付のイメージ

5　申請書

・登記の申請は、オンラインによる登記の申請を除き、書面でします（商登法第17条第1項）。オンライン提出方式（31頁Q15）により申請するときは、申請用総合ソフト等（221頁【耳よりな情報14】）を利用して申請書を作成することができます。なお、登記すべき事項については、電磁的記録（CD－R等）に記録して提出することもできます（37頁【詳細情報13】）。
・会社の登記の申請書の記載事項は、次のとおりです（商登法第17条第2項〜第4項）。

① 　会社法人等番号（189頁Q88）〔法定記載事項ではありませんが、判明しているときは記載します。〕
② 　商号
③ 　本店
④ 　支店〔支店の所在地における登記を申請する場合に申請する登記所の管轄区域内にある支店の一つを記載します。〕
⑤ 　登記の事由（39頁Q19）
⑥ 　許可書の到達年月日〔官公庁の許認可（80頁【詳細情報25】）が登記すべき事項の効力発生要件となっている場合には、登記の期間（24頁【詳細情報11】）は、会社法第910条の規定により、許可書の到達した日から起算され、その日を明らかにするために記載します（詳解商登（上）192頁）。〕
⑦ 　登記すべき事項〔変更登記にあっては、すでに登記した事項について変更を生じたことが該当し、変更を生じた年月日および変更の内容を記載します（詳解商登（上）192頁参照）。〕
⑧ 　課税標準の金額〔設立の登記など課税標準により税額が決まる場合に（税率の異なる部分があるときは、その部分をそれぞれ）記載します。〕
⑨ 　登録免許税の額〔登録免許税が免除または軽減されるときは、根拠条項も記載します。〕
⑩ 　登記手数料の額〔本支店一括登記（29頁【耳寄りな情報6】）をする場合

に記載します。〕
⑪　添付書面の名称および通数〔申請書とともに提出した添付書面を記載します。記載は任意ですが、受領証の交付の請求（33頁Q18）をするときは、記載する必要があります。〕
⑫　申請日〔申請日は受付日となるところ、申請書を送付するときは、受付日が不明であるので、記入しなくてもさしつかえありません。〕
⑬　申請人の商号、本店ならびに代表者の氏名および住所（代表者が法人の場合にあっては職務執行者の氏名および住所を含む）
⑭　代理人が申請するときは、代理人の氏名および住所
⑮　登記所の表示〔「東京法務局」（東京法務局本局に申請するとき）など登記の申請をすべき法務局等名を記載します。〕

（参考）　登記申請書の記載事項のイメージ

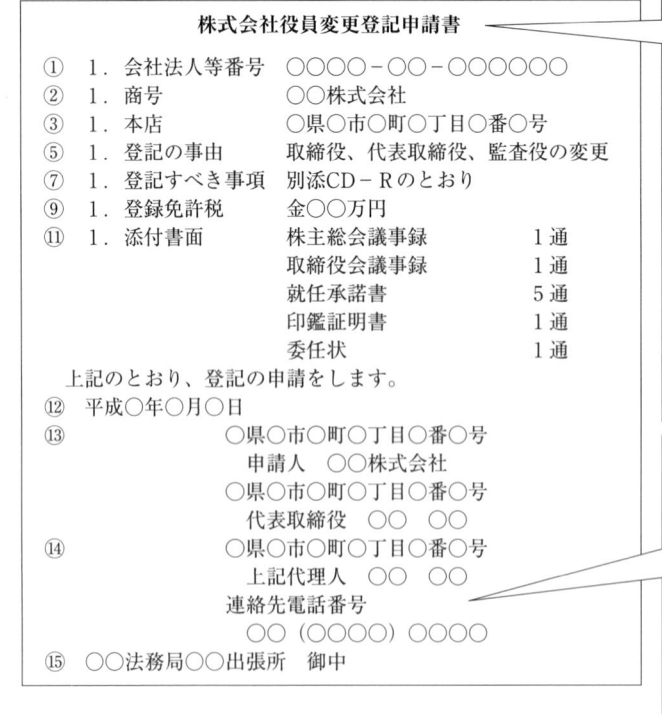

```
                株式会社役員変更登記申請書
①  1. 会社法人等番号    ○○○○－○○－○○○○○○
②  1. 商号            ○○株式会社
③  1. 本店            ○県○市○町○丁目○番○号
⑤  1. 登記の事由      取締役、代表取締役、監査役の変更
⑦  1. 登記すべき事項  別添CD－Rのとおり
⑨  1. 登録免許税      金○○万円
⑪  1. 添付書面        株主総会議事録        1通
                    取締役会議事録        1通
                    就任承諾書          5通
                    印鑑証明書          1通
                    委任状            1通
    上記のとおり、登記の申請をします。
⑫  平成○年○月○日
⑬              ○県○市○町○丁目○番○号
                申請人　○○株式会社
                ○県○市○町○丁目○番○号
                代表取締役　○○　○○
⑭              ○県○市○町○丁目○番○号
                上記代理人　○○　○○
                連絡先電話番号
                ○○（○○○○）○○○○
⑮  ○○法務局○○出張所　御中
```

申請書の名称の記載は任意です。変更の登記の場合には、単に「変更」と記載してもさしつかえありません。主な記載例は以下のとおりです。
設立、本店移転、商号変更、吸収合併、解散・清算人、清算結了

連絡先電話番号の記載は任意です。補正が必要な場合や取下げの機会を付与する場合に登記所から連絡するためのものです。

・上記申請書に登記の申請をする者（代理人が申請するときは、代理人）が印鑑（本店の所在地における登記にあっては、登記所に提出したもの。ただし、代理人が申請するときは、任意のもの）を押印します。なお、申請書が複数枚のときは、各ページのつづり目を当該印鑑で契印します（商登規第35条第3項）。
・登録免許税・登記手数料は、領収証書・収入印紙を申請書（印紙等貼付台紙）に貼り付け、納付します。〔印紙と用紙に割印をしてはいけません。〕当該書面は、申請書に当たる（登免法第22条参照）ので、他の申請書とのつづり目を上記印鑑で契印します（65頁Q28）。
・合併または会社分割につき私的独占の禁止及び公正取引の確保に関する法律第15条第2項または第15条の2第2項、第3項の規定により届出をしたときは、吸収合併による変更の登記、新設合併による設立の登記、吸収分割承継会社がする吸収分割による変更の登記、新設分割による設立の登記または株式移転による設立の登記の申請書には、届出をした年月日を記載し、期間の短縮があったときは、その期間をも記載しなければなりません（商登規第110条）。

詳細情報13	登記すべき事項を電磁的記録に記録して提出する方法とは？

　当該記録を利用して、登記の処理がされるため、特に設立の登記、新株予約権の発行による変更の登記など登記すべき事項が多い登記の申請において利用すると、迅速かつ確実に登記の処理がされます。なお、電子署名および電子証明書を記録する必要はありません。その主な注意点は、次のとおりです。
(1) 磁気ディスクの種類
　　ア　フロッピーディスク（2HD、1.44MB、MS-DOS形式）
　　イ　CD-ROM（120㎜、JIS　X　0606形式）
　　ウ　CD-R（120㎜、JIS　X　0606形式）
(2) 記録の方法
　　ア　ファイルは、テキスト形式で記録し、ファイル名は、「(任意の名称).txt」でさしつかえありません（例　株式会社・設立.txt）。

イ　磁気ディスクには、申請人の氏名（会社にあっては、商号）を記載した書面を貼り付けます。

登記すべき事項の入力例（株式会社の設立の例）は、次のとおりです。

「商号」○○株式会社
「本店」○県○市○町○丁目○番○号
「公告をする方法」官報に掲載してする。
「目的」
　　1　○○の製造販売
　　2　○○の売買
　　3　前各号に附帯する一切の事業
「発行可能株式総数」○○○株
「発行済株式の総数」○○○株
「資本金の額」金○○○万円
「役員に関する事項」
「資格」取締役
「氏名」○○○○
「役員に関する事項」
「資格」取締役
「氏名」○○○○
「役員に関する事項」
「資格」取締役
「氏名」○○○○
「役員に関する事項」
「資格」代表取締役
「住所」○県○市○町○丁目○番○号
「氏名」○○○○
「役員に関する事項」
「資格」監査役
「氏名」○○○○
「取締役会設置会社に関する事項」
取締役会設置会社
「監査役設置会社に関する事項」
監査役設置会社
「登記記録に関する事項」設立

> **Q19** 登記の事由や添付書面の名称の記載方法を教えてください

A 登記の事由については、登記の申請をすることとなった事由を簡潔に記載します。なお、登記の期間（24頁【詳細情報11】）が定められていない登記（持分会社の本店の所在地における設立、会社の支配人の登記、更正の登記、抹消の登記等）を除き、登記の事由の発生年月日が登記すべき事項により判明しない場合には、当該発生年月日も記載します（昭和39年3月28日民事甲第837号法務省民事局長通達（詳解商登（上）194頁）参照）。

添付書面の名称は、他の書面と区別することができる程度に特定して、通数〔「1通」等と記載します〕とともに記載すれば足ります。

■ 補足説明

・登記の事由の主な記載例は、次のとおりです。詳しくは、法務省ホームページの記載例（45頁【耳寄りな情報8】）を参照しましょう。

① 株式会社の設立の登記
　平成〇年〇月〇日発起設立の手続終了
　平成〇年〇月〇日募集設立の手続終了
② 持分会社の設立の登記
　設立の手続終了
③ 目的、商号の変更の登記
　目的変更
　商号変更
④ 本店移転の登記〔管轄外本店移転における新・旧本店所在地宛申請書の記載も同じです。〕
　本店移転
⑤ 取締役、監査役、代表取締役の退任、就任による変更の登記
　取締役、監査役、代表取締役の変更
⑥ 株式の譲渡制限の定めの設定、変更、廃止による変更の登記
　株式の譲渡制限の定めの設定
　株式の譲渡制限の定めの変更

株式の譲渡制限の定めの廃止
⑦　募集株式の発行による変更の登記
　　　募集株式の発行
⑧　取締役会設置会社の定めの設定または廃止による変更の登記
　　　取締役会設置会社の定め設定
　　　取締役会設置会社の定め廃止
⑨　解散の登記および清算人の登記
　　　解散並びに清算人及び代表清算人就任（法定清算人（112頁【詳細情報31】参照〕が就任したとき）
　　　解散並びに平成○年○月○日清算人及び代表清算人就任（清算人が選任されたとき）
⑩　支配人の登記
　　　支配人選任
　　　支配人の代理権の消滅
⑪　更正の登記
　　　錯誤による更正
　　　遺漏による更正
⑫　抹消の登記
　　　登記すべき事項が無効であるため抹消
　　　登記すべき事項が不存在であるため抹消

・添付書面の主な記載例は、次のとおりです。また、同時に提出している他の添付書面を援用するときは、その旨記載します（以下の⑤の例）。詳しくは、法務省ホームページに掲載されている記載例を参照しましょう。
　①　株主総会議事録　2通
　②　取締役会議事録　2通
　③　取締役の過半数の一致を証する書面　1通
　④　辞任届　3通
　⑤　就任承諾書（株主総会議事録の記載を援用します）

・同一の登記所に対し同時に数個の申請をする場合において、各申請書の添付書面に内容が同一であるものがあるときは、他の申請書にその旨を付記

し、一個の申請書のみに1通を添付すれば足ります（商登規第37条）。これは同一の登記所に対してする場合にのみ認められ、たとえば管轄外本店移転の登記を委任による代理人が申請する場合の委任状は、それぞれの申請書に添付する必要があります（詳解商登（上）197頁参照）。

Q20 複数の登記については、まとめて申請することができますか

A 申請人（会社であるときは、会社を代表して申請する者またはその委任による代理人）が同じ場合であれば、申請する登記所が同じときまたは本支店一括登記（29頁【耳寄りな情報6】）をするときに、1通の申請書にまとめて申請することができます（詳解商登（上）195頁参照）。

■ 補足説明

・1通の申請書にまとめて登記の申請をすると、申請書の作成量が少なくなり、また、登録免許税の額が1件分の納付で足りる場合（42頁【耳寄りな情報7】）もあります。

（参考）　1通の申請書にまとめて複数の登記の申請をする登記申請書のイメージ

```
              株式会社商号、役員変更登記申請書
 1．会社法人等番号    ○○○○－○○－○○○○○○
 1．商号            ○○株式会社
 1．本店            ○県○市○町○丁目○番○号
 1．登記の事由       商号の変更
                   代表取締役の住所変更
 1．登記すべき事項    「商号」○○株式会社
                   「原因年月日」平成○年○月○日商号変更
                   「役員に関する事項」
                   「資格」代表取締役
                   「住所」○県○市○町○丁目○番○号
                   「氏名」○○○○
                   「原因年月日」平成○年○月○日住所移転
 1．登録免許税金     ○○万円
                      うち商号変更分　3万円
                      うち役員変更分　○万円
  （後略）
```

耳寄りな情報 7　登録免許税の額が1件分の納付で足りる場合とは？

　同一の申請書によって二以上の登記事項の登記を申請する場合における登録免許税の算定については、登録免許税法別表第一に掲げる登記の同じ区分に属する数個の登記事項である限り、1件として登録免許税を算定することとされています（詳解商登（上）205頁）。登記事項が時を異にして発生した場合において、それらの登記事項の登記を一括して申請する場合にも同じです（大正11年11月10日民事第4841号司法省民事局長回答（詳解商登（上）207頁））。なお、登録免許税法別表第一第24号（一）に掲げる区分のうち、タの職務執行の停止の登記と職務代行者の選任の登記、ヨの支配人の選任の登記と支配人の代理権の消滅の登記は、それぞれ別個の区分とされています（昭和42年7月22日民事甲第2121号法務省民事局長通達（詳解商登（上）207頁）参照）。

　たとえば、商号の変更の登記と目的の変更の登記を2通の申請書で申請すると申請書ごとに3万円（登免法別表第一第24号（一）ツ）、計6万円納付する必要がありますが、1通の申請書にまとめて申請すると3万円納付すれば足ります。

　複数の役員の変更の登記を2通の申請書で申請すると申請書ごとに3万円（資本金の額が1億円以下の会社については1万円）（登免法別表第一第24号（一）カ）計6万円（資本金の額が1億円以下の会社については2万円）納付する必要がありますが、1通の申請書にまとめて申請すると3万円（資本金の額が1億円以下の会社については1万円）納付すれば足ります。

（参考）　1通の申請書で申請する場合の登録免許税
○1件分となる登記の例（登録免許税の区分が同じもの）

> ①　吸収合併による株式会社または合同会社の資本金の増加の登記（登免法別表第一第24号（一）ヘ）
> ・吸収合併による資本金の額の変更と発行済株式の総数の変更または新株予約権の発行による変更等吸収合併契約による変更（詳解商登（上）1238頁

参照)。
② 取締役会、監査役会または委員会に関する事項の変更の登記（登免法別表第一第24号（一）ワ）
　・取締役会設置会社の定めの設定と委員会設置会社の定めの設定（通達準拠221頁）、委員会設置会社の定めの設定と監査役会設置会社の定めの廃止
③ 取締役、代表取締役、監査役、会計監査人等に関する事項の変更の登記（登免法別表第一第24号（一）カ）
　・同一取締役の退任と就任、複数の取締役の変更（退任、就任、氏名変更）、取締役の変更と監査役の変更
④ 登記事項の変更の登記（登免法別表第一第24号（一）ツ）
　・吸収合併による変更（資本金の額の変更を伴わないもの）と発行可能株式総数の変更、商号の変更、目的の変更

○1件分とならない登記の例（登録免許税の区分が異なるもの）
① 登録免許税法別表第一第24号（一）において別に規定されているもの
　・取締役会設置会社の定めの設定・廃止（ワ）と取締役の変更（退任、就任、氏名変更）（カ）
　・監査役の変更（退任、就任）（カ）と監査役設置会社の定めの設定・廃止（ツ）
　・取締役会設置会社の定めの設定・廃止（ワ）と監査役設置会社の定めの設定・廃止（ツ）
　・吸収合併による資本金の増加の登記（ヘ）と商号の変更（ツ）
② 登録免許税法別表第一第24号（一）において同じ項目に規定されているが、別個の区分であるもの
　・支配人の選任（ヨ）と支配人の代理権の消滅（ヨ）
　・取締役の職務執行停止（タ）と取締役の職務代行者の選任（タ）
③ 登録免許税別表第一第24号（一）と（四）に別に規定されているもの
　・監査役の変更（退任、就任、氏名変更）（（一）カ）と清算人の変更（退任、就任、氏名変更）（（四）ニ）（商登ブック510頁参照）

Q21　申請書の記載の訂正方法に決まりはありますか

A　申請書の記載の訂正については、定められた方式によって、する必要があります（商登規第48条第3項）。申請書に直接記載する方法により補正（55頁【詳細情報17】）する場合も同様です。

■ 補足説明

・申請書に記載した文字の訂正、加入または削除をしたときは、
① その旨およびその字数を欄外に記載〔「何字訂正」「何字加入」「何字削除」または「何字加入何字削除」と記載します〕し、かつ、当該字数を記載した部分に押印するか、
② 訂正、加入または削除をした文字にカッコその他の記号を付して、その範囲を明らかにし、かつ、当該記号を付した部分に押印(申請書に押印した印鑑で押印)しなければならず、
①、②いずれの場合も訂正または削除をした文字〔線で消します〕は、なお読むことができるようにする必要があります。

(参考) 申請書の訂正の例

　○訂正前の申請書

株式会社役員変更登記申請書
(中略)
代表取締役　金融　花子

　○①による訂正後の申請書

7字加入9字削除㊞
株式会社役員変更登記申請書
(中略)
代表取締役　金融　花子 　　　　　　　　　　　監査役　　財政　太郎

　○②による訂正後の申請書

株式会社役員変更登記申請書
(中略)
代表取締役　(金融)　花子 　　　　　　　　　　　　　　　　　㊞ 　　　　　　　　　　　　　　　　(財政)

6　申請書の添付書面

・申請書に添付すべき書面（添付書面）は、商業登記法、商業登記規則等の法令に定められています。添付書面の例は、登記所が配付し、法務省ホームページが掲載している記載例【耳寄りな情報8】に示されています。
・提出された添付書面が法令に定める添付書面に当たるか否かは登記官が審査します。提出された添付書面が法令に定める添付書面に当たらないと登記官に審査されたときは、当該登記の申請は、商業登記法第24条第8号（申請書に必要な書面（商登法第19条の2に規定する電磁的記録を含む）を添付しないとき）を理由として、却下されます。
・取締役会議事録などの書面については、会社においても保存する必要があるので、通常、複数作成し、その一通を登記所に提出します。
・添付書面は、公証人の認証した謄本等を除き（49頁Q23）、原本である必要があります（48頁Q22）。
・株主総会議事録等の添付書面は、外国会社が添付する一部（商登法第129条第1項、第130条第1項。109頁【詳細情報30】）を除き、日本語で記載されている必要があります（昭和60年7月8日民四第3942号法務省民事局第四課長回答（詳解商登（上）431頁））。
・添付書面は法務大臣の指定する方式（46頁【詳細情報14】）により、電磁的記録を作成し、提出することができます。この場合には、作成者および認証者（公証人等）は、当該電磁的記録に電子署名し、電子証明書（47頁【詳細情報15】）を記録する必要があります（47頁【詳細情報16】）。

耳寄りな情報8　法務省ホームページの記載例とは？

法務省ホームページには、申請書や添付書面の記載例が掲載されてい

ます。設立、商号の変更、本店移転、役員変更、募集株式の発行、解散および清算人、合併など登記の種類に応じて豊富な記載例が掲載されており、申請書や添付書面を作成する場合に参考となり大変便利です。また、取下書や印鑑届書の記載例も掲載されています。法務局ホームページ（29頁【耳よりな情報5】）にはトップページの左側にメニュー項目（「商業・法人登記申請書等様式」）として掲載されています。URLは、次のとおりです。http://www.moj.go.jp/ONLINE/COMMERCE/11-1.html

詳細情報14　法務大臣の指定する電磁的記録の方式等とは？

　平成14年法務省告示第101号（平成17年告示第112号、平成24年告示第90号により一部改正）に定められています。
　電磁的記録の方式等の概要は、次のとおりです（法務省ホームページ参照。URLは次のとおり。http://www.moj.go.jp/MINJI/minji41.）。
(1)　媒　　体
　　①　フロッピーディスク（2HD、1.44MB）
　　②　CD-ROM（120㎜）
　　③　CD-R（120㎜）
(2)　記録する情報
　　電磁的記録に記録する情報は、①電磁的記録に記録された情報の内容、②電子署名および③電子証明書です。
(3)　記録する情報の形式等
　　電磁的記録に記録するファイルのファイル形式およびファイル名は、次の表のとおりです。

項番	電子署名前のファイル形式	電磁的記録に記録するファイル形式	電磁的記録に記録するファイルのファイル名(注)
1	テキスト形式	所定のPKCS#7署名ファイル	（任意の名称）TXTP7
2	PDF形式		（任意の名称）PDFP7

3	XML形式		（任意の名称）XMLP 7
4	電子公証の電子私署証書で認められる形式	電子私署証書ファイル	（任意の名称）PD
5	PDF形式	PDF Public-Key Digital Signatureファイル	（任意の名称）.pdf

（注）（任意の名称）は、添付書面の内容を表す標目とします。（任意の名称）の文字数は、全角文字で64文字以内です。ファイルの形式を表すために末尾に付するTXTP 7、PDFP 7、XMLP 7またはPDの文字は、半角・大文字とします。項番1から4までは拡張子なしで、項番5は拡張子として「.pdf」（半角とし、大文字・小文字は問いません）を付します。

詳細情報15	電子証明書とは？

　認証局が発行する公開鍵の電子証明書のことです。認証局には、電子認証登記所（211頁第6章2）、地方公共団体による公的個人認証サービスに係る認証局、総務・法務・経済産業大臣が認定した民間の認証局などがあります。
　電子文書の作成者は、事前に秘密鍵と公開鍵（互いにペアとなるもの）を作成し、認証局に公開鍵の電子証明書の発行を請求しておきます。
　電子申請等を行うとき、電子文書の作成者は、電子文書に電子署名（秘密鍵で暗号化。公開鍵でしか復号することができない）を行い、電子証明書（公開鍵を含む）を添付して送信し、送信された者は、当該電子証明書の有効性について認証局に確認のうえ、公開鍵の作成者、電子文書の改ざんの有無（公開鍵で復号することで判明）等を確認します。
　以上の操作は、専用の電子認証ソフトウェアで行います。
　電子署名・認証の仕組みについては、総務省ホームページ等に掲載されています。URLは次のとおりです。http://www.soumu.go.jp/main_sosiki/joho_tsusin/top/ninshou-law/pdf/090611_1.pdf

詳細情報16	電磁的記録を提出するときに必要な電子証明書とは？

　次の電子証明書です（商登規第36条第4項）。
⑴　委任による代理人の権限を証する情報

① 電子認証登記所の電子証明書（211頁第6章2）
② 公的個人認証電子証明書（電子署名に係る地方公共団体の認証業務に関する法律第3条第1項の規定により作成された電子証明書をいう。以下同じ）
(2) (1)以外の情報
① 電子認証登記所の電子証明書
② 公的個人認証電子証明書
③ 指定公証人電子証明書（指定公証人の行う電磁的記録に関する事務に関する省令第3条第1項に規定する指定公証人電子証明書をいう。以下同じ）
④ 法務大臣指定電子証明書（セコムパスポート for G−ID（平成14年総務省・法務省・経済産業省告示第8号）の用に供するために作成された電子証明書）

なお、作成者が印鑑の提出をした者である場合は、代表権の制限などにより電子認証登記所の電子証明書の発行を請求することができないときを除き、電子認証登記所の電子証明書を記録しなければなりません（商登規第36条第5項）。

Q22 添付書面は返却されますか

A 添付書面とともにその謄本を提出すれば、添付書面の返却（原本還付）の請求をすることができます（商登規第49条第1項、第2項）。

■ 補足説明

・謄本には、申請人またはその代理人が氏名とともに「この謄本は、原本と相違がない」旨記載し、申請書に押印した印鑑を押印〔書面が2枚以上であるときは、各用紙のつづり目に契印もします〕します（商登規第49条第2項）。
・原本還付には、謄本を添付しなければなりませんが、議事録については、登記申請に不必要な部分の謄写を省略した抄本を添付してもさしつかえないとされています（昭和52年11月4日民四第5546号法務省民事局第四課長回答（登解198号52頁））。なお、原本還付される添付書面原本については、省略

せずにすべて提出する必要があります。
- 代理人により、原本還付の請求をするときは、その権限を証する書面の添付が必要ですが（商登規第49条第4項）、登記の申請の委任状に原本還付の権限が与えられている旨の記載（51頁Q24）がされていれば、別途の書面の添付を要しません。
- 送付により原本還付を請求する場合は、送付先を記載した返信用封筒および郵便切手（書留郵便等配達が記録される郵便を推奨）を同封します（商登規第49条第5項、第9条の4第4項）。
- 添付書面の返却はされないため（32頁第2章4）、添付書面提出後は、申請人がその謄本を作成して、原本還付の請求をすることはできないこととなります。〔返却が必要なときは、申請の取下げ（申請意思の撤回。56頁【詳細情報18】）によって、添付書面の返却を受けて、差替え、再度登記の申請をしなければなりません。この場合には、登記の期間（24頁【詳細情報11】）が経過し、登記を怠ることとなる場合もあるので、注意が必要です。〕
- 登記が完了すると、原本還付の請求をすることはできません（昭和23年12月26日民事甲第3027号法務省民事局長回答、詳解商登（上）203頁参照）。

（参考）　送付による原本還付の請求のイメージ

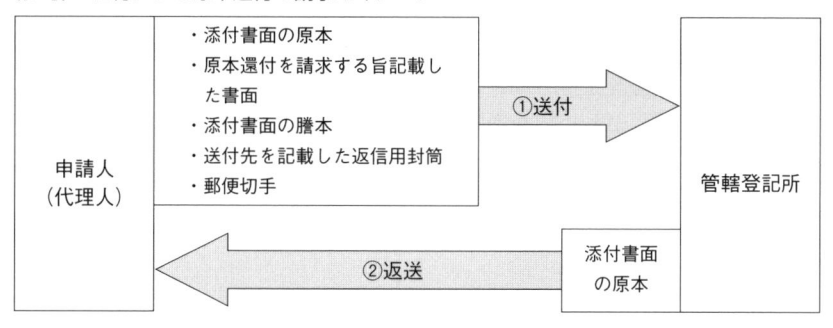

申請人（代理人）
- 添付書面の原本
- 原本還付を請求する旨記載した書面
- 添付書面の謄本
- 送付先を記載した返信用封筒
- 郵便切手

①送付 → 管轄登記所

②返送 ← 添付書面の原本

Q23　どうやって定款を提出するのですか

Ⓐ　株式会社の設立（新設合併、新設分割、株式移転、特例有限会社の通

第2章　商業登記の申請全般について知りたいとき

常の株式会社への移行、持分会社から株式会社への組織変更等による設立を除く）の登記の申請をするときは、公証人の認証のある定款の原本または公証人の作成した謄本（昭和42年7月6日民事甲第2047号法務省民事局長回答（詳解商登（上）574頁））を提出します。

　上記以外で定款の添付を要する登記の申請をするときは、会社を代表して登記の申請をする者が定款を記載した書面の末尾に「定款に相違ない旨」奥書し、奥書日付、会社の商号、本店、代表者の資格、氏名を記載のうえ、登記所に提出した（する）印鑑を押印したものを提出します（昭和36年5月26日民事四発第95号法務省民事局第四課長事務代理回答、詳解商登（上）437頁参照）。証明文の例は次のとおりです。

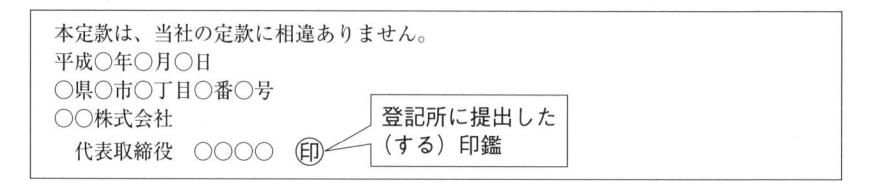

```
本定款は、当社の定款に相違ありません。
平成○年○月○日
○県○市○丁目○番○号
○○株式会社
　　代表取締役　○○○○　㊞　← 登記所に提出した（する）印鑑
```

■ **補足説明**

・提出する定款は、抜粋ではなく、全文の記載が必要です（昭和35年9月26日民事甲第1110号法務省民事局長回答、詳解商登（上）437頁参照）。
・提出する定款は、登記の申請に係る登記事項の発生、変更、消滅について定款の規定が適用される時点のものです。
・1通の申請書にまとめて複数の登記の申請をする（41頁Q20）場合において、各登記の申請に必要となる定款の規定内容が異なるときは、それぞれに必要な時点の規定の内容の定款を添付します。その場合の奥書の例は、次のとおりです。

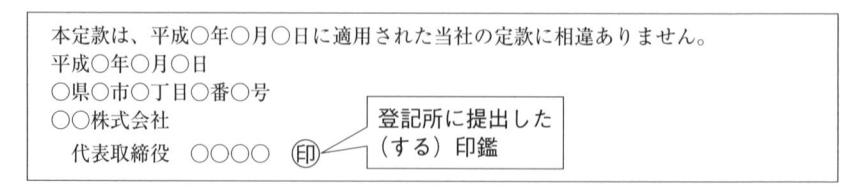

```
本定款は、平成○年○月○日に適用された当社の定款に相違ありません。
平成○年○月○日
○県○市○丁目○番○号
○○株式会社
　　代表取締役　○○○○　㊞　← 登記所に提出した（する）印鑑
```

・定款が電磁的記録で作成されている場合において、提出する定款には、電

子署名および電子証明書を記録しなければなりません（商登規第36条）。設立時の電子定款については、75頁【詳細情報20】参照。
・定款が不明なときについては、248頁Q118参照。

Q24 委任状の作成方法を教えてください

A 委任状（代理権限証書）については、受任者の氏名、住所、委任事項、委任年月日および委任者の氏名・住所を記載のうえ、登記所に提出した（する）印鑑を押印して、作成します。

■ 補足説明

・委任年月日が、登記の申請日より後の日付（平成24年3月30日民商第886号法務省民事局長通達別添商業登記オンライン申請等事務取扱規程第7条第1項(6)参照）または登記の事由の発生日より前の日付（商登逐条84頁参照）であるときは、補正または取下げがされない限り、登記の申請は、却下されます。

・委任状には、委任の内容、すなわち、どのような登記事項の登記の申請を委任するかを明確に記載することを要します。この場合において、委任の内容の一部として記載される登記事項は、申請書に記載される登記事項と同程度に詳細に記載するのが相当ですが、他の添付書面の記載と相まって委任の内容が明らかとなるときは、申請書に記載される登記事項の記載より簡単でさしつかえありません（詳解商登（上）198頁）。添付書面から申請書の記載事項が判明しない場合や添付書面を要しないことが判明しない場合（債権者異議手続が必要な場合において債権者から異議がなかったため供託等をしたことを証する書面を添付しないとき（商登逐条493頁参照）など）には、委任状にこれらを明らかにする事項を付記するのが一般的です。その主な例は次のとおりです。なお、必ずしも、委任状に付記する必要はなく、別に会社の代表者によって上記事実について証明した書面を添付してもさしつかえありません。

（参考） 委任状に付記する場合の記載のイメージ

	委任状
	○県○市○町○丁目○番○号 ○○　○○ 私は、上記の者を代理人に定め、次の権限を委任する。
株式会社の設立の登記の申請における設立手続終了の年月日	1　平成○年○月○日発起設立の手続を終了した当会社設立の登記の申請をする一切の件
官公庁の許認可が効力要件となっている場合の官公庁の許認可書を手交され、または郵送により受領した年月日（認可書の到達年月日）	1　当社の商号の変更の登記の申請をする一切の件 　　なお、認可書到達年月日は平成○年○月○日である。
本店移転の登記の申請における本店を現実に移転した年月日	1　当社の本店の移転の登記の申請をする一切の件 　　なお、平成○年○月○日本店を移転した。
取締役および代表取締役の氏名変更による変更の登記の申請における変更後の氏名および変更年月日	1　当社の役員の変更の登記の申請をする一切の件 　　なお、取締役及び代表取締役○○○○の氏は、平成○年○月○日○○に変更した。
代表取締役の住所移転による変更の登記の申請における代表取締役の新住所および移転年月日	1　当社の役員の変更の登記の申請をする一切の件 　　なお、代表取締役○○の住所は、平成○年○月○日○県○市○町○丁目○番○号に移転した。
債権者異議手続を要する登記の申請における債権者から異議がなかった旨の事実	1　当社の資本金の額の変更の登記の申請をする一切の件 　　なお、債権者から異議の申し出はなかった。
	1　以上の登記に係る登録免許税の還付金の受領の件 1　原本還付の請求及び受領の件 　　平成○年○月○日 　　　　○県○市○町○丁目○番○号 　　　　○○株式会社 　　　　代表取締役　○○　○○　㊞　〔登記所に提出した（する）印鑑〕

7 申請の審査（補正・取下げ・却下）

(1) 申請の審査
・登記官は、登記の申請の受付をすると、①申請書の記録・記載（貼付されている領収証書または収入印紙の確認を含む）、②申請書の添付書面の記録・記載、③登記簿の記録、④登記所に提出した（する）印鑑（159頁【詳細情報41】）によって、商業登記法に定める却下事由（147頁第3章12）がないか審査します（商登法第23条の2、第24条、商準則第38条、第46条）。
・登記官は、申請人となるべき者以外の者が申請していると疑うに足りる正当な理由があると認めるときは、申請人またはその代表者もしくは代理人に対し、出頭を求めるなどして、申請の権限の有無を調査します（商登法第23条の2）。調査の結果、申請権限がないと認められたときは、当該申請は、却下されます（商登法第24条第4号）。

（参考）　登記官の審査のイメージ

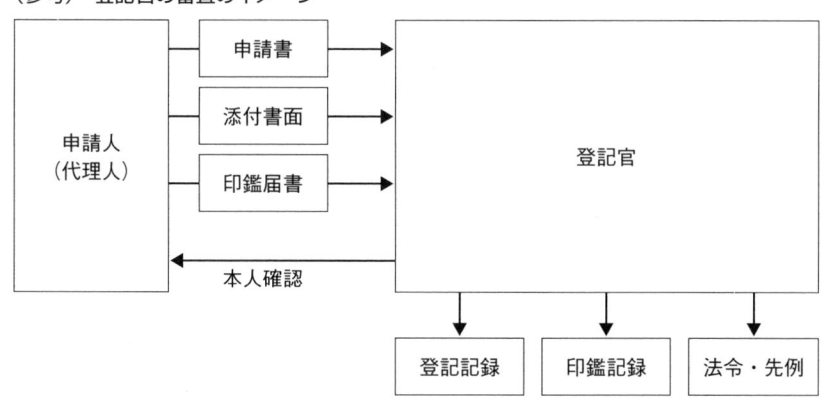

```
                    ┌─ 申請書 ──→┐
  ┌─────────┐    │            │    ┌─────────┐
  │  申請人   │────├─ 添付書面 ─→├───→│  登記官   │
  │ （代理人）│    │            │    │          │
  └─────────┘    └─ 印鑑届書 ─→┘    └─────────┘
        ↑                                  │
        └──────── 本人確認 ─────────────┘
                                           │
                        ┌──────────────────┼──────────────────┐
                        ↓                  ↓                  ↓
                   ┌────────┐        ┌────────┐        ┌──────────┐
                   │登記記録│        │印鑑記録│        │法令・先例│
                   └────────┘        └────────┘        └──────────┘
```

(2) 申請の却下
・登記の申請に却下事由があるときは、補正（55頁【詳細情報17】）や取下げ（56頁【詳細情報18】）がされない限り、申請は却下されます（商登法第24条、第50条第1項、第52条第1項、第78条第3項、第83条第1項、第88条第1

項、第92条第1項)。同一の申請書によって二以上の登記の申請がされた場合において、その一部に却下事由があるときは、一部却下が行われます。
・役員の全員を解任する登記の申請がされたときは、登記所から当該会社に連絡がされます。この場合において、相応の短期間内に役員に就任する者がその地位にないことまたは解任される役員がその地位にあることを確認する仮処分命令がされ、当該仮処分命令書の謄本が提出されれば、当該登記の申請は却下されます(平成15年5月6日民商第1405号法務省民事局商事課長通知(登情504号132頁))。
・登記の申請が却下される場合には、却下決定書において、却下処分に不服があるときは、登記官を経由して、審査請求(58頁【詳細情報19】)をすることができ、また、提訴期間内に処分の取消しの訴えを提起することができる旨が教示されます(商準則第53条、別記第30号様式参照)。

(参考) 却下決定書の記載イメージ

文書番号

却下決定書

○県○市○町○丁目○番○号
申請人　○○　○○

　平成○年○月○日受付第○○○○号登記申請事件は、○○ので、商業登記法第24条第○号の規定により却下します。
　なお、この処分に不服があるときは、いつでも、当職を経由して、○○地方法務局長に対し、審査請求をすることができます(商業登記法第142条)。
　おって、この処分につき取消しの訴えを提起しようとする場合には、この処分の通知を受けた日から6月以内(通知を受けた日の翌日から起算します。)に、国を被告として(訴訟において国を代表する者は法務大臣となります。)、提起しなければなりません(なお、処分の通知を受けた日から6月以内であっても、処分の日から1年を経過すると処分の取消しの訴えを提起することができなくなりますので御注意ください。)。ただし、処分の通知を受けた日の翌日から起算して6月以内に審査請求をした場合には、処分の取消しの訴えは、その審査請求の裁決の送達を受けた日から6月以内(送達を受けた日の翌日から起算します。)に提起しなければならないこととされています。

　　平成○年○月○日

○○地方法務局○○出張所
登記官　○○　○○　職印

(参考) 登記の申請に却下事由があるときの処理のイメージ
○申請に却下事由（補正不可能なもの）があるとき

| 申請の受付 | →（注1） | 却下 |

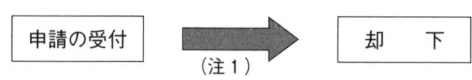

（注1） 却下前であれば、取下げ可能

○申請に却下事由（補正可能なもの）があるとき

| 申請の受付 | →（注2） | 補正 | →（注3） | 登記 |
| | ↘（注2） | 却下 | | |

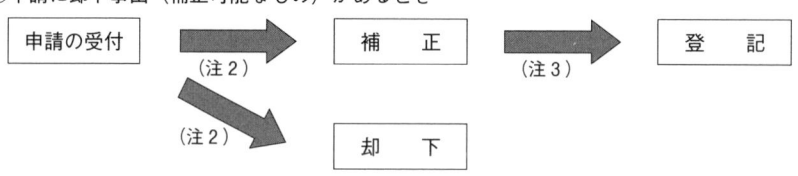

（注2） 補正または却下前であれば、取下可能。
（注3） 補正後であっても①本人申請の場合または②委任による代理申請の場合であって申請意思の撤回による取下げの委任があった場合には取下げ可能。

| 詳細情報17 | 申請の補正とは？ |

　申請に却下事由があるが、その事由が補正可能なものである場合には、申請人またはその代理人は、登記官が定めた相当の期間内であれば、申請の補正をすることができます（商登法第24条）。登記官が定めた期間内に補正されなかったときは、申請は却下されます（商準則第50条第3項）。ただし、申請の補正の機会が保障されているものではありません（詳解商登（上）236頁参照）。
　申請の補正の方法は、申請書の記載事項の訂正、添付書面の記載事項の訂正、添付書面の追加、登録免許税の追納などです。なお、添付書面の差替えはできないので、新たな添付書面を提出したときも、すでに提出された添付書面は返却されません。〔返却が必要なときは、申請の取下げによって、添付書面の返却を受けて、差替え、再度登記の申請をしなければなりません。この場合には、登記の期間（24頁【詳細情報11】）が経過し、登記を怠ることとなる場合もある（5頁Q2）ので、注意が必要です。〕
　添付書面の記載事項の訂正は、その作成者が申請人またはその代理人でないときは、補正書を提出する方法によります。この方法によることができないときは、申請の取下げによって、添付書面の返却を受けて、作成者に訂正させ、再度登記の申請をしなければなりません。〔この場合には、登記の期間が経過し、登記を怠ることとなる場合もあるので、注意が必要です。〕

申請の補正は、郵送によりすることもできます（平成17年3月2日民商第501号法務省民事局長通達第1の3⑴（登インター71号183頁）参照）。

申請書に直接記載して、補正するときは、定められた方式によりする必要があります（43頁Q21）。

申請の不備の内容が商業登記法第24条の却下事項に該当する場合であっても、公務員が職務上作成した添付書面により補正すべき内容が明らかなときは、補正の対象としないとされています（商準則第50条第2項後段）。

オンラインによる登記の申請の場合の補正については、217頁第6章3参照。

なお、次の補正をすることは、できません。
① 申請書に記載した登記の事由に記載されていない申請事項を追加し、または変更する補正（詳解商登（上）236頁参照）。
② 登記の事由の発生日が申請の受付日よりも後の日付となる補正

詳細情報18	申請の取下げとは？

申請の取下げは、書面によってするものとされています（商準則第54条第1項）。

申請に却下事由があり、その事由が補正不可能なものである場合には、申請人またはその代理人は、登記官が定めた相当の期間内であれば、取下げをすることができます。登記官が定めた期間内に取下げをしなかったときは、申請は却下されます。ただし、申請の取下げの機会が保障されているものではありません（商準則第40条第4項）。

取下書には、申請書に押印した印鑑を押印する必要があります。

代理人が登記の申請をした場合には、申請に却下事由があるときの取下げにあっては委任状を要しませんが、申請意思の撤回による取下げにあっては委任状〔登記申請時の委任状では足りません〕を要します（昭和29年12月25日民事甲第2637号法務省民事局長通達（詳解商登（上）229頁））。

申請の取下げがされると、申請書およびその添付書面は、返却（還付）されますが、偽造されたおそれのある書類等は、申請の取下げがされても返却されません。

同一の申請書によって二以上の登記の申請がされた場合（41頁Q20）においては、一部の取下げをすることもできます（商準則第54条第8項参照）。

オンラインによる登記の申請の場合の取下げについては、217頁第6章3参照。

(参考) 補正書(申請人を代表する者が補正する例)のイメージ

```
                      登記申請補正書

  ○○法務局○○出張所　御中

  受付年月日        平成○年○月○日
  受付番号          第○○○○号
  会社法人等番号    ○○○○-○○-○○○○○○
  商号              ○○株式会社
  本店              ○県○市○町○丁目○番○号

  ○県○市○町○丁目○番○号
    代表取締役  ○○ ○○        ㊞ ←申請書に押印した印鑑
    連絡先電話番号
      ○○(○○○○)○○○○
                                            ←提出済の株主総
                      補正内容                 会議事録に押印
                                               された印鑑
  1  株主総会議事録の取締役○○○○の氏名を以下のとおりに訂正する。
     取締役○○○○
                                議事録署名人  ○○○○ ㊞
                                              ○○○○ ㊞
                                              ○○○○ ㊞
  2  取締役会議事録を別添のものと差し替える。
```

(参考) 補正書(申請代理人が補正する例)のイメージ

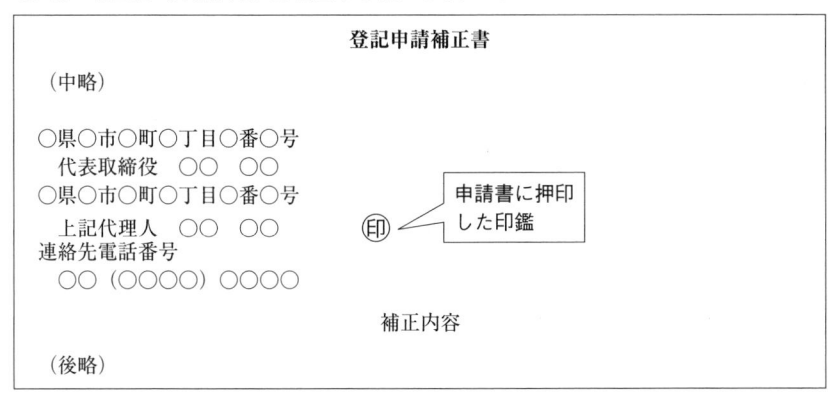

```
                      登記申請補正書

  (中略)

  ○県○市○町○丁目○番○号
    代表取締役  ○○ ○○
  ○県○市○町○丁目○番○号
    上記代理人  ○○ ○○        ㊞ ←申請書に押印した印鑑
    連絡先電話番号
      ○○(○○○○)○○○○

                      補正内容

  (後略)
```

（参考） 取下書・その委任状のイメージ

```
                        取 下 書
  1  取下げの対象  受付年月日  平成○年○月○日
                 受付番号    第○○号

  1  取下げの事由  申請意思の撤回（又は申請の不備）

  上記登記の申請を取り下げます。

    平成○年○月○日

                              ○県○市○町○丁目○番○号
                                ○○株式会社
                              ○県○市○町○丁目○番○号
                                代表取締役  ○○  ○○
                              ○県○市○町○丁目○番○号
                                上記代理人  ○○  ○○  ㊞

  ○○法務局○○出張所  御中
```

```
                        委 任 状

                    ○県○市○町○丁目○番○号
                      ○○  ○○

  私は、上記の者を代理人に定め、次の権限を委任する。

  1  以下の登記の申請の取下げに関する一切の件
     取下げの対象  受付年月日  平成○年○月○日
                 受付番号    第○○○○号
     取下げの事由  申請意思の撤回

   平成○年○月○日
                ○県○市○町○丁目○番○号
                  ○○株式会社
                    代表取締役  ○○  ○○  ㊞  ← 登記所に提出した印鑑
```

詳細情報19	審査請求とは？

　登記の申請を登記官により却下され、当該却下処分を不当とする者は、期間の制限なくいつでも、当該登記官を監督する法務局または地方法務局の長

に審査請求をすることができます（商登法第142条、第147条、行政不服審査法第14条）。審査請求は、登記官を経由してしなければなりません（商登法第143条）。

　審査請求をすることができる者は、審査請求について法律上の利益を有する者であるところ、登記の申請の却下については、当該登記の申請をした者が審査請求について法律上の利益を有します（詳解商登（上）336頁参照）。

　登記がされた場合において、その登記に対する審査請求は、商業登記法第133条第2項または第135条から第138条までの規定により、登記官が職権で登記を更正し、または抹消することができるときに限ってすることができます。なぜならば、いったん登記がされた以上、審査請求が認められても、登記官が職権により登記を更正し、または抹消することができない限り、登記をしたことに対する審査請求は目的を達しえないからです（詳解商登（上）334頁参照）。

　登記官が誤って不適法の登記の申請を受理し登記した場合においては、その登記の申請をした者は、更正または抹消の申請をすることができるのであるから、その登記の申請が受理されたことについて審査請求する利益を有せず、まず更正または抹消の申請をして、その申請が却下された場合にはじめてその却下処分について審査請求すべきです（詳解商登（上）336頁参照）。

　審査請求の裁決は、①審査請求が不適法であるときの却下、②審査請求が適法であるが理由がないときの棄却または③審査請求が適法であり、理由があるときの登記官への処分の命令（登記官にその登記をすべきことの命令）の三つです。

　審査請求の裁決に対して、再審査請求をすることはできませんが、行政訴訟を提起することはできます。

Q25　登記が完了した時は、連絡がありますか

A　次の場合には、登記が完了（手続終了）したことを登記・供託オンライン申請システム上で確認することができ、さらにメール送信サービスの登録をしておくと、登記の完了（手続終了）時などにお知らせメールが送信されます。

① 　オンラインによる登記の申請（217頁第6章3）

② オンライン提出方式による登記の申請（31頁Q15）
■ 補足説明
・上記以外の場合において、登記の完了を知るには、登記完了予定日【耳寄りな情報9】が参考となります。

耳寄りな情報9　登記完了予定日とは？

　申請日（受付日）ごとの登記完了が予定されている日のことです。登記所の窓口や法務局ホームページ（29頁【耳寄りな情報5】）の各局のページに掲載されており、だれでも確認することができます。
　申請の補正を要する登記（却下事由に該当するかについての審査に時間を要するものを含む）、管轄外本店移転による新本店所在地における登記および旧本店所在地における登記〔新本店所在地を管轄する登記所での登記の完了後に登記されます〕などは、別途日数を要します。その他注意事項は、法務局ホームページの各局のページに掲載されています。

Q26 ｜ 補正書や取下書を郵送することはできますか

A　補正書や取下書を郵送することはできます。ただし、当該書面は、登記官の定めた期限までに到着するように発送する必要があります。
■ 補足説明
・取下げの際、申請書およびその添付書面の送付による返却を求めるときは、①取下書に、②その旨を記載した書面、③送付先を記載した返信用封筒および④郵便切手（書留郵便等配達が記録される郵便を推奨）を同封します。また、登録免許税の納付のため申請書に貼付した領収証書または収入印紙の再使用を求めるときは、再使用証明申出書も同封します。
・補正書の様式、取下書の様式および再使用証明申出書の様式は、法務省

ホームページに掲載されています。URLは、次のとおりです。http://www.moj.go.jp/ONLINE/COMMERCE/11-1.html#08

(参考) 再使用証明申出書の様式

証明年月日		証明番号		
再使用証明申出書				
再使用申出領収書 または印紙の金額	金　　　　　　　円			
領収証書	現金納付年月日	平成　　年　　月　　日		
	収納機関の名称	銀行　　　　支店		郵便局 税務署
印　紙	券面額	枚　数		金　額
	円	枚		円
	円	枚		円
	円	枚		円
	円	枚		円
	円	枚		円
	円	枚		円
	円	枚		円
	印　紙	枚		円
申請書の受付の年月日及び番号	平成　年　月　日　第　　　号			
備　考				

上記のとおり登録免許税法第31条第3項の規定により申し出ます。
　　平成　年　月　日

　　　　　　　　申請人

　　　　　　　　　　　　　　　　　　　　　　　㊞

　　　法務局　　　支局　御中
　　　　　　　　　出張所

(参考) 送付による取下げ、添付書面の還付のイメージ

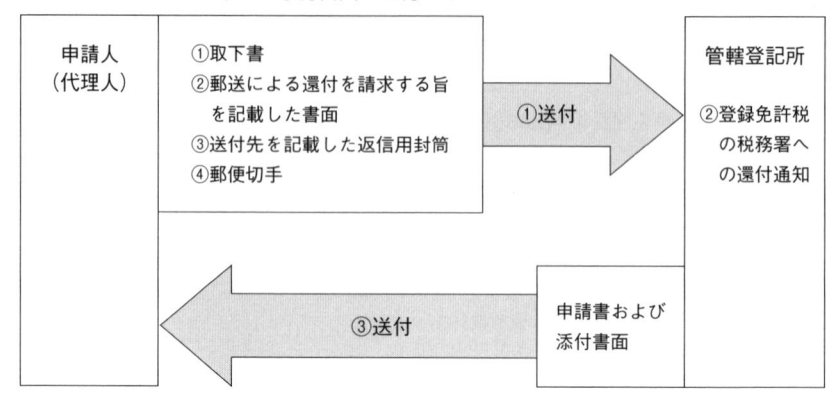

```
申請人          ①取下書                                管轄登記所
(代理人)        ②郵送による還付を請求する旨      ①送付
                  を記載した書面                          ②登録免許税
                ③送付先を記載した返信用封筒              の税務署へ
                ④郵便切手                                の還付通知

                          ③送付              申請書および
                                              添付書面
```

(参考) 送付による取下げ、添付書面の還付、再使用申出のイメージ

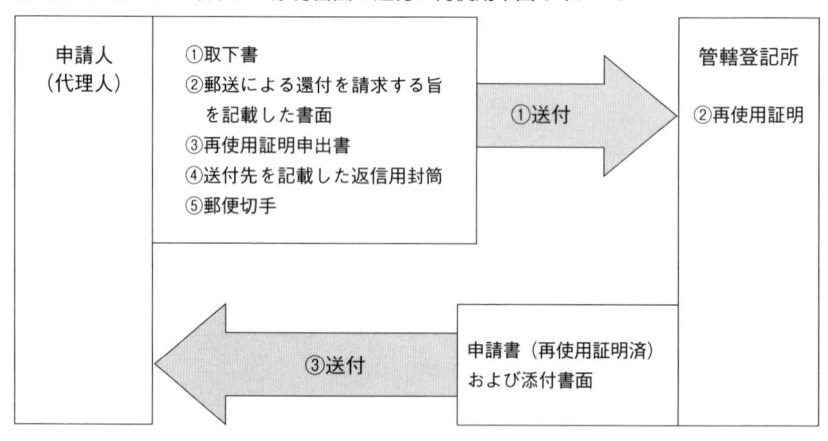

```
申請人          ①取下書                                管轄登記所
(代理人)        ②郵送による還付を請求する旨      ①送付
                  を記載した書面                          ②再使用証明
                ③再使用証明申出書
                ④送付先を記載した返信用封筒
                ⑤郵便切手

                          ③送付              申請書（再使用証明済）
                                              および添付書面
```

Q27 申請が却下されると、添付書面は返却されますか

A 原本還付の請求をしなければ、添付書面は返却されません。また、添付書面の返却（原本還付）を請求するには、還付請求書に当該書類の謄本を添付しなければならないので（商登規第49条第2項ただし書）、申請人が謄本を所持していなければ、添付書面の原本還付を請求することはできませ

ん。

　申請人が添付書面の謄本を所持していない場合に、添付書面の返却が必要なときは、登記の申請が却下される前に、申請の取下げ（56頁【詳細情報18】）をする必要があります。なお、偽造されたおそれのある書類等は、申請の取下げをしても返却されません（商準則第52条第2項）。

■ 補足説明
・登記の申請が却下された場合に、原本還付の請求をしなければ、添付書面は、申請書とともに申請書類つづり込み帳につづり込まれ、受付の日から5年間登記所で保存されます。

（参考）　却下相当の申請の添付書面の扱いイメージ

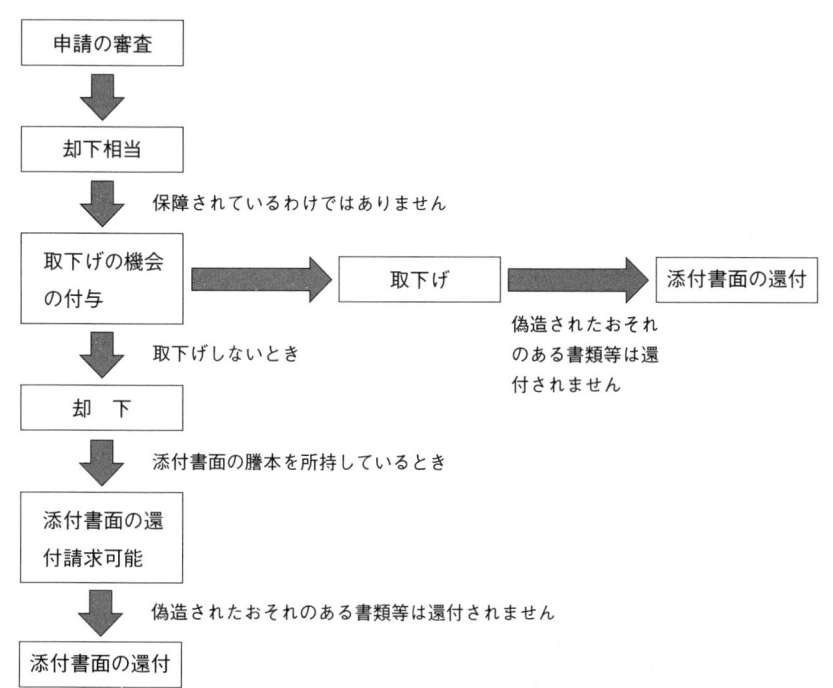

```
  ┌──────────┐
  │ 申請の審査 │
  └──────────┘
        ↓
  ┌──────────┐
  │  却下相当  │
  └──────────┘
        ↓　　　　保障されているわけではありません
  ┌──────────┐     ┌────────┐     ┌──────────────┐
  │ 取下げの機会 │ → │ 取下げ │ → │ 添付書面の還付 │
  │   の付与    │     └────────┘     └──────────────┘
  └──────────┘           偽造されたおそれ
        ↓ 取下げしないとき    のある書類等は還
  ┌──────────┐             付されません
  │  却　下   │
  └──────────┘
        ↓ 添付書面の謄本を所持しているとき
  ┌──────────┐
  │ 添付書面の還 │
  │  付請求可能  │
  └──────────┘
        ↓ 偽造されたおそれのある書類等は還付されません
  ┌──────────┐
  │ 添付書面の還付 │
  └──────────┘
```

8　登録免許税の納付

(1)　登録免許税の課税

　　商業登記の登録免許税は、登録免許税法第17条の2（事業協同組合等が組織変更等により受ける株式会社または合同会社の設立登記）、第17条の3（特例有限会社の通常の株式会社への移行の登記）、別表第一第24号（会社または外国会社の商業登記（（一）会社の本店の所在地においてする登記、（二）会社の支店の所在地においてする登記、（三）外国会社の営業所の所在地または代表者の住所地においてする登記、（四）会社の本店または支店の所在地においてする清算に係る登記（外国会社の営業所の所在地または代表者の住所地においてする清算に係る登記を含む））または別表第一第29号（個人の商業登記）に掲げる区分によって課されます（登免法第2条）。

　　商業登記の登録免許税については、1件（42頁【耳よりな情報7】）ごとに定額が課されるものと、課税標準に税率を乗じた額が課されるものがあります（登免法第9条）。

(2)　登録免許税の免除

　　登録免許税法、破産法、会社更生法、東日本大震災の被災者等に係る国税関係法律の臨時特例に関する法律等の規定によって登録免許税が課されない場合があります。その主なものは、次のとおりです。

① 　登記官が職権に基づいてする登記（登記官の過誤により登記に錯誤または遺漏が生じたときに、法務局・地方法務局の長の許可を得てする職権更正登記、職権抹消登記等）
② 　裁判所の嘱託（138頁第3章10）によりする特別清算に関する登記
③ 　住居表示の実施または行政区画、郡、区、市町村内の町・字・これらの名称の変更（その変更に伴う地番の変更および土地改良事業または土地区画整理事業の施行に伴う地番の変更を含む）に伴う登記事項の変更の登記
④ 　破産法による破産手続開始の登記、会社更生法による更生手続開始の登記等

⑤ 東日本大震災の被災者等に係る国税関係法律の臨時特例に関する法律第41条の3の規定による東日本大震災の被災者等が受ける本店等の移転の登記等（平成33年3月31日まで）

(3) 登録免許税の軽減

　登録免許税は、租税特別措置法、会社更生法等の規定によって軽減される場合があります。その主なものは、次のとおりです。

① 租税特別措置法第79条等の規定による株式会社の設立または資本金の額の増加の登記

② 会社更生法第264条の規定による更生計画において株式の発行等を定めたときの資本金の額の増加の登記等

(4) 登記後の徴収

　登記後、登録免許税の納付額に不足があることが発見されたときは、登記所から当事者（会社にあっては会社）の所轄の税務署に通知され、当事者は税務署長から所要の登録免許税を徴収されます（登免法第28条、第29条第1項）。

Q28 いつ、どうやって、登録免許税を納付するのですか

A 申請書を提出する際に、税務署等で納付した領収証書または収入印紙を申請書（印紙等貼付台紙）に貼り付けて登録免許税を納付します（登免法第21条、第22条）。

■ 補足説明

・領収証書または収入印紙と申請書とに割印をしてはいけません。
・印紙等貼付台紙と申請書に記載すべき事項が記載された書面とをあわせてつづり、つづり目には申請書に押印する印鑑で契印します。
・オンラインによる登記の申請の場合の登録免許税の納付については、221頁Q106参照。

(参考) 申請書（印紙等貼付台紙以外）と印紙等貼付台紙との契印のイメージ

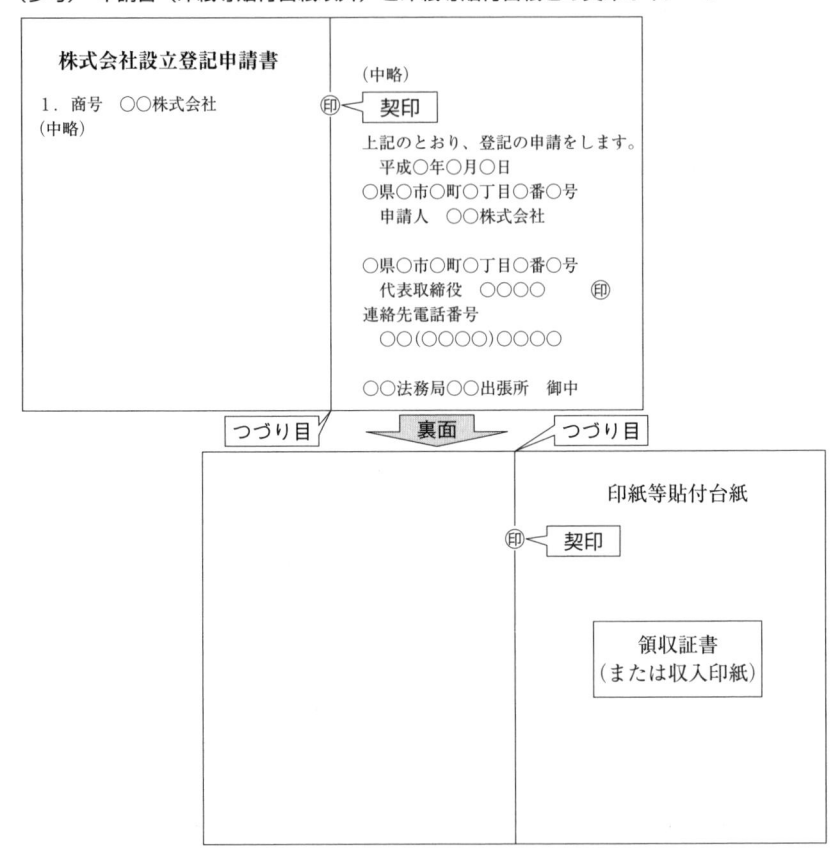

```
┌─────────────────────┐┌─────────────────────┐
│ 株式会社設立登記申請書 ││ （中略）            │
│                     ││ ㊞─契印            │
│ 1．商号 ○○株式会社 ││ 上記のとおり、登記の申請をします。│
│ （中略）            ││   平成○年○月○日   │
│                     ││   ○県○市○町○丁目○番○号 │
│                     ││   申請人 ○○株式会社 │
│                     ││                     │
│                     ││   ○県○市○町○丁目○番○号 │
│                     ││   代表取締役 ○○○○ ㊞ │
│                     ││   連絡先電話番号    │
│                     ││   ○○(○○○○)○○○○ │
│                     ││                     │
│                     ││ ○○法務局○○出張所 御中 │
└─────────────────────┘└─────────────────────┘
    つづり目         裏面          つづり目
              ┌─────────────────────┐
              │        印紙等貼付台紙 │
              │ ㊞─契印            │
              │                     │
              │     ┌─────────┐    │
              │     │ 領収証書 │    │
              │     │(または収入印紙)│    │
              │     └─────────┘    │
              └─────────────────────┘
```

Q29 登録免許税については、何円単位で納付するのですか

A 課税標準に税率を乗じて税額を計算するとされている商業登記の登録免許税については、100円単位で納付します。

■ 補足説明

・登録免許税に100円未満の端数があるときは、その端数金額を切り捨てます（国税通則法第119条第1項）。

・課税標準に1,000円未満の端数があるときは、その端数金額を切り捨てます（国税通則法第118条第1項）。
・課税標準に税率を乗じて税額を計算するとされている商業登記の登録免許税の額は、申請件数1件につき最低額（株式会社の設立の登記にあっては15万円、資本金の増加の登記にあっては3万円）が設けられています（登免法第17条の2、第17条の3、別表第一第24号（一）イ、ハ、ニ、ホ、ト、チ）。

（参考） 株式会社の本店の所在地における登記の登録免許税の額の計算例

> ① 資本金の額が2,000万円の株式会社の設立の登記の例
> 　2,000万円（課税標準）×1,000分の7（税率）＝14万円
> 　計算した税額が15万円に満たないときは、申請件数1件につき15万円とされているので、登録免許税の額は15万円となります。
> ② 増加する資本金の額が1,520万3,500円の株式会社の募集株式の発行による変更の登記の例
> 　課税標準に1,000円未満の端数があるので、これを切り捨て、課税標準の額は1,520万3,000円となります。
> 　1,520万3,000円（課税標準）×1,000分の7（税率）＝10万6,421円
> 　計算した税額に100円未満の端数があるので、100円未満の端数を切り捨て、登録免許税の額は10万6,400円となります。

Q30 登記されなかったとき、登録免許税はどうなりますか

A 登記の申請を取り下げ、または申請が却下されたことにより、登記されなかったときは、当事者（申請人が会社の場合にあっては会社）の所轄の税務署から登録免許税が還付されます（国税通則法第56条第1項）。ただし、還付を受けるべき者に未納の国税等があるときは、当該未納の国税等に充当および委託納付されます（国税通則法第57条、地方税法附則第9条の10）。

なお、登記の申請を取り下げた場合（申請が却下された場合は不可）に、申請書に貼り付けられた登録免許税の領収証書または収入印紙で領収済の記載がされ、または消印がされたものについて再使用の申出をしたときは、1年間に限り、申請書に貼付した領収証書または収入印紙を登記を申請した登記所において再使用することができます（登免法第31条第3項。60頁Q26）。

第2章　商業登記の申請全般について知りたいとき

■ 補足説明

・会社の設立の登記がされなかった場合には、会社が成立していないため、登記所からの（設立予定であった）会社の所轄の税務署への通知には会社を代表して登記の申請をした代表者の氏名および住所が付記されます（昭和42年10月16日民甲第2901号法務省民事局長通達（詳解商登（上）217頁））。
・登記の申請の代理人（受任者）に登録免許税の還付金の受領権限を委任することもできます（51頁Q24）。ただし、未納の国税等があるときは、受任者に還付されないことがあります。
・過大に登録免許税を納付したときも、登記されなかったときと同様に当該登録免許税が還付されます。また、登記を受けた者は、登記を受けた日から5年を経過する日まで、その旨を登記所に申し出て、登記所から当事者（申請人が会社の場合にあっては会社）の所轄の税務署へ還付通知をするよう請求することもできます（登免法第31条第2項）。

（参考）　領収証書または収入印紙の再使用のイメージ

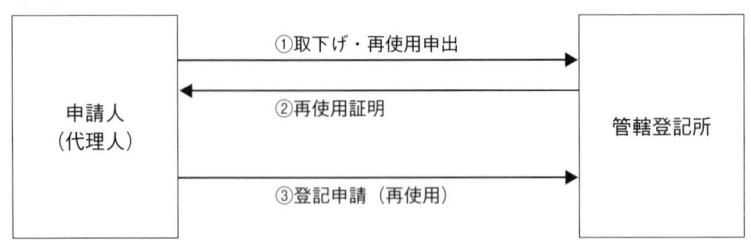

```
┌──────────┐   ①取下げ・再使用申出    ┌──────────┐
│          │ ──────────────────────→ │          │
│  申請人   │   ②再使用証明           │ 管轄登記所 │
│ （代理人） │ ←────────────────────── │          │
│          │   ③登記申請（再使用）    │          │
│          │ ──────────────────────→ │          │
└──────────┘                          └──────────┘
```

（参考）　領収証書または収入印紙の再使用申出後、使用せずに還付請求したイメージ

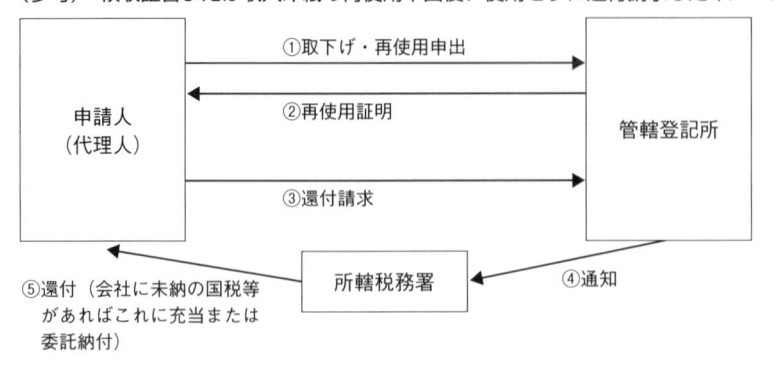

```
┌──────────┐   ①取下げ・再使用申出    ┌──────────┐
│          │ ──────────────────────→ │          │
│  申請人   │   ②再使用証明           │ 管轄登記所 │
│ （代理人） │ ←────────────────────── │          │
│          │   ③還付請求             │          │
│          │ ──────────────────────→ │          │
└──────────┘                          └──────────┘
     ↑                                      │
⑤還付（会社に未納の国税等が                  ④通知
  あればこれに充当または                      ↓
  委託納付）                          ┌──────────┐
     └──────────────────────────────│ 所轄税務署 │
                                     └──────────┘
```

第 3 章

商業登記の申請について
登記の種類ごとに知りたいとき

1　株式会社の設立の登記

(1)　定款の作成
- 株式会社を設立するには、発起人が定款を作成し、その全員がこれに署名し、または記名押印しなければなりません（会第26条第1項）。
- 定款は、書面のほか電磁的記録をもって作成（75頁【詳細情報20】）することができます（会第26条第2項）。定款は、公証人の認証を受けなければ、その効力を生じません（会第30条第1項）。
- 株式会社の定款には、①目的、②商号、③本店の所在地（76頁【詳細情報21】）、④設立に際して出資される財産の価額またはその最低額、⑤発起人の氏名または名称および住所を記載しなければならず（会第27条）、⑥記載しなければ効力を生じない事項（会第28条）、⑦その他会社法の規定に違反しない事項を記載することができます（会第29条）。

(参考)　作成する定款のイメージ

```
　　　　　　　　　　　○○株式会社定款（抄）
　第1章　総　則
　　（商号）
　第1条　当会社は、○○株式会社と称する。
　　（目的）
　第2条　当会社は、次の事業を営むことを目的とする。
　　1　○○の製造販売
　　2　○○の売買
　　3　前各号に附帯する一切の事業
　　（本店の所在地）
　第3条　当会社は、本店を○県○市に置く。
　　（中略）
　第○章　附　則
　　（設立に際して出資される財産の最低額）
　第○条　当会社の設立に際して出資される財産の最低額は、金○万円とする。
　　（発起人）
　第○条　発起人の氏名、住所及び発起人が設立に際して引き受けた株式数は、次
　　　　のとおりである。
```

```
┌─────────────────────────────────────────────────────┐
│     ○県○市○町○丁目○番○号  ○○○○   ○○株        │
│     ○県○市○町○丁目○番○号  ○○○○   ○○株        │
│  以上、○○株式会社の設立のため、この定款を作成し、発起人が次に記名押印する。  │
│          平成○年○月○日                            │
│                         発起人  ○○ ○○ ㊞          │
│                         発起人  ○○ ○○ ㊞          │
└─────────────────────────────────────────────────────┘

・本店の所在地における設立の登記の申請書には、本店の所在地を管轄する法務局または地方法務局の管内の公証人（公証人法第62条ノ2）の認証を受けた定款の原本または謄本を添付します（45頁第2章6）。

(2) 発起人の全員の同意または発起人の過半数の一致

・定款に次の事項が定められていないときは、発起人の全員の同意によりこれを決定する必要があります（会第32条第1項、第58条）。
　① 発起人が割当てを受ける株式数および引換えに払い込む金銭の額
　② 会社に出資された財産の額の一部を資本金としない場合には、資本金および資本準備金の額に関する事項（商登ブック87頁参照）
　③ 募集による設立の場合には設立時募集株式に関する事項

・定款に発行可能株式総数が定められていないときは、会社成立の時までに発起人の全員の同意により（募集による設立の場合には創立総会の決議により）、定款を変更して、これを定める必要があります（会第37条第1項、第98条）。

・定款に次の事項が定められていないときは、発起人の過半数の一致によりこれを決定する必要があります。
　① 設立時取締役、設立時会計参与、設立時監査役または設立時会計監査人（267頁参考資料4参照）
　② 本店の所在場所（76頁【詳細情報21】）

・本店の所在地における設立の登記の申請書には、以上に係る発起人の全員の同意があったことを証する書面または発起人の過半数の一致があったことを証する書面を添付します。
```

(参考) 発起人の全員の同意があったことを証する書面のイメージ

同 意 書

　本日発起人全員の同意をもって、会社が設立の際に発行する株式に関する事項並びに資本金及び資本準備金の額に関する事項を次のように定める。
1　発起人〇〇〇〇が割当てを受けるべき株式の数及び払い込むべき金額
　　〇〇株　　金〇〇円
1　発起人〇〇〇〇が割当てを受けるべき株式の数及び払い込むべき金額
　　〇〇株　　金〇〇円
1　資本金の額　金〇〇円
1　資本準備金の額　金〇〇円

　上記事項を証するため、発起人全員が記名押印する。
　平成〇年〇月〇日
　　　　　　　　　　　　　　　〇〇株式会社
　　　　　　　　　　　　　　〇県〇市〇町〇丁目〇番〇号
　　　　　　　　　　　　　　　　発起人　〇〇　〇〇　㊞
　　　　　　　　　　　　　　〇県〇市〇町〇丁目〇番〇号
　　　　　　　　　　　　　　　　発起人　〇〇　〇〇　㊞

(参考) 発起人の過半数の一致があったことを証する書面のイメージ

設立時取締役選任及び本店所在場所決議書

　平成〇年〇月〇日〇〇株式会社創立事務所において発起人全員が出席し、その全員の一致の決議により、設立時取締役及び本店所在場所を次のとおり選任、決定した。
　設立時取締役　〇〇〇〇、〇〇〇〇
　本店　〇県〇市〇町〇丁目〇番〇号
　上記決定事項を証するため、発起人の全員は、次のとおり記名押印する。
　平成〇年〇月〇日
　　　　　　　　　　　　　　　〇〇株式会社
　　　　　　　　　　　　　　　　発起人　〇〇　〇〇　㊞
　　　　　　　　　　　　　　　　発起人　〇〇　〇〇　㊞

---

(3)　設立時役員等の就任承諾

・本店の所在地における設立の登記の申請書には、設立時役員等の就任を承諾する書面を添付し、特に設立時取締役（取締役会設置会社にあっては設立時代表取締役または設立時代表執行役）にあっては当該書面に市区町村に登録した印鑑を押印し、当該印鑑に係る市区町村長の作成した印鑑証明書も添付（156頁【詳細情報39】）します。

(4) 設立時代表取締役等の選定
・次のいずれかの方法で設立時代表取締役（委員会設置会社にあっては設立時委員・設立時執行役・設立時代表執行役）を定める必要があります（通達準拠50頁）。

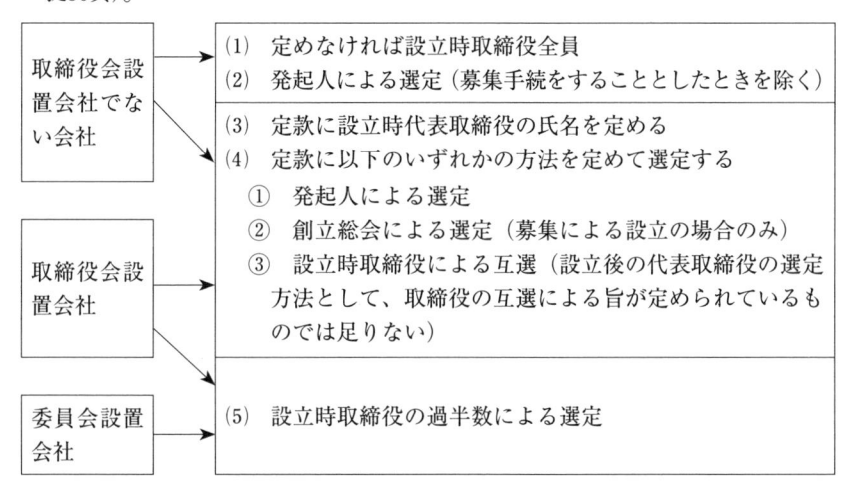

取締役会設置会社でない会社	(1) 定めなければ設立時取締役全員 (2) 発起人による選定（募集手続をすることとしたときを除く）
取締役会設置会社	(3) 定款に設立時代表取締役の氏名を定める (4) 定款に以下のいずれかの方法を定めて選定する 　① 発起人による選定 　② 創立総会による選定（募集による設立の場合のみ） 　③ 設立時取締役による互選（設立後の代表取締役の選定方法として、取締役の互選による旨が定められているものでは足りない）
委員会設置会社	(5) 設立時取締役の過半数による選定

・本店の所在地における設立の登記の申請書には、設立時代表取締役が発起人により選定された場合にあっては発起人の過半数の一致を証する書面を、設立時取締役の過半数の一致（互選を含む）により選定された場合にあっては設立時取締役の過半数の一致を証する書面を添付します。

(5) 出　　資
・発起人は、設立時発行株式の引受け後遅滞なく、その引き受けた設立時発行株式につき、その出資に係る金銭の全額を払い込み、またはその出資に係る金銭以外の財産の全部を給付しなければなりません（会第34条第1項）。
・払込みは、発起人が定めた銀行等（76頁【詳細情報22】）の払込みの取扱いの場所においてしなければなりません（会第34条第2項）。
・募集による設立の場合には、設立時募集株式の引受人は、発起人の定めた払込期日または払込期間内に、発起人が定めた銀行等の払込みの取扱いの場所において設立時募集株式の払込金額の全額の払込みを行わなければなりません（会第63条第1項）。

・本店の所在地における設立の登記の申請書には、払込みがあったことを証する書面（77頁【詳細情報23】）を添付します。現物出資等会社法第28条各号に掲げる事項が定款に定められているときは、検査役または設立時取締役等の調査報告書およびその附属書類等も添付します（商登法第47条第2項第3号）。

（参考）　払込みがあったことを証する書面（預金通帳の写し合てつ）のイメージ

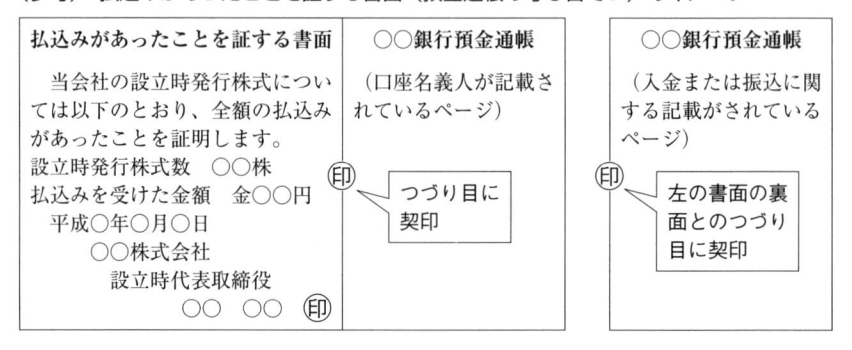

払込みがあったことを証する書面	○○銀行預金通帳	○○銀行預金通帳
当会社の設立時発行株式については以下のとおり、全額の払込みがあったことを証明します。 設立時発行株式数　○○株 払込みを受けた金額　金○○円 平成○年○月○日 　○○株式会社 　　　設立時代表取締役 　　　　　○○　○○　㊞	（口座名義人が記載されているページ） ㊞　つづり目に契印	（入金または振込に関する記載がされているページ） ㊞　左の書面の裏面とのつづり目に契印

・本店の所在地における設立の登記の申請書には、現物出資があった場合に限り、資本金の額の計上に関する証明書を添付すれば足ります。

（参考）　資本金の額の計上に関する証明書のイメージ

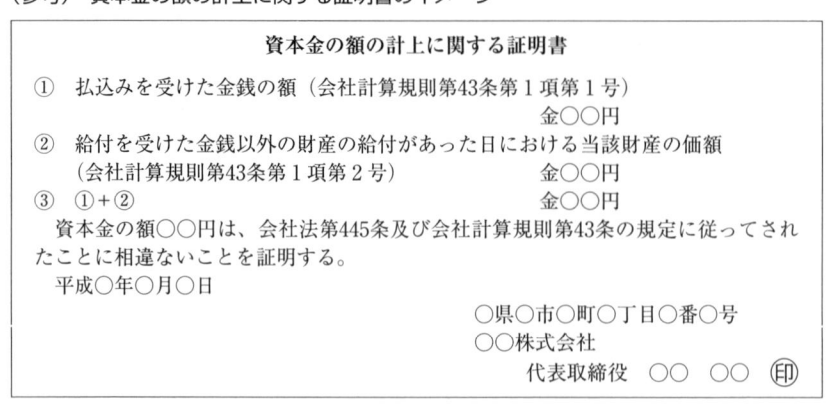

```
　　　　　　　　　　資本金の額の計上に関する証明書
①　払込みを受けた金銭の額（会社計算規則第43条第1項第1号）
　　　　　　　　　　　　　　　　　　　　　　　　　　金○○円
②　給付を受けた金銭以外の財産の給付があった日における当該財産の価額
　　（会社計算規則第43条第1項第2号）　　　　　　　金○○円
③　①＋②　　　　　　　　　　　　　　　　　　　　金○○円
　　資本金の額○○円は、会社法第445条及び会社計算規則第43条の規定に従ってされたことに相違ないことを証明する。
　　平成○年○月○日
　　　　　　　　　　　　　　　　　　　　○県○市○町○丁目○番○号
　　　　　　　　　　　　　　　　　　　　○○株式会社
　　　　　　　　　　　　　　　　　　　　　代表取締役　○○　○○　㊞
```

(6) その他設立の登記の申請に必要な事項
・その他会社の状況に応じて、必要な手続や登記の申請書に添付すべき書面があります。詳しくは、法務省ホームページの記載例（45頁【耳寄りな情報8】）に記載されています。
・本店の所在地において設立の登記の申請をする設立時代表取締役または設立時代表執行役は、管轄する登記所に印鑑を提出する必要があります（159頁第4章2）。

(7) 株式会社の成立日
・株式会社は、その本店の所在地において設立の登記をすることによって成立します（会第49条）。本店の所在地において設立の登記をするときは、登記官が職権で登記の日付（登記の申請の受付の日付）を会社成立の年月日（78頁【詳細情報24】）として記録します。

(8) 支店の所在地における登記の申請
・設立に際して本店の所在地を管轄する登記所の管轄区域外に支店を設けた場合には、当該支店の所在地においても、設立の登記の申請をする必要があります。本支店一括登記（29頁【耳寄りな情報6】）によれば、本店の所在地における登記の申請と一括してすることができます。

詳細情報20	電磁的記録をもって作成された定款とは？

　電磁的記録に作成者および認証者（公証人）の電子署名および電子証明書（47頁【詳細情報16】）が記録された定款のことです。
　本店の所在地における設立の登記の申請書には、当該電磁的記録を添付します。
　また、公証人に定款認証の嘱託（一定の行為をすることを他の者に依頼すること（法用辞典430頁））をした人が、認証を受けた電子定款と同一の情報を指定公証人が保存することを望む場合には、認証の付与の嘱託と同時に、その請求をすることができ、その場合には、嘱託人は、指定公証人に対し、保存された情報と同一の情報の提供を請求し、またはその内容を証する書面の交付を請求することができます。指定公証人から提供された「認証を受けた電子定款と同一の情報」または「認証を受けた電子定款の内容を証する書

面」も、本店の所在地における設立の登記の申請書の添付書面となります（商登ブック84頁参照）。

なお、「認証を受けた電子定款と同一の情報」または「認証を受けた電子定款の内容を証する書面」には定款認証年月日が記録・記載されません。オンラインによる登記の申請において定款を別途提出する場合（222頁Q107）または補正（55頁【詳細情報17】）により定款を提出する場合において、提供の日付が登記の申請日以前の日のものを提出することができないときは、指定公証人の認証を受けた電磁的記録を提出（これを提出することができないときは、「認証を受けた電子定款と同一の情報」または「認証を受けた電子定款の内容を証する書面」および申請人代表者の作成した指定公証人の認証を受けた電磁的記録を提出することができない旨の上申書を提出）する必要があります（拙稿「商業登記実務Q＆A(4)」登情554号96頁）。

| 詳細情報21 | 本店の所在地・本店の所在場所とは？ |

　本店の所在地とは、最小行政区画（市町村（東京都のうち特別区のある区域においては特別区、政令指定都市にあっては市））までの住所をいい（詳解商登（上）480頁参照）、本店の所在場所とは、住居表示実施地域は住居番号まで、それ以外の地域は番地までの住所です。

　商号と本店の所在場所が同一である会社が（清算中の会社を含む（通達準拠58頁参照））すでに登記されていると、設立の登記をすることはできません（商登法第27条）。

　なお、本店にビル名やビルの部屋番号まで定めた登記の申請も受理してさしつかえないと考えられています（質疑応答【2153】登研111号42頁、質疑応答【5168】420号125頁、商登ブック19頁）。

| 詳細情報22 | 銀行等とは？ |

　以下の金融機関です（会第34条第2項、会社法施行規則第7条）。
① 銀行（銀行法第2条第1項に規定する銀行をいう）
　　外国銀行の外国における支店の口座を払込みの取扱いの場所とすることは認められません。銀行とは、銀行法第4条第1項の内閣総理大臣の免許を受けて銀行業を営む者とされています。したがって、この要件を満たす外国銀行は、これに該当し（銀行法第47条第1項）、会社法第34条第2項の

銀行にも該当するものと考えられますが、銀行法第47条第2項の規定により銀行法の銀行とみなされるのは、日本における銀行業の本拠となる一つの支店および日本における他の支店その他の営業所であって、外国における支店は対象とされていません（通達準拠65頁参照）。
② 信託会社
③ 株式会社商工組合中央金庫
④ 組合員の貯金・定期積金の受入れの事業を行う農業協同組合または農業協同組合連合会
⑤ 組合員・所属員の貯金・定期積金の受入れの事業を行う漁業協同組合、漁業協同組合連合会、水産加工業協同組合または水産加工業協同組合連合会
⑥ 信用協同組合または会員の預金・定期積金の受入れの事業を行う協同組合連合会
⑦ 信用金庫または信用金庫連合会
⑧ 労働金庫または労働金庫連合会
⑨ 農林中央金庫

詳細情報23　　株式会社の払込みがあったことを証する書面とは？

　銀行等【詳細情報22】に払込みがあったことを証する書面です。具体的には、払込金受入証明書または次の書面です（募集による設立の場合にあっては払込金保管証明書に限る）。
○設立時代表取締役・設立時代表執行役の作成に係る払込取扱機関に払い込まれた金額を証明する書面に次の書面のいずれかを合てつしたもの〔払い込まれた金額を証明する書面および次の書面の各つづり目には登記所に提出する印鑑で契印をします。〕
　① 払込取扱機関の口座の預金通帳（口座名義人・銀行等名が記載されているページおよび払込みに係る入金または振込みの記載がされているページ）の写し
　② 取引明細書その他の払込取扱機関が作成した書面
　　なお、預金通帳の口座名義人は、発起人、設立時代表取締役または設立時代表執行役でなければなりません。また、設立時代表取締役または設立時代表執行役が口座名義人であるときは、発起人（一人で足りる）が受領権限を委任したことを証する書面の添付を要します（通達準拠66頁参照）。

> **詳細情報24**　会社成立の年月日とは？
>
> 　登記がその成立要件とされている会社・法人の成立の年月日は、設立（組織変更、持分会社の種類の変更、特例有限会社の通常の株式会社への移行による設立などを除く）の登記の申請の受付の年月日です。〔組織変更等をしても、法人格に異動はないので、会社成立の年月日は変更しません。〕
>
> 　登記がその成立要件とされていない法人（外国会社以外）の成立の年月日は、官公庁の許認可が成立要件である法人にあっては当該許可書または認可書の法人への到達年月日、法律で法人の成立日が規定されている法人にあっては当該成立日です。
>
> 　外国会社の成立の年月日は、本国法により定まります。
>
> 　なお、投資事業有限責任組合および有限責任事業組合については、登記が組合契約の成立要件ではないので、組合契約の効力発生日が登記事項となっています。

Q31　専門用語によって目的を定めることができますか

A　会社の目的は、専門用語であっても明確なもの（広く社会的に認知されているもの）であれば、定款に定め、登記することができます。なお、会社の目的については、適法なものでなければなりません。

■ 補足説明

・ローマ字による用語や専門用語については、当該用語が一般に市販されている用語辞典に掲載されているなど広く社会的に認知されているものでなければ、当該用語を会社の目的とした登記の申請は受理されない場合があります。社会的に広く認知されているとまではいえない用語を定款に定める場合には、ローマ字による用語や専門用語の後にカッコ書で当該用語の意味内容を定めます。〔注意事項が法務省ホームページの記載例（45頁【耳寄りな情報8】）に記載されています。〕

・目的は、通常、日本産業標準分類を参考とし、業務の内容を列挙する方式で定められています。日本標準産業分類は、総務省統計局のホームページ

に掲載されています。最新版である日本標準産業分類（平成26年4月施行）の掲載ページのURLは次のとおりです。http://www.stat.go.jp/index/seido/sangyo/25index.htm

・目的については、却下事由に該当せず、登記されても、許認可・補助金等の審査の際または取引の際に、具体性がないと評価されるおそれがあります。

Q32 払込みがあったことの証明とは、残高証明のことですか

A　払込みがあったことの証明とは、残高の証明ではなく、払込みがあった額が実際に銀行等（76頁【詳細情報22】）に入金または振込みされていることの証明です。

■ 補足説明

・発起人が割当てを受ける株式と引換えに払い込む金銭の額は、
　① 発起人の全員の同意により当該額を決定した場合にあっては当該決定日以降
　② 定款に当該額を定めた場合にあっては定款の認証日または作成日以降〔入金または振込みが定款の認証日または作成日より前の日に行われているときも、その前に発起人全員の一致により当該額を決定していれば払込みは有効と考えられますが、本店の所在地における設立の登記の申請書には当該決定書も添付しなければなりません（通達準拠68頁参照）。〕
に銀行等に入金または振込みされていなければなりません。

Q33 日本在住の代表取締役は必要ですか

A　株式会社の代表取締役のうち少なくとも一人は日本に住所を有していなければならないと解されており、日本に住所を有する代表取締役または代表執行役のいない会社の設立の登記の申請は受理されません（昭和59年9月26日民四第4974号法務省民事局第四課長回答（登解277号6頁））。

第3章　商業登記の申請について登記の種類ごとに知りたいとき　79

2　株式会社の商号の変更の登記

- 定款には、必ず商号を定めなければならないので、商号を変更するときは、株主総会の決議により定款変更する必要があります。
- 官公庁の許認可【詳細情報25】が定款変更の効力要件となっている場合には、登記の申請の前に、当該許認可を得ておく必要があります。
- 本店の所在場所に変更後の商号と同じ会社（清算中の会社を含む（通達準拠58頁参照））がすでに登記されていると、当該商号に変更する登記をすることはできません（商登法第27条）。
- 本店の所在地を管轄する登記所の管轄区域外に支店がある会社が、商号の変更をした場合には、当該支店の所在地においても商号の変更の登記の申請をする必要があります。本支店一括登記（29頁【耳寄りな情報6】）によれば、本店の所在地における登記の申請と一括して申請することができます。

詳細情報25	官公庁の許認可とは？

　官庁の許可を要する事項の登記を申請するには、申請書に官庁の許可書またはその認証がある謄本を添付しなければなりません（商登法第19条）。

　官庁の許可には、認可を含みます。官庁の許可を要する事項とは、官庁の許可が効力要件とされている事項をいいます。したがって、官庁の許可が登記事項の効力要件となっていない場合には、申請書に官庁の許可書またはその認証がある謄本を添付することを要しません（昭和26年8月21日民事甲第1717号法務省民事局長通達、詳解商登（上）200頁参照）。

Q34 商号のどこに株式会社という文字を置けばよいですか

A 株式会社は、次の例のように、商号の前、中間または後のいずれの位置にも株式会社という文字を置けます。

① 前に置いた例　　株式会社きんざい
② 中間に置いた例　きん株式会社ざい
③ 後に置いた例　　きんざい株式会社

■ 補足説明

・株式会社、合名会社、合資会社または合同会社は、商号中にそれぞれ合名会社、合資会社、合同会社という文字を用いなければなりません（会第6条第2項）。
・商号とすることができる文字については、法令、公序良俗等による使用制限があります（商登ブック6頁参照）。

Q35 ローマ字の入った商号に変更することはできますか

A 株式会社がローマ字の入った商号にその商号を変更することは、できます。

■ 補足説明

・ローマ字その他法務大臣が告示に定める次の符号を商号に定めることができます（商登規第50条、平成14年法務省告示第315号（登情492号123頁、詳解商登（上）478頁））。

① ローマ字（大文字および小文字）
　（注）ローマ字を用いて複数の単語を表記する場合に限り、当該単語の間を区切るために空白（スペース）を用いることもできます。
② アラビア数字
③ 「&」（アンパサンド）、「'」（アポストロフィー）、「,」（コンマ）、「-」（ハイフン）、「.」（ピリオド）および「・」（中点）

第3章　商業登記の申請について登記の種類ごとに知りたいとき

(注) ③の符号は、字句（日本文字を含む）を区切る際の符号として使用する場合に限り用いることができます。したがって、商号の先頭または末尾に用いることはできません。ただし、「.」（ピリオド）については、その直前にローマ字を用いた場合に省略を表すものとして商号の末尾に用いることもできます。

・登記記録に記録される文字・符号は、すべて全角文字で記録され、電子公告による方法を公告の方法とする場合のウェブアドレスも含め、半角文字では記録されません（商登ブック22頁参照）。

（参考） ローマ字等の使用の可否の例

○使用することができる例	×使用することができない例
100KINzai株式会社	き　NZAI株式会社
KIN株式会社zai	KINZAI　株式会社
KINZAI.株式会社	KINZAI株式会社'
KINZAI&株式会社	－KINZAI株式会社
株式会社KINZAI.	・KINZAI株式会社

Q36 商号を譲り受けたとき、どんな登記をすればよいですか

A 株式会社が譲り受けた商号をその商号とするときは、株主総会による商号変更に係る定款変更の決議をし、商号の変更の登記の申請をする必要があります。

また、事業を譲り受けた会社（譲受会社）が譲渡会社の商号を引き続き使用する場合には、その譲受会社も譲渡会社の事業によって生じた債務を弁済する責任を負いますが、事業を譲り受けた後、遅滞なく、譲受会社が譲渡会社の債務を弁済する責任を負わない旨を登記（以下「商号譲渡人の債務の免責の登記」84頁【詳細情報26】という）すれば免責されます（会第22条第2項前段）。

なお、譲受会社および譲渡会社から第三者に対してその旨の通知をした場合におけるその通知を受けた第三者についても、同様に免責されます（会第22条第2項後段）。

■ 補足説明

・商号譲渡人の債務の免責の登記の申請書には、商号譲渡人の承諾書を添付し、当該承諾書には商号譲渡人が登記所に提出した印鑑を押印します（商登法第24条第7号）。
・商号譲渡人の債務の免責の登記の登録免許税は、3万円と解されています（登免法別表第一第29号（一）ツ、詳解商登（下）553頁参照）。

（参考）　商号の変更の登記および商号譲渡人の債務の免責の登記の申請書の例

```
               株式会社商号変更等登記申請書
 1．会社法人等番号    ○○○○－○○－○○○○○○
 1．商号           ○○株式会社
 1．本店           ○県○市○町○丁目○番○号
 1．登記の事由      商号の変更
                  商号譲渡人の債務に関する免責
 1．登記すべき事項   「商号」○○株式会社
                  「原因年月日」平成○年○月○日商号変更
                  「商号譲渡人の債務に関する免責」当会社は平成○年○月○日
                  商号の譲渡を受けたが、譲渡会社である○○株式会社の債務
                  については責に任じない。
 1．登録免許税      金3万円
 1．添付書面       株主総会議事録　1通
                  商号譲渡人の承諾書　1通
 （後略）
```

（参考）　商号譲渡人の承諾書の記載の例

```
                       承　諾　書
　当社は、平成○年○月○日付け商号及び事業譲渡契約について譲受人が譲渡人の債
務について責めに任じない旨の登記をすることを承諾いたします。
　　譲渡人　商号　○○株式会社
　　　　　　本店　○県○市○町○丁目○番○号
　　譲受人　商号　○○株式会社
　　　　　　本店　○県○市○町○丁目○番○号
　　平成○年○月○日
                              ○○株式会社
                              代表取締役　○○　○○　㊞
```

（吹き出し：登記所に提出した印鑑）

第3章　商業登記の申請について登記の種類ごとに知りたいとき

詳細情報26	商号譲渡人の債務の免責の登記とは？

　事業を譲り受けた会社が譲渡会社の商号を引き続き使用する場合のほか、次の場合にも、商号譲渡人の債務の免責の登記の申請をすることができると考えられますが、当該登記の申請を検討するときは、資格者代理人（23頁Q9）または登記所に相談することをお勧めします。

① 営業の譲受会社が当該営業について譲渡人が使用していた屋号を引き続き使用する場合（質疑応答【7766】登研660号208頁）
② 新設分割設立会社が営業を承継した新設分割会社の商号または屋号を引き続き使用する場合（質疑応答【7792】登研675号247頁）
③ 新設分割設立会社の商号が営業を承継した新設分割会社の商号とまったく類似していない場合（塚田佳代＝前田和樹「商業・法人登記実務の諸問題」登研740号21頁）

（参考）　新設分割による設立の登記および商号譲渡人の債務の免責の登記の申請書のイメージ

　　　　　　　　　　株式会社新設分割等登記申請書

　1．商号　　　　　○○株式会社
　1．本店　　　　　○県○市○町○丁目○番○号
　1．登記の事由　　新設分割による設立
　　　　　　　　　　商号譲渡人の債務に関する免責
　1．登記すべき事項　別添CD－Rのとおり
　　　　　　　　　　「商号譲渡人の債務に関する免責」当会社は平成○年○月○日商号の譲渡を受けたが、譲渡会社である○○株式会社の債務については責に任じない。
　1．登録免許税　　金○円
　　　　　　　内訳　新設分割分　　金○円
　　　　　　　　　　商号譲渡人の債務に関する免責分　金3万円

　（後略）

3　株式会社の本店移転の登記

(1) 本店移転の手続

　株式会社の本店移転については、次のとおり、①本店についての定款の記載が本店の所在地（76頁【詳細情報21】）までか、所在場所（76頁【詳細情報21】）までか、②移転先が登記所の管轄区域外か、管轄区域内かによって手続が異なります。

・定款に本店の所在地まで定めている会社が本店の所在地外に移転する場合

○○株式会社定款（抄）

（本店の所在地）
第○条　当会社は、本店を○県○市に置く。

・株主総会の決議により、定款変更
・取締役の過半数の一致（取締役会設置会社にあっては取締役会決議）により、本店の所在場所を決定

株主総会議事録（抄）

第○号議案　定款変更の件
　議長は、本店を移転する必要がある理由を説明し、定款第○条を次のとおり変更したい旨を述べ、その可否を諮ったところ、満場異議なくこれを可決した。
（本店の所在地）
第○条　当会社は、本店を○県○市に置く。

取締役の過半数の一致を証する書面（抄）【取締役会設置会社でない会社の例】

　平成○年○月○日午前○時○分当会社の本店において、取締役全員の一致により、次の事項を可決決定した。
1　本店移転の件
　平成○年○月○日付けで本店を○県○市○町○丁目○番○号に移転する。

・定款に本店の所在地まで定めている会社が本店の所在地内で移転する場合

○○株式会社定款（抄）

（本店の所在地）
第○条　当会社は、本店を○県○市に置く。

取締役の過半数の一致（取締役会設置会社にあっては取締役会決議）により、本店の所在場所を決定

取締役会議事録（抄）【取締役会設置会社の例】

　平成○年○月○日午前○時○分当会社の本店において、取締役○名（総取締役数○名）及び監査役○名（総監査役数○名）出席のもとに、取締役会を開催し、下記議案につき可決確定の上、午前○時○分散会した。
１　本店移転の件
　　平成○年○月○日付けで本店を○県○市○町○丁目○番○号に移転する。

・定款に本店の所在場所まで定めている場合

○○株式会社定款（抄）

（本店の所在場所）
第○条　当会社は、本店を○県○市○町○丁目○番○号に置く。

株主総会の決議により、定款変更

株主総会議事録（抄）

第○号議案　定款変更の件
　議長は、本店を移転する必要がある理由を説明し、定款第○条を次のとおり変更したい旨を述べ、その可否を諮ったところ、満場異議なくこれを可決した。
（本店の所在場所）
第○条　当会社は、本店を○県○市○町○丁目○番○号に置く。

(2)　本店の所在地における本店移転の登記の申請の手続

　株式会社の本店移転の登記については、当該会社が本店の所在地を管轄す

る登記所の①管轄区域内で移転するか、②管轄区域外に移転するかによって、次のとおり申請の手続が異なります。

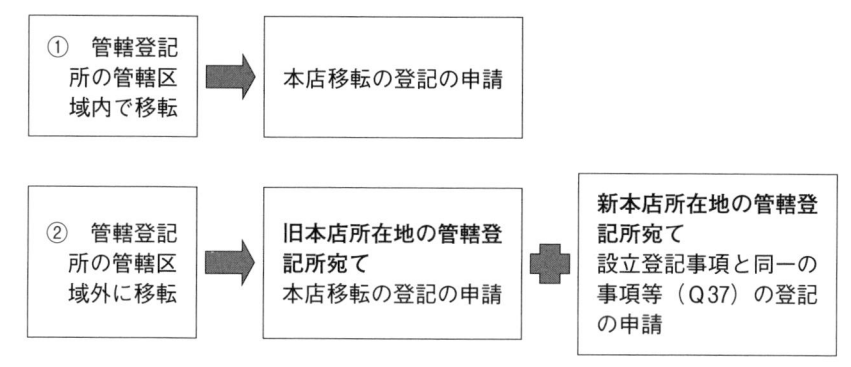

```
① 管轄登記所の管轄区域内で移転  →  本店移転の登記の申請

② 管轄登記所の管轄区域外に移転  →  旧本店所在地の管轄登記所宛て
                                    本店移転の登記の申請
                                 ＋
                                    新本店所在地の管轄登記所宛て
                                    設立登記事項と同一の事項等（Q37）の登記の申請
```

（注）上記②において、新本店の所在地を管轄する登記所宛ての登記の申請および印鑑の提出は、旧本店の所在地を管轄する登記所を経由してしなければならず、かつ、旧本店の所在地を管轄する登記所宛ての登記の申請と同時にしなければなりません（商登法第51条第1項、第2項）。この場合に、旧本店の所在地を管轄する登記所に提出している印鑑と同じものを提出するときは、印鑑届書に押印した印鑑に係る市区町村長の作成した印鑑証明書の添付を要しません（昭和48年1月29日民四第821号法務省民事局長通達（詳解商登（上）225頁、登解139号92頁）、詳解商登（上）222頁参照）。

(3) 支店の所在地における登記

　新・旧本店の所在地を管轄する登記所の管轄区域外に支店がある会社が本店移転をした場合には、支店の所在地においても、本店移転の登記の申請をする必要があります。本支店一括登記（29頁【耳寄りな情報6】）によれば、本店の所在地における登記の申請と一括してすることができます。

Q37 新本店所在地における登記すべき事項は何ですか

A 株式会社の新本店の所在地において登記すべき事項は次のとおりです。

根拠規定	登記すべき事項
会社法第916条	設立登記の登記事項（会第911条第3項各号に掲げる事項）
商業登記法第53条	会社成立の年月日ならびに本店を移転した旨およびその年月日
商業登記規則第65条第2項	取締役、会計参与、監査役、代表取締役、特別取締役、委員、執行役、代表執行役および会計監査人の就任年月日
平成19年11月7日民商第2405号法務省民事局商事課長通知	上記のほか現に効力を有する事項（商号譲渡人の債務に関する免責の登記、職務執行停止等の仮処分等の登記、支配人の登記、解散の登記、清算人の登記、特別清算に関する登記、民事再生に関する登記、会社更生に関する登記、承認援助手続に関する登記、破産に関する登記等）。 また、破産手続廃止決定（破産法第218条の同意破産を除く）または破産手続終結の登記により登記記録閉鎖後、清算人からの清算を結了していない旨の申出により、登記記録が復活されている場合には、破産手続廃止決定または破産手続終結の登記は現に効力を有する事項として扱われます。

■ 補足説明

登記すべき事項の申請書への記載については、登記事項証明書（現在事項全部証明書等）の記載等を引用【耳寄りな情報10】することができます。

耳寄りな情報10　登記事項証明書の記載等の引用とは？

管轄外本店移転の新本店の所在地における登記すべき事項は、本店を移転した旨およびその年月日を除き、旧本店の所在地における現在事項全部証明書にすべて記載されていることから、その記載にかえて、当該証明書の記載を引用するものです。

具体的には、申請書に、①本店を移転した旨およびその年月日、②登記事項証明書、その写しまたは登記情報提供サービスの提供結果の内容を引用する旨を記載し、申請書と登記事項証明書、その写しまたは登記情報提供サービスの提供結果とを合てつ（申請書に押印した印鑑で契印）することにより、申請書への記載を省略することができます（平成19年11月12日民商第2451号法務省民事局商事課長通知（登インター100号160頁））。なお、登記事項証明書（現在事項全部証明書または履歴事項全部証明書）、その写しまたは登記情報提供サービスの提供結果（登記簿に記録されている全部の事項についての情報）の内容は、現在の登記内容と一致するもの（その後に、別途の登記がされていないもの）でなければなりません。

（参考）　登記すべき事項の記載例

> 平成○年○月○日○県○市○町○丁目○番○号から本店移転
> 別添登記事項証明書記載のとおり（または「別添登記事項証明書写し記載のとおり」もしくは「別添登記情報提供サービスの提供結果のとおり」）

Q38 本店移転の日とはどの日ですか

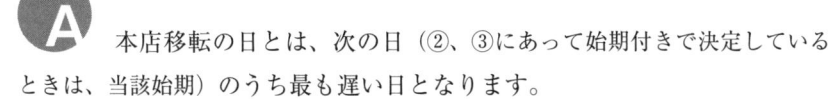

A 　本店移転の日とは、次の日（②、③にあって始期付きで決定しているときは、当該始期）のうち最も遅い日となります。

① 　本店の現実の移転日（引越完了日等本店機能の移転日）
② 　本店の所在場所を定款に定めている場合は、株主総会による定款変更決議日
③ 　本店の所在場所を定款に定めていない場合は、取締役の過半数の一致による決定日（取締役会設置会社にあっては、取締役会の決議日）

■ 補足説明
・株式会社が本店移転する場合には、
　① 　定款に本店の所在地まで記載している会社にあっては、取締役の過半

数の一致（取締役会設置会社にあっては取締役会の決議）により移転場所と移転日を始期付きで決定し、
　② 定款に本店の所在場所まで記載している会社にあっては、株主総会の決議により移転場所と移転日を始期付きで決定し、
　それぞれ当該移転日に現実に本店を移転するのが通例です。
・取締役の過半数の一致、取締役会の決議または株主総会の決議で本店を決定する前に現実に本店を移転しているときは、本店移転について決定した日（始期付きで決定しているときは、当該始期）が本店移転の日となります（昭和35年12月6日民事甲第3060号法務省民事局長電報回答（詳解商登（上）609頁））。

Q39 本店と支店とを交換したときの申請の方法を教えてください

A ある支店の所在場所に本店を移転し、本店の所在場所に当該支店を移転する場合には、以下のとおり申請するのが通例です。
① 本店の所在地と当該支店の所在地を管轄する登記所が同じ場合にあっては、本店移転の登記と支店移転の登記とを同時に申請
② 本店の所在地と当該支店の所在地を管轄する登記所が異なる場合にあっては、現本店の所在地を管轄する登記所に前件として本支店一括登記（29頁【耳よりな情報6】）により支店移転の登記を、後件として管轄外本店移転の登記を申請

（参考） 上記②の申請書のイメージ

```
             株式会社支店移転登記申請書（1／3）
　（中略）
　1．本店　　　　　　○県○市○町○丁目○番○号
　1．支店　　　　　　管轄登記所　○○法務局○○支局
　　　　　　　　　　　○県○市○町○丁目○番○号
　1．登記の事由　　　支店移転
　1．登記すべき事項（本店の所在地の登記所における登記すべき事項）
　　　　　　　　　　「支店番号」○
```

```
            「支店の所在地」○県○市○町○丁目○番○号
            「原因年月日」平成○年○月○日移転
            (○○法務局○○支局における登記すべき事項)
            「登記記録に関する事項」平成○年○月○日○県○市○町丁
            目○番○号の支店を○県○市○町○丁目○番○号に移転
 1. 登記手数料    金300円
 1. 登録免許税    金3万9千円
            内訳  本店所在地分  金3万円
                 支店所在地分  金9千円
(後略)
```

```
         株式会社本店移転登記申請書(2／3)

(中略)
 1. 登記の事由    本店移転
 1. 登記すべき事項  平成○年○月○日○県○市○町○丁目○番○号に本店移転
 1. 登録免許税    金3万円
(後略)
```

```
         株式会社本店移転登記申請書(3／3)

(中略)
 1. 登記の事由    本店移転
 1. 登記すべき事項  別添CD－Rのとおり
 1. 登録免許税    金3万円
(後略)
```

（参考）　上記②の申請・登記所の処理のイメージ

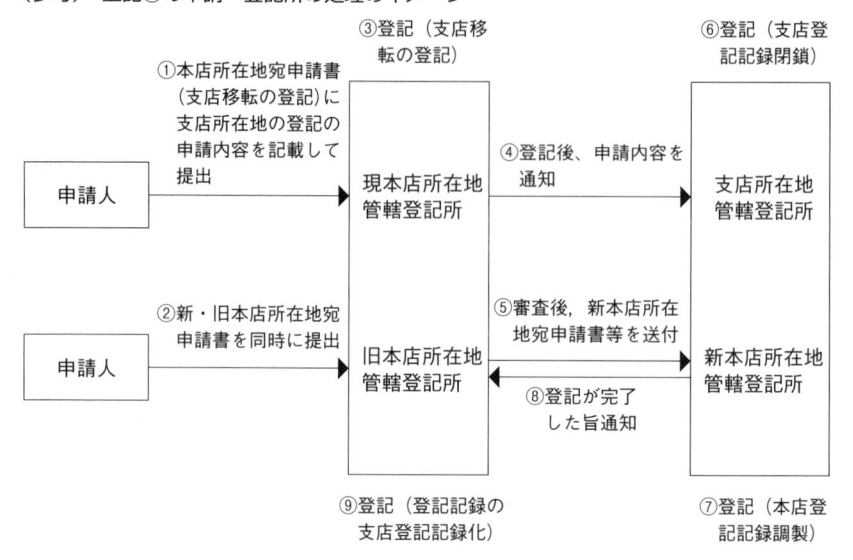

```
                    ③登記（支店移              ⑥登記（支店登
                    　転の登記）                　記記録閉鎖）

①本店所在地宛申請書
（支店移転の登記）に
支店所在地の登記の
申請内容を記載して          ④登記後、申請内容を
提出             現本店所在地    通知        支店所在地
申請人  ──→   管轄登記所  ──────→  管轄登記所


②新・旧本店所在地宛          ⑤審査後、新本店所在
申請書を同時に提出           地宛申請書等を送付      新本店所在地
申請人  ──→   旧本店所在地  ←──────  管轄登記所
              管轄登記所    ⑧登記が完了
                           した旨通知

              ⑨登記（登記記録の              ⑦登記（本店登
              　支店登記記録化）              　記記録調製）
```

■ 補足説明

・ある支店の所在場所に本店を移転し、当該支店を廃止する場合には、以下のとおり申請するのが通例です（詳解商登（上）614頁参照）。

① 　本店の所在地と当該支店の所在地を管轄する登記所が同じ場合にあっては、本店移転の登記と支店廃止の登記とを同時に申請

② 　本店の所在地と当該支店の所在地を管轄する登記所が異なる場合にあっては、旧本店の所在地を管轄する登記所に管轄外本店移転の登記を申請し、登記完了後、新本店の所在地を管轄する登記所に支店廃止の登記を申請

（参考）　上記②の申請書のイメージ

```
          株式会社本店移転登記申請書（1／2）
  (中略)
  1．登記の事由    本店移転
  1．登記すべき事項  平成○年○月○日○県○市○町○丁目○番○号に本店移転
  1．登録免許税    金3万円
  (後略)
```

```
株式会社本店移転登記申請書（2／2）
（中略）
1．登記の事由　　　本店移転
1．登記すべき事項　平成○年○月○日○県○市○町○丁目○番○号から本店移転
　　　　　　　　　別添登記事項証明書写し記載のとおり
1．登録免許税　　　金3万円
（後略）
```

```
株式会社支店廃止登記申請書
（中略）
1．本店　　　　　　○県○市○町○丁目○番○号
1．登記の事由　　　支店廃止
1．登記すべき事項　「支店番号」○
　　　　　　　　　「支店の所在地」○県○市○町○丁目○番○号
　　　　　　　　　「原因年月日」平成○年○月○日廃止
1．登録免許税　　　金3万円
（後略）
```

（参考）　上記②の申請・登記所の処理のイメージ

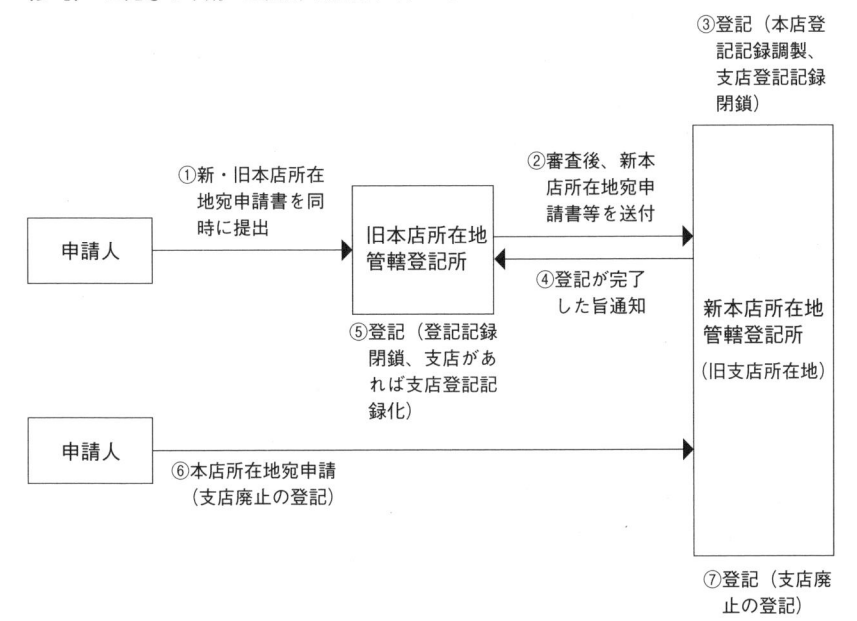

①新・旧本店所在地宛申請書を同時に提出 → 旧本店所在地管轄登記所
②審査後、新本店所在地宛申請書等を送付 → 新本店所在地管轄登記所（旧支店所在地）
③登記（本店登記記録調製、支店登記記録閉鎖）
④登記が完了した旨通知
⑤登記（登記記録閉鎖、支店があれば支店登記記録化）
⑥本店所在地宛申請（支店廃止の登記）
⑦登記（支店廃止の登記）

第3章　商業登記の申請について登記の種類ごとに知りたいとき

4　株式会社の募集株式の発行による変更の登記

(1)　募集株式の発行手続
・株式会社が募集株式を発行する場合には、下表のとおり募集事項（97頁【詳細情報27】。株主に株式の割当てを受ける権利を与える場合（株主割当て）にあっては募集事項等（98頁【詳細情報28】））を決定し（会第199条～第202条、第204条）、第三者割当てによる場合（株主割当てでない場合）にあっては申込者の中から募集株式の割当てを受ける者およびその者に割り当てる募集株式の数を定めなければなりません（会第204条第1項）。
・株式会社は、その発行する株式の数が発行可能株式総数を超えることとなるときは、発行可能株式総数を増加する定款変更を要します（商登ブック233頁参照）。
・民事再生法による再生計画において募集株式を引き受ける者の募集に関する条項を定めたときの取扱いについては、140頁Q60参照。

・募集株式の発行における決定機関

会社の区分 \ 決定内容	第三者割当て（株主割当てでない場合）		株主割当て
	募集事項	募集株式の割当て	募集事項等
公開会社（194頁【詳細情報50】）	取締役会		取締役会
	（引受者に有利な価額での発行の場合には、株主総会）	（募集株式が譲渡制限株式でないときは、代表取締役・代表執行役）	
公開会社でない取締役会設置会社	株主総会	取締役会	株主総会
取締役会設置会社でない会社	株主総会		

(参考) 公開会社が募集事項・募集事項等を取締役会で決議する例

取締役会議事録（抄）

第○号議案　募集株式の発行に関する件
　　議長は、資本金の額を○○万円増加して○○万円としたい旨を述べ、下記要領により募集株式を発行することにつきその可否を諮ったところ、全員一致でこれを可決した。
　　　　　　　　　　　　　　記
　1　募集株式の数　　　　　　　　　　　　○○株
　1　募集株式の発行方法　　　　　　　　　第三者割当てとする。
　1　募集株式の払込金額　　　　　　　　　1株につき金○○万円
　1　募集株式と引換えにする金銭の払込期日　平成○年○月○日
　1　増加する資本金額及び資本準備金額　　金○○万円（資本準備金　金○○万円）
　1　払込取扱金融機関　　　　　　　　　　株式会社○○銀行○○支店
　【株主割当ての場合には、上記に加え、次の内容も決定する。】
　1　発行する募集株式の全部につき株主に割当てを受ける権利を与えることとし、平成○年○月○日午後○時現在の株主に対し、その所有株式○株について新株○株の割合をもって割り当てること。
　1　募集株式引受けの申込みの期日　　　　平成○年○月○日

(参考) 公開会社でない会社が募集事項・募集事項等を株主総会で決議する例

株主総会議事録（抄）

第○号議案　募集株式の発行に関する件
　　議長は、資本金の額を○○万円増加して○○万円としたい旨を述べ、下記要領により募集株式を発行することにつきその可否を諮ったところ、満場異議なくこれを可決した。
　　　　　　　　　　　　　　記
　1　募集株式の数　　　　　　　　　　　　○○株
　1　募集株式の発行方法　　　　　　　　　第三者割当てとする。
　1　募集株式の払込金額　　　　　　　　　1株につき金○○万円
　1　募集株式と引換えにする金銭の払込期日　平成○年○月○日
　1　増加する資本金額及び資本準備金額　　金○○万円（資本準備金　金○○万円）
　1　払込取扱金融機関　　　　　　　　　　株式会社○○銀行○○支店
　【株主割当ての場合には、上記に加え、次の内容も決定する。】
　1　発行する募集株式の全部につき株主に割当てを受ける権利を与えることとし、平成○年○月○日午後○時現在の株主に対し、その所有株式○株について新株○株の割合をもって割り当てること。
　1　募集株式引受けの申込みの期日　　　　平成○年○月○日

(参考) 募集株式の割当てを株主総会・取締役会で決議する例

株主総会議事録（抄）（取締役会議事録（抄））

> 第〇号議案　募集株式割当ての件
> 　議長は、平成〇年〇月〇日開催された臨時株主総会において可決された「募集株式の発行に関する件」に関して、当該募集株式の割当てを受ける者及び割り当てる募集株式の数を定める必要がある旨述べ、その可否を諮ったところ、満場（全員）一致でこれを可決した。
> 1　募集株式の数　　〇〇株
> 1　割当て先　　　　発行する募集株式を次の者に与える。
> 　　　　　　　　　　金融花子　〇〇株
> 　　　　　　　　　　金融太郎　〇〇株
> 　　　　　　　　　　財政次郎　〇〇株

・上記のほか、他の機関への募集事項の決定の委任を決議したり、募集事項等または募集株式の割当ての決定機関を定款の定める機関とすることができます（会第200条第1項、第202条第3項、第204条第2項）。また、種類株式発行会社については、ある種類の株式の種類株主を構成員とする種類株主総会の決議を要する場合もあります（会第108条第1項第8号、第199条第4項、第200条第4項、第322条第1項第4号）。

・募集事項として金銭以外の財産を出資の目的とする旨ならびに当該財産の内容および価額を決定したとき（現物出資によるとき）は、検査役の調査が必要な場合があります（会第207条、98頁Q40）。

(2)　添付書面

　①　募集事項、募集事項等の決定に関する書面（株主総会議事録、種類株主総会議事録、取締役会議事録（第三者割当てによる場合において、取締役に有利な価格で発行し、または取締役が現物出資者となるときは、募集事項および割当てを決定する取締役会において、当該取締役は議決に加わることができないと解されます（商登ブック165頁参照））、取締役の過半数の一致を証する書面、定款）

　②　募集株式の引受けの申込みまたは総数の引受けを証する書面

　③　払込みがあったことを証する書面（発起設立時の添付書面と同様のもの（77頁【詳細情報23】））

　④　金銭以外の財産を出資の目的とする場合において、検査役が選任された場合は、検査役の調査報告書等（検査役の裁判があったときはその謄本を含む）、会社法第207条第9項第3号、第4号または第5号の場合は当

該各号に定める書面（98頁Q40）
⑤　資本金の額の計上に関する書面

(参考)　資本金の額の計上に関する書面のイメージ（自己株式の処分を伴わないもの）

資本金の額の計上に関する証明書

① 　払込みを受けた金銭の額（会社計算規則第14条第1項第1号）

金○○円

② 　給付を受けた金銭以外の財産の給付があった日における当該財産の価額（会社計算規則第14条第1項第2号）

金○○円

③ 　資本金等増加限度額（①＋②）

金○○円

　募集株式の発行により増加する資本金の額○○円は、会社法第445条及び会社計算規則第14条の規定に従って計上されたことに相違ないことを証明する。
　なお、本募集株式の発行においては、自己株式の処分を伴わない。
　平成○年○月○日

○県○市○町○丁目○番○号
○○株式会社
代表取締役　　○○○○　㊞

詳細情報27	募集事項とは？

　株式会社が、その発行する株式またはその処分する自己株式を引き受ける者の募集をするとき、募集株式（当該募集に応じてこれらの株式の引受けの申込みをした者に対して割り当てる株式をいう）について、その都度、定めなければならない次の事項です（会第199条第1項）。
① 　募集株式の数（種類株式発行会社にあっては、募集株式の種類および数）
② 　募集株式の払込金額（募集株式1株と引換えに払い込む金銭または給付する金銭以外の財産の額）またはその算定方法
③ 　金銭以外の財産を出資の目的とするときは、その旨ならびに当該財産の内容および価額
④ 　募集株式と引換えにする金銭の払込みまたは③の財産の給付の期日またはその期間
⑤ 　株式を発行するときは、増加する資本金および資本準備金に関する事項

詳細情報28	募集事項等とは？

　株式会社が、株主に株式の割当てを受ける権利を与えて（株主割当て）、その発行する株式またはその処分する自己株式を引き受ける者の募集をするとき、募集株式について、その都度、定めなければならない次の事項です（会第202条第1項）。
① 募集事項（97頁【詳細情報27】）
② 株主に対し、募集に応じて募集株式の引受けの申込みをすることにより当該株式会社の募集株式（種類株式発行会社にあっては、当該株主の有する種類の株式と同一の種類のもの）の割当てを受ける権利を与える旨
③ ②の募集株式の引受けの申込みの期日

Q40 現物出資による場合には、検査役による調査が必要ですか

A 以下の場合には、検査役による調査は不要とされています（会第207条第9項）。
① 現物出資による募集株式の引受人に割り当てる株式の総数が発行済株式の総数の10分の1を超えない場合
② 募集事項として定められた現物出資の価額の総額が500万円を超えない場合
③ 市場価格のある有価証券について募集事項として定められた現物出資の価額が市場価格を超えない場合〔登記の申請書には有価証券の市場価格を証する書面を添付します。〕
④ 募集事項として定められた現物出資の価額が相当であることについて弁護士、公認会計士、税理士等の証明（不動産であるときは、不動産鑑定士の鑑定評価も含む）を受けた場合〔登記の申請書には当該証明書および附属書類を添付します。〕
⑤ 会社に対する金銭債権（弁済期が到来しているもの）であって、募集事項として定められた価額が当該金銭債権に係る負債の帳簿価額を超えない場

合〔登記の申請書には当該金銭債権について記載された会計帳簿を添付します。〕

Q41 募集事項と割当てとを同時に決定することはできますか

A 取締役会設置会社でない会社は、募集事項とともに株式の引受けの申込みがされることを条件に、募集株式の割当てを同一の株主総会で決定することができます（通達準拠100頁参照）。

■ 補足説明

・上記決議に係る議案についての株主総会議事録の記載例は、次のとおりです。

株主総会議事録（抄）

第１号議案　募集株式の発行に関する件
　議長は、資本金の額を○○万円増加して○○万円としたい旨を述べ、下記要領により募集株式を発行することにつきその可否を諮ったところ、満場異議なくこれを可決した。
　　　　　　　　　　　記
１　募集株式の数　　　　　　　　　　○○株
１　募集株式の発行方法　　　　　　　第三者割当てとする。
１　募集株式の払込金額　　　　　　　１株につき金○○万円
１　募集株式と引換えにする金銭の払込期日　平成○年○月○日
１　増加する資本金額及び資本準備金額　金○○万円（資本準備金　金○○万円）
１　払込取扱金融機関　　　　　　　　株式会社○○銀行○○支店

第２号議案　募集株式割当ての件
　第１号議案にて可決された「募集株式の発行に関する件」に関しての割当事項を以下のとおりとしたい旨を述べ、その可否を諮ったところ、満場異議なくこれを可決した。
１　募集株式の数　　○○株
１　割当て方法　　　第三者割当てとし、発行する募集株式を次の者に与える。
　　　　　　　　　　金融花子　　○○株
　　　　　　　　　　金融太郎　　○○株

| 1 | 条件 | 財政次郎　〇〇株
上記第三者から申込みがされることを条件とする。 |

・種類株式発行会社は、定款に種類株主総会の決定を要しない旨の定めがあるときを除き、募集事項を株主総会のほか、発行する株式または処分する自己株式の種類株主を構成員とする種類株主総会でも決定する必要があります。

Q42 払込期間の末日前に、登記の申請をすることはできますか

A 株式会社が募集事項（97頁【詳細情報27】）または募集事項等（98頁【詳細情報28】）として払込期間を定めた場合において、当該払込期間の末日前に払込みを完了したときは、払込期間の末日を変更日とする（会第915条第2項）ほか、各払込日を変更日として、募集株式の発行による変更の登記の申請をすることもできます（通達準拠103頁参照）。

■ 補足説明

・株式会社が募集事項または募集事項等として払込期間を定めた場合において、当該払込期間の末日前に払込みを完了したときに、払込みが完了した日のみを変更日として、募集株式の発行による変更の登記の申請をすることはできません（通達準拠103頁参照）。

（参考）　払込期間を定めた場合の変更日のイメージ

払込期間（X年7月1日まで）を定め、当該期間の末日前である、X年6月26日、27日、28日に払込みがされ、28日に払込みが完了した場合の例です。この場合には、例1のとおり、X年7月1日を変更日として、または例2のとおり、X年6月26日、27日および28日を変更日として、募集株式の発行による変更の登記の申請をすることができます。

| 払込日
払込期間末日 | X年6月26日
払込み | X年6月27日
払込み | X年6月28日
払込み | X年7月1日
払込期間末日 |

					X年7月1日変更
例1					
例2	X年6月26日変更	X年6月27日変更	X年6月28日変更		

[例1の申請書記載例]

```
           株式会社変更登記申請書
 (中略)
 1．登記の事由    募集株式の発行
 1．登記すべき事項  X年7月1日変更
           発行済株式の総数　○株
           資本金の額　金○万円
 (後略)
```

[例2の申請書記載例]

```
           株式会社変更登記申請書
 (中略)
 1．登記の事由    募集株式の発行
 1．登記すべき事項  X年6月26日変更
           発行済株式の総数　○株
           資本金の額　金○万円

           X年6月27日変更
           発行済株式の総数　○株
           資本金の額　金○万円

           X年6月28日変更
           発行済株式の総数　○株
           資本金の額　金○万円
 (後略)
```

5　株式会社の取締役等の変更の登記

(1)　取締役等の変更の登記の申請が必要なとき

　株式会社の取締役等が就任・退任したとき、法人である会計参与もしくは会計監査人が合併により解散したとき、または次の登記事項に変更が生じたときは、その変更の登記が必要です。

　① 氏名（会計参与または会計監査人にあっては、氏名または名称）
　② 代表取締役または代表執行役の住所
　　（注）日本に住所を有する者については、住民票に登録されている住所です。
　③ 会計参与の計算書類等の備置場所

(2)　就任による変更の登記の申請書の添付書面

　主に下表のとおりです。

	選任に関するもの		就任承諾に関するもの
取締役	株主総会議事録		就任承諾書・取締役会設置会社でない会社にあってはこれに押印した印鑑に係る市区町村長の発行する印鑑証明書（再任を除く）
監査役	株主総会議事録		就任承諾書
会計参与・会計監査人（注1）	株主総会議事録（注2）		就任承諾書（注2）
委員・特別取締役	取締役会議事録		就任承諾書
取締役会設置会社の代表取締役	取締役会議事録	左記の書面（注3）に押印した印鑑に係る市区町村長の発行する印鑑証明書	就任承諾書・これに押印した印鑑に係る市区町村長の発行する印鑑証明書（再任を除く）
代表執行役			

取締役会設置会社でない会社の代表取締役	①定款に代表取締役の氏名を定めた場合 ②株主総会で選定した場合 ③各自代表の場合（注4） →株主総会議事録	（ただし、変更前の代表取締役または代表執行役（取締役を兼ねる者に限る）が押印した印鑑が登記所に提出した印鑑であるときは不要）	
	定款の定めによる取締役の互選により選任した場合 →取締役の過半数の一致を証する書面・定款		就任承諾書

（注1） 個人の場合にあっては日本税理士会連合会・日本公認会計士協会発行の資格証明書、法人の場合にあっては登記事項証明書（申請する登記所が当該法人の主たる事務所の所在地を管轄する登記所であるときは不要）を要します。重任・再任の場合にも同様です。
（注2） 自動再任の会計監査人については不要です。
（注3） 株主総会議事録にあっては、議長および出席取締役が押印したもの。
（注4） 取締役を選任した株主総会に係るもの。

（参考） 取締役の互選によって代表取締役を定めた書面および定款のイメージ

```
                取締役互選書
  平成○年○月○日午前○時○分当会社の本店において、
定款第○条の定めに基づき、取締役全員の一致をもって、
次の事項につき可決確定した。
 1 代表取締役選定の件
    代表取締役   ○○　○○
    なお、被選定者は、その就任を承諾した。
    上記の決議を明確にするため、この互選書を作り、出席
   取締役の全員がこれに記名押印する。
      平成○年○月○日
            ○○株式会社
                      取締役　○○　○○　㊞
                      取締役　○○　○○　㊞
```

取締役が押印した印鑑に係る印鑑証明書の添付を要します。登記所提出印を押印した取締役がある場合には、他者も含めて印鑑証明書の添付は不要です。

○○株式会社定款（抄）

（代表取締役及び社長）
第○条　取締役を2名置く場合には、取締役の互選により、代表取締役1名を定める。

(参考)　取締役会決議によって代表取締役を定めた場合の書面のイメージ

取締役会議事録

　平成○年○月○日午前○時○分当会社の本店において、取締役○名（総取締役数○名）及び監査役○名（総監査役数○名）出席のもとに、取締役会を開催し、下記議案につき可決確定の上、午前○時○分散会した。
1　代表取締役選定の件
　取締役○○○○は選ばれて議長となり、今般代表取締役○○○○が取締役の任期満了により代表取締役の資格を喪失し退任することになるので、改めて当会社の代表取締役を選定したい旨を述べ、慎重協議した結果、全員一致をもって次のとおり選定した。
　代表取締役　○○　○○
　上記の決議を明確にするため、この議事録を作り、出席取締役及び出席監査役の全員がこれに記名押印する。
　平成○年○月○日
　　○○株式会社
　　　　　　　　取締役　○○　○○　㊞
　　　　　　　　取締役　○○　○○　㊞
　　　　　　　　取締役　○○　○○　㊞
　　　　　　　　監査役　○○　○○　㊞

出席取締役および出席監査役が押印した印鑑に係る印鑑証明書の添付を要します。
登記所提出印を押印した取締役がある場合には、他者も含めて印鑑証明書の添付は不要です。

(注)　なお、取締役が遠隔地にいる場合においても、テレビ会議システム等により、出席者が一堂に会するのと同等の相互に十分な議論を行うことができる会議の議事録と認められれば（「電話会議システムにより、当事者の音声が即時に他の出席者に伝わり、出席者が一堂に会するのと同等に適時的確な意見表明が互いにできる状態になっている」「本日の電話会議システムを用いた取締役会は、終始異常なく議題の審議が終了した」旨が記載されているものなど）、当該議事録を添付書面とすることができます（竹田御真木「平成14年12月18日付け民商第3045号法務省民事局商事課長通知の解説」（登情499号177頁）参照、会社法施行規則第101条第3項第1号）。

(参考) 代表取締役を選定した株主総会議事録のイメージ

```
              株主総会議事録
 (中略)
 第○号議案  代表取締役の任期満了に伴う改選に関する件
   今般代表取締役○○○○が取締役の任期満了により代表
 取締役の資格を喪失し退任することになるので、改めて当
 会社の代表取締役を選定したい旨を述べ、その選定方法を
 諮ったところ、出席株主中から議長の指名に一任したいと
 の発言があり、一同これを承認したので、議長は下記の者
 を指名し、この者につきその可否を諮ったところ、満場異
 議なくこれに賛成したので、以下のとおり可決確定した。
 代表取締役   ○○  ○○
 (中略)
   上記の決議を明確にするため、この議事録を作り、議
 長、出席取締役がこれに記名押印する。
   平成○年○月○日
               ○○株式会社第○回定時株主総会
                 議長・代表取締役  ○○  ○○  ㊞
                 取締役       ○○  ○○  ㊞
```

議長および出席取締役が押印した印鑑に係る印鑑証明書の添付を要します。
登記所提出印を押印した取締役がある場合には、他者も含めて印鑑証明書の添付は不要です。

(参考) 各自代表である場合の株主総会議事録のイメージ

```
              株主総会議事録
 (中略)
 第○号議案  取締役の任期満了に伴う改選に関する件
   議長は取締役の全員が本定時総会の終結と同時に任期満
 了し退任することになるので、その改選の必要がある旨を
 述べ、その選任方法を諮ったところ、出席株主の中から議
 長に指名を一任したいとの発言があり、一同これを承認し
 たので、議長は下記の者をそれぞれ指名し、これらの者に
 つきその可否を諮ったところ、満場異議なくこれに賛成し
 たので、下記のとおり再選することに可決確定した。
 取締役   ○○  ○○
 取締役   ○○  ○○
 (中略)
   上記の決議を明確にするため、この議事録を作り、議
 長、出席取締役がこれに記名押印する。
   平成○年○月○日
               ○○株式会社第○回定時株主総会
                 議長・代表取締役  ○○  ○○  ㊞
                 取締役       ○○  ○○  ㊞
```

議長および出席取締役が押印した印鑑に係る印鑑証明書の添付を要します。
登記所提出印を押印した取締役がある場合には、他者も含めて印鑑証明書の添付は不要です。

(3) 退任による変更の登記の申請書の添付書面

　退任を証する書面【詳細情報29】。役員の任期等は、268頁参考資料5 参照。

(4) 氏・名の変更、代表取締役・代表執行役の住所の変更・移転または会計
　　参与の計算書類等の備置場所の変更の登記の申請書の添付書面

　不要です。しかし、代理人による申請の場合に、戸籍謄本、住民票の写し等上記を証する書面が任意に添付されていないときは、委任状等に当該事由を記載する必要があります（51頁Q24）。

(5) 会計参与または会計監査人が法人である場合の法人の合併、名称の変更
　　等による変更の登記の申請書の添付書面

　当該法人の登記事項証明書。ただし、申請する登記所が当該法人の主たる事務所の所在地を管轄する登記所であるときは不要です。

(6) 登録免許税

　役員等の就任または退任による変更の登記（登免法別表第一第24号（一）カ）と次の登記の登録免許税の区分は異なるので、1通の申請書でまとめて申請するときも、それぞれ別に登録免許税が課税されます（42頁【耳寄りな情報7】）。

　① 取締役会設置会社、監査役会設置会社または委員会設置会社の変更の
　　登記（登免法別表第一第24号（一）ワ）

　② 監査役設置会社、会計参与設置会社、会計監査人設置会社の変更の登
　　記（登免法別表第一第24号（一）ツ）

(7) 日本に住所を有する代表取締役・代表執行役がない場合

　株式会社の代表取締役・代表執行役のうち少なくとも一人は日本に住所を有していなければならないと解されており、日本に住所を有する代表取締役・代表執行役のない会社の代表取締役・代表執行役の重任または就任による変更の登記の申請は、受理すべきではないと考えられています（昭和60年3月11日民四第1480号法務省民事局第四課長回答（詳解商登（上）716頁））。

　日本に住所を有する代表取締役・代表執行役がないこととなる代表取締役・代表執行役の辞任による変更の登記の申請も受理すべきでないと考えられています（商業・法人登記のアクセスポイント2「内国株式会社の代表取締役の全てが外国在住者となる場合の日本在住の代表取締役の辞任を原因とする退任による変更の登記の取扱いについて」登研778号125頁参照）。

| **詳細情報29** | 退任を証する書面とは？ |

退任事由により主に次の書面です。
① 任期満了による退任を証する書面
　任期が定款に定められている場合にあっては定款、任期が選任時に短縮されている場合にあっては当該選任時の株主総会議事録および退任日を証する定款等
　上記いずれの場合であっても、役員改選の際に任期満了の旨の記載されている株主総会の議事録でも足りるものと扱われています（平成18年3月31日民商第782号法務省民事局長通達第2部第3の3(2)イ（登情534号7頁）、昭和53年9月18日民四第5003号法務省民事局第四課長回答（登研474号137頁）、通達準拠181頁参照、商登ブック417頁参照）。
② 辞任による退任を証する書面
　会社の代表者宛て辞任届
　株主総会において辞任する取締役等が席上辞任する旨申し述べたこと（「取締役○○○○から、席上辞任する旨の申出があった」など）が記載されている株主総会議事録でも足りるものと扱われています（昭和36年10月12日民事四発第197号法務省民事局第四課長回答（詳解商登（上）725頁））。なお、議長などが辞任する取締役からの伝言として発言したこと（「議長から、取締役○○○○から本株主総会終結をもって辞任する旨承っているとの発言があった」など）が記載されている株主総会議事録では足りません。
③ 解任による退任を証する書面
　解任または解職を決定した株主総会議事録、取締役会議事録、取締役の過半数の一致を証する書面などです。
④ 死亡による退任を証する書面
　戸籍謄本、死亡診断書、遺族から会社に対する死亡届書など（商登遂条323頁）です。

（参考）　遺族から会社に対する死亡届書のイメージ

```
            死 亡 届

○○株式会社　御中
　貴社の取締役○○○○が平成○年○月○日死亡したことをお届けします。
　平成○年○月○日
                              ○県○市○町○丁目○番○号
                              取締役○○○○妻　○○　○○　㊞
```

Q43 取締役を再任したときも、登記の申請は必要ですか

A 取締役を再任したときも、取締役の変更の登記の申請をする必要があります。

■ 補足説明
- 取締役の再任とは退任した取締役が再び選任され就任することであるので、取締役の登記事項に変更が生じています。
- 取締役が任期満了により退任し、同時に取締役に就任した場合（登記実務上「重任」という）にも、同様に変更の登記の申請をする必要があります。

Q44 代表取締役の住所が変更したとき、登記の申請は必要ですか

A 株式会社の代表取締役の住所は、登記事項であるので、住所を移転したときは、代表取締役の住所移転による変更の登記の申請をする必要があります。

なお、代表取締役の住所の行政区画・郡・区・市町村内の町・字またはそれらの名称の変更があったときは、その変更があったものとみなされる（商登法第26条）ので、変更の登記の申請をする必要はありません。

■ 補足説明
- 代表取締役の住所の行政区画・郡・区・市町村内の町・字またはそれらの名称の変更があったとき、登記官は職権をもって変更があったことを記載することができますが（商登規第42条第1項）、登記官はこれらがあったかどうかわからないことが多いため、会社は職権登記を促すための申出（変更登記申請に準じて行う。登録免許税は課されない）をすることができます（詳解商登（上）646頁参照）。

Q45 外国人が添付書面にした署名については、証明が必要ですか

A 外国人が次の添付書面に署名したときは、当該署名が本人のものであることの本国官憲の証明が必要であり（昭和48年1月29日民四第821号法務省民事局長通達（登解139号92頁））、本国官憲の証明書とその訳文【詳細情報30】を申請書に添付する必要があります。

① 取締役（取締役会設置会社にあっては、代表取締役・代表執行役）の就任承諾書（再任の場合を除く）

② 代表取締役・代表執行役を定めた株主総会議事録・取締役会議事録・取締役の過半数の一致を証する書面（変更前の代表取締役・代表執行役（取締役を兼ねるものに限る）がこれらに押印した印鑑が登記所に提出した印鑑であるときを除く）

詳細情報30 | **本国官憲の証明書とその訳文とは？**

本国の管轄官庁または日本における領事その他権限がある官憲の認証を受けた書面とその訳文のことです。

外国会社の登記には、申請書に外国会社の本国の管轄官庁または日本における領事その他権限がある官憲の認証を受けたものを添付しなければならないとされているものがあります（商登法第129条第2項、第130条第1項）。これら添付書面自体に認証を要するものと外国人の署名に認証を要するものがあります。

署名に係る本国官憲の証明書には、当該署名をした書面（申請書、添付書面または印鑑届書）に直接署名についての認証を受ける方法（認証を受けた書面およびその訳文を添付）と署名について認証を受ける方法（署名をした書面、認証を受けた署名の証明書およびその訳文を添付）があります。

訳文については、登記の申請をする者等が作成し、記名・押印します。

6　株式会社の解散・清算人・継続・清算結了の登記

(1)　解散の登記
・株式会社は、次の事由によって、解散します（会第471条）。なお、休眠会社（245頁【詳細情報62】）のみなし解散の制度もあります（会第472条）。
　① 定款で定めた存続期間の満了
　② 定款で定めた解散の事由の発生
　③ 株主総会の決議
　④ 合併（合併により当該株式会社が消滅する場合に限る）
　⑤ 破産手続開始の決定
　⑥ 会社の解散を命ずる裁判
・株式会社は、任意清算が認められていないので、上記①～③の解散の登記の申請は、通常、(2)の清算人の登記の申請と同時にします。なお、上記⑥の場合には、裁判所書記官が当該登記を嘱託します（会第937条第1項第1号リ、第3号ロ）。
・株式会社の上記①～③、⑥の解散または休眠会社のみなし解散の登記をするときは、職権で次の登記は、抹消する記号が記録されます（商登規第59条、第72条第1項）。
　① 取締役会設置会社である旨の登記ならびに取締役、代表取締役および社外取締役に関する登記
　② 特別取締役による議決の定めがある旨の登記および特別取締役に関する登記
　③ 会計参与設置会社である旨の登記および会計参与に関する登記
　④ 会計監査人設置会社である旨の登記および会計監査人に関する登記
　⑤ 委員会設置会社である旨の登記ならびに委員、執行役および代表執行役に関する登記
　⑥ 支配人に関する登記

(2) 清算人の登記
- 株式会社は、次の場合には清算をしなければなりません（会第475条）。清算株式会社の機関については、267頁参考資料4参照。
  ① 解散した場合（合併により解散した場合または破産手続開始の決定により解散した場合であって当該破産手続が終了していない場合を除く）
  ② 設立の無効の訴えに係る請求を認容する判決が確定した場合（238頁Q112）
  ③ 株式移転の無効の訴えに係る請求を認容する判決が確定した場合
- 清算株式会社は、解散の日から、または清算人就任後2週間以内に清算人の登記（112頁【詳細情報31】）をしなければなりません（会第928条第1項、第3項）。

(3) 継続の登記
- 株式会社は、上記(1)①～③によって解散した場合には、清算が結了するまで、株主総会の決議によって、株式会社を継続することができます（会第473条）。なお、休眠会社が解散したものとみなされたときは、解散したものとみなされた後、3年以内に限ります（会第473条）。
- 継続の登記を申請するときは、同時に取締役等役員変更の登記を申請しなければなりません。

(4) 清算結了の登記
- 清算が結了すると、清算結了の登記をします（115頁Q48）。当該登記がされると、登記記録は、閉鎖されます（商登規第80条第2項）。
- 清算結了の登記の申請書には、株主総会において決算報告の承認があったことを証する書面（決算報告書が添付された株主総会議事録）を添付します（商登法第75条）。当該決算報告書には、次の事項が記載されている必要があります（会社法施行規則第150条）。
  ① 債権の取立て、資産の処分その他の行為によって得た収入の額
  ② 債務の弁済、清算に係る費用の支払その他の行為による費用の額
  ③ 残余財産の額（支払税額がある場合には、その税額および当該税額を控除した後の財産の額）
  ④ 一株当りの分配額（種類株式発行会社にあっては、各種類の株式一株当

たりの分配額)
　次に掲げる事項を注記しなければなりません。なお、残余財産の分配が完了する前に決算報告をすることはできません。
ア　残余財産の分配を完了した日
イ　残余財産の全部または一部が金銭以外の財産である場合には、当該財産の種類および価額

(参考)　決算報告書の記載の例

決算報告書

1　平成○年○月○日から平成○年○月○日までの期間内に取立て、資産の処分その他の行為によって得た債権の総額は、金○円である。
1　債務の弁済、清算に係る費用の支払その他の行為による費用の額は、金○円である。
1　現在の残余財産の額は、金○円である。
1　平成○年○月○日、清算換価実収額金○円を、次のように株主に分配した。
1　株式○株に対し総額金○円（ただし、1株につき金○円の割合）

上記のとおり清算結了したことを報告する。
平成○年○月○日
○○株式会社
　代表清算人　○○　○○　㊞

| 詳細情報31 | 株式会社の清算人の登記とは？ |

　株式会社の清算人は、定款に清算人が定められ、または株主総会で清算人が選任されなければ、取締役が清算人〔「法定清算人」と呼ばれています。〕となり、代表取締役を定めていたときは、当該代表取締役が代表清算人となります（会第478条第1項第1号、第483条第4項）。
　株式会社の清算人の登記事項は、次のとおりです（会第928条第1項）。
① 　清算人の氏名
② 　代表清算人の氏名および住所
③ 　清算人会設置会社であるときはその旨
　株式会社の清算人の登記の申請書には、清算人の就任形態のいかんを問わず、清算人会の設置の有無を定款により登記官が確認する必要があるため、

定款（定款が不明なときについては、248頁Q118参照）を添付する必要があります（通達準拠262頁参照）。

　なお、会社法施行日（平成18年5月1日）前に清算人の登記をした株式会社の本店の所在地における登記事項のうち清算人および代表清算人の氏名および住所については、なお従前の例によるとされています（会整法第108条）。この場合の清算人に関する変更の登記の登記事項は次のとおりで、会社を代表しない清算人がない場合に限り、代表清算人の登記をします。
① 清算人の氏名および住所
② 代表清算人の氏名（会社を代表しない清算人があるときに限る）

（参考）　清算人に関する登記の登記事項のイメージ

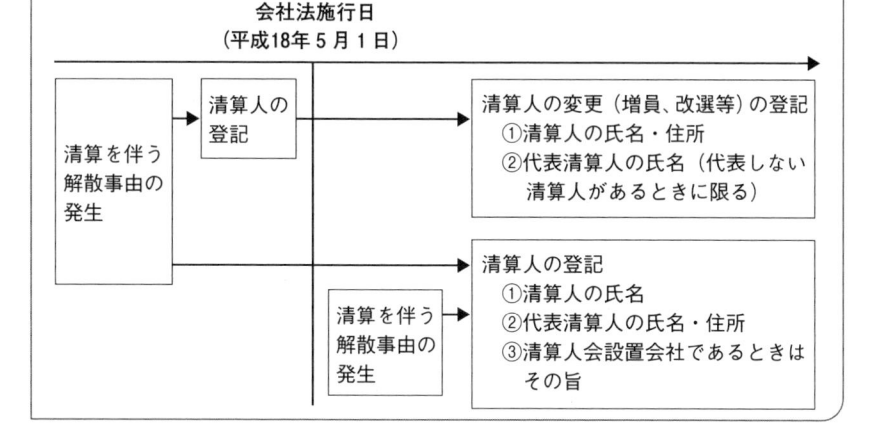

```
                    会社法施行日
                　（平成18年5月1日）
    ─────────────────┼─────────────────────────→

  ┌─────────┐   ┌─────────┐    ┌──────────────────────────┐
  │清算を伴う│──→│清算人の │───→│清算人の変更（増員、改選等）の登記│
  │解散事由の│   │登記     │    │①清算人の氏名・住所       │
  │発生     │   └─────────┘    │②代表清算人の氏名（代表しない│
  │         │                    │　清算人があるときに限る）  │
  └─────────┘                    └──────────────────────────┘

                ┌─────────┐    ┌──────────────────────────┐
                │清算を伴う│───→│清算人の登記              │
                │解散事由の│    │①清算人の氏名            │
                │発生     │    │②代表清算人の氏名・住所  │
                └─────────┘    │③清算人会設置会社であるときは│
                                │　その旨                  │
                                └──────────────────────────┘
```

Q46　1年後に解散する旨株主総会で決議することはできますか

A　1年後に解散しようとするときは、株主総会の決議によって存続期間の定め（「存続期間は平成〇年〇月〇日までとする」など）を設ける定款変更をします。

■ 補足説明
・解散の決議について主務官庁の認可を要する場合や存続期間の設定による変更の登記を同時にする場合（この場合には、解散の決議をもって存続期間

第3章　商業登記の申請について登記の種類ごとに知りたいとき　113

の定めを設ける定款変更の決議がされたものと考えることが可能（塚田佳代＝前田和樹「商業・法人登記実務の諸問題(2)」登研740号25頁））でない限り、1年後に解散する旨決議した株主総会議事録を添付して解散の登記をすることはできないものと考えられます（詳解商登（上）1122頁参照）。
・株主総会において、3日後の日を解散日とする期限付決議をした場合には、解散の登記の申請をすることができるものと扱われています（昭和34年10月29日民甲第2371号法務省民事局長電報回答（詳解商登（上）1123頁、登解297号90頁））。登記の期間である2週間以内の日を解散日とする期限付決議をした場合も同様に受理されるものと考えられます（カウンター相談「いわゆる期限付きの解散決議による登記の申請について」登研755号163頁参照）。ただし、当該登記の申請を検討するときは、資格者代理人（23頁Q9）または登記所に相談することをお勧めします。

Q47 裁判所が清算人を選任したとき、登記の申請は必要ですか

A 裁判所が清算人を選任したとき、裁判所書記官は登記を嘱託するとされていないため、代表清算人が株式会社を代表して清算人の登記の申請をする必要があります。

■ 補足説明
・裁判所が複数の清算人を選任したときは、裁判所が清算人の中から代表清算人を定めることができ（会第483条第5項）、裁判所がこれを定めなかったときは、清算人会設置会社にあっては清算人会が代表清算人を選定し（会第489条第3項）、清算人会設置会社でない会社にあっては各清算人が代表清算人となります（会第483条第1項）。
・裁判所が清算人の選任を取り消す決定を行ったときは、裁判所書記官はその登記を嘱託します（会第937条第1項第2号ニ）。

Q48 清算結了の登記の申請はいつするのですか

A 清算事務が終了し、決算報告について株主総会〔清算人会設置会社においては、事前に決算報告について清算人会の承認を受けなければなりません〕の承認を受けた日から2週間以内に清算結了の登記の申請をしなければなりません（会第929条第1号）。

■ 補足説明

・株主総会の決算報告の承認が清算結了の効力要件ではないことから、株主の所在不明等の理由により、決算報告の承認に係る株主総会を開催することができない場合には、監査役または一時監査役の職務を行うべき者が作成した証明書（株主総会を招集することができない事情を記載したもの）を添付すれば、清算結了の登記を受理してさしつかえないとされています（詳解商登（上）1184頁参照）。ただし、当該登記の申請を検討するときは、資格者代理人（23頁Q9）または登記所に相談することをお勧めします。

・清算株式会社は、解散後、債権者に対して、2月以上の申出期間を定めた官報公告をしなければならない（会第499条第1項）ので、解散日から2月を経過していない清算結了の登記の申請をすることは、できません（昭和33年3月18日民事甲第572号法務省民事局長心得通達（詳解商登（上）1182頁））。

（参考） 解散・清算から清算結了の登記までのイメージ図

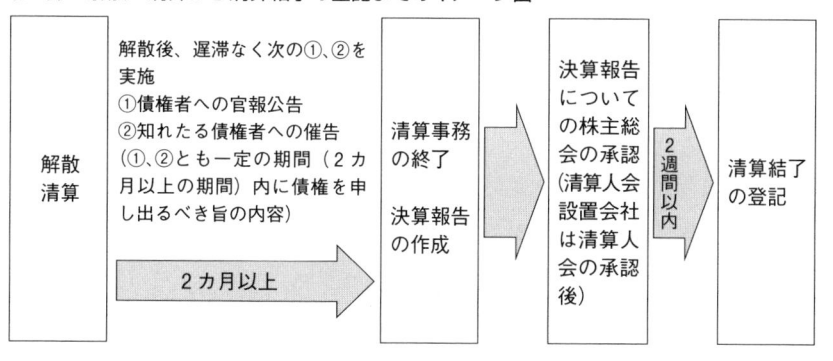

| 解散清算 | 解散後、遅滞なく次の①、②を実施
①債権者への官報公告
②知れたる債権者への催告
（①、②とも一定の期間（2カ月以上の期間）内に債権を申し出るべき旨の内容）
2カ月以上 | 清算事務の終了
決算報告の作成 | 決算報告についての株主総会の承認（清算人会設置会社は清算人会の承認後） | 2週間以内 | 清算結了の登記 |

7　特例有限会社の登記

・会社法の施行により、平成18年5月1日現に存する有限会社は、株式会社として存続し（会整法第2条）、特例有限会社というとされています。特例有限会社は、引き続きその商号に有限会社という文字を用いなければなりません（会整法第3条）。
・特例有限会社については、職権で、次の登記がされています（会整法第136条第16項）。
　①　発行可能株式総数【詳細情報32】
　②　発行済株式の総数【詳細情報32】
　③　株式の譲渡制限に関する規定【詳細情報33】
　④　公告をする方法
・特例有限会社は、定款の定めにより監査役を置くことができますが、取締役会、会計参与、監査役会、会計監査人または委員会を置くことはできません（会整法第17条）。
・特例有限会社の取締役および監査役の任期については、自由に定めることができます（会整法第18条）。また、特に定めないこともできます。
・特例有限会社を新たに設立することは、できません（会整法第1条、第4条）。また、特例有限会社は、存続会社または承継会社となることができません（会整法第37条）。
・特例有限会社については、休眠会社（245頁【詳細情報62】）のみなし解散の対象とされていません（会整法第32条）。
・特例有限会社は、定款を変更して、その商号に株式会社という文字を用いる商号の変更をすることができます（会整法第45条）。当該定款の変更の決議をしたときは、特例有限会社については解散の登記を、商号の変更後の株式会社については設立の登記〔これらを「特例有限会社の通常の株式会社への移行の登記」といいます〕をしなければなりません（会整法第46条）。

| 詳細情報32 | 特例有限会社の発行可能株式総数および発行済株式の総数とは？ |

　会社法の施行日（平成18年5月1日）の特例有限会社の発行可能株式総数および発行済株式の総数は、同日の旧有限会社の資本の総額を出資一口の金額で除して得た数とされています（会整法第2条第3項）。
　なお、会社法の施行日の特例有限会社の発行可能株式総数と発行済株式の総数は同数であるので、特例有限会社が初めて株式を発行するときは、発行可能株式総数を増加する定款変更をする必要があります。

| 詳細情報33 | 特例有限会社の株式の譲渡制限に関する規定とは？ |

　特例有限会社の定款には、発行する全部の株式の内容として譲渡制限の定めがあるものとみなされ（会整法第9条第1項）、当該定めと異なる内容の定めを設ける定款の変更をすることはできません（会整法第9条第2項）。

Q49　取締役に関する登記事項は、株式会社のものと違いますか

　特例有限会社の取締役に関する登記事項は、下表のとおり通常の株式会社のものと違います。
　特例有限会社の取締役の就任による変更の登記の添付書面は、取締役会設置会社でない株式会社の取締役の就任による変更の登記の添付書面（102頁第3章5）と同様です。
　特例有限会社の取締役の退任による変更の登記の添付書面は、通常の株式会社の退任による変更の登記の添付書面（107頁【詳細情報29】）と同様です。
　このほか通常の株式会社については、取締役会設置会社であるときはその旨、特別取締役による議決の定めがあるときは特別取締役の氏名が登記事項となるほか、社外取締役である旨が登記事項となる場合があります。

登記事項	特例有限会社	通常の株式会社
取締役	氏名、住所	氏名
代表取締役	氏名 (注) 会社を代表しない取締役があるときのみ	氏名、住所

■ 補足説明

・特例有限会社の監査役（設置は任意）に関する登記事項は、下表のとおり通常の株式会社のものと違います。

　特例有限会社の監査役の変更の登記の添付書面は、通常の株式会社の監査役の変更の登記の添付書面（102頁第3章5）と同様です。

　このほか通常の株式会社については、監査役設置会社（監査役の監査の範囲を会計に関するものに限定する旨の定款の定めがある株式会社を含む）であるときはその旨、監査役会設置会社であるときはその旨が登記事項となるほか、社外監査役である旨が登記事項となる場合があります。

登記事項	特例有限会社	通常の株式会社
監査役	氏名、住所	氏名

Q50 清算人の登記事項は、株式会社のものと違いますか

A 特例有限会社の清算人の登記事項は、下表のとおり通常の株式会社のものと違います。

特例有限会社の清算人に関する登記の添付書面は、通常の株式会社の清算人に関する登記の添付書面と同様です。なお、特例有限会社の清算人を株主総会の決議によりまたは裁判所が選任したときは、特例有限会社の清算人の登記の申請書に定款の添付を要しません（詳解商登（上）1159頁参照）。

このほか通常の株式会社については、清算人会設置会社であるときは、その旨が登記事項となります。

登記事項	特例有限会社	通常の株式会社
清算人	氏名、住所	氏名
代表清算人	氏名 （注） 会社を代表しない清算人があるときのみ	氏名、住所

Q51 株式会社への移行時の本店は、移転後のものでもよいですか

A 特例有限会社の通常の株式会社への移行による設立の登記における本店は、特例有限会社の本店と異なるものとすることはできないと考えられています（矢部博志「会社法施行後における商業登記実務の諸問題」登インター82号96頁参照）。

■ 補足説明

・特例有限会社の通常の株式会社への移行時に本店を特例有限会社のものと異なるものとする場合には、別途、本店移転の登記を申請する必要があり、通常、次のとおり、申請します。

① 管轄する登記所の管轄区域内で本店を移転するときは、特例有限会社の通常の株式会社への移行による設立および解散の登記の前件として、特例有限会社の本店移転の登記の申請をする。

② 管轄する登記所の管轄区域外に本店を移転するときは、特例有限会社の本店移転の登記の申請をし、登記後、特例有限会社の通常の株式会社への移行による設立および解散の登記を申請する。

・特例有限会社の通常の株式会社への移行による設立の登記における支店も、次の場合を除いて、特例有限会社の支店と異なるものとすることができないと考えられています（矢部博志「会社法施行後における商業登記実務の諸問題」登インター82号96頁参照）。

(参考) 特例有限会社の通常の株式会社への移行による設立の登記において支店を特例有限会社の支店と異なるものとすることができる場合

① 本店の所在地を管轄する登記所の管轄区域内に支店を設置する場合

```
    特例有限会社の登記簿              株式会社の登記簿
  ┌─────────────┐         ┌─────────────┐
  │ 本店管轄登記所の管轄区域 │   ⇒    │ 本店管轄登記所の管轄区域 │
  │  (本店)          │         │  (本店)      (支店)─┼─ 支店設置
  └─────────────┘         └─────────────┘
```

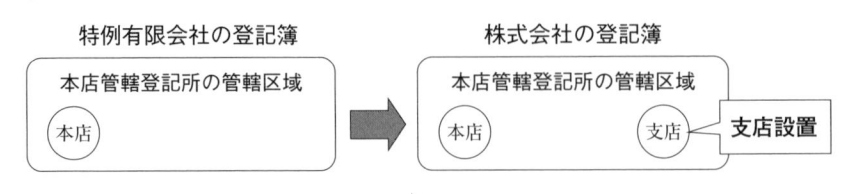

② 本店の所在地を管轄する登記所の管轄区域内で支店を廃止する場合

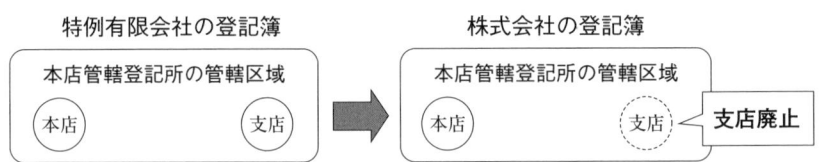

```
    特例有限会社の登記簿              株式会社の登記簿
  ┌─────────────┐         ┌─────────────┐
  │ 本店管轄登記所の管轄区域 │   ⇒    │ 本店管轄登記所の管轄区域 │
  │ (本店)      (支店) │         │ (本店)      (支店)─┼─ 支店廃止
  └─────────────┘         └─────────────┘
```

③ 本店の所在地を管轄する登記所の管轄区域内から支店の所在地を管轄する登記所の管轄区域内に支店を移転する場合

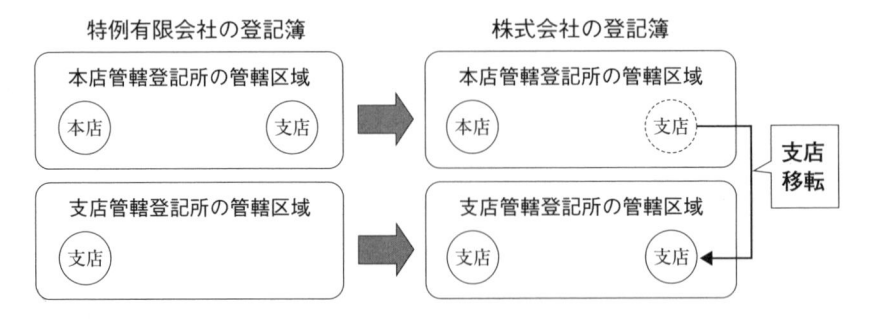

```
    特例有限会社の登記簿              株式会社の登記簿
  ┌─────────────┐         ┌─────────────┐
  │ 本店管轄登記所の管轄区域 │   ⇒    │ 本店管轄登記所の管轄区域 │
  │ (本店)      (支店) │         │ (本店)      (支店) │──┐
  └─────────────┘         └─────────────┘  │ 支店
  ┌─────────────┐         ┌─────────────┐  │ 移転
  │ 支店管轄登記所の管轄区域 │   ⇒    │ 支店管轄登記所の管轄区域 │  │
  │ (支店)          │         │ (支店)      (支店)◀┼──┘
  └─────────────┘         └─────────────┘
```

④ 支店の所在地を管轄する登記所の管轄区域内に支店を設置する場合

```
    特例有限会社の登記簿              株式会社の登記簿
  ┌─────────────┐         ┌─────────────┐
  │ 支店管轄登記所の管轄区域 │   ⇒    │ 支店管轄登記所の管轄区域 │
  │ (支店)          │         │ (支店)      (支店)─┼─ 支店設置
  └─────────────┘         └─────────────┘
```

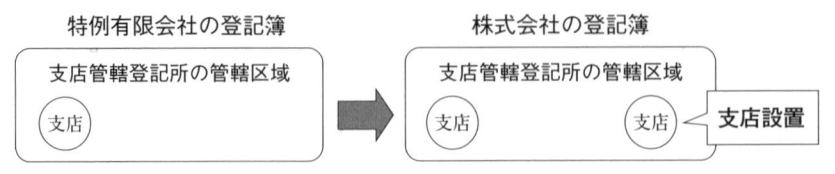

⑤ 支店の所在地を管轄する登記所の管轄区域内で支店を廃止する（支店の廃止後も他の支店の登記がある場合に限る）場合

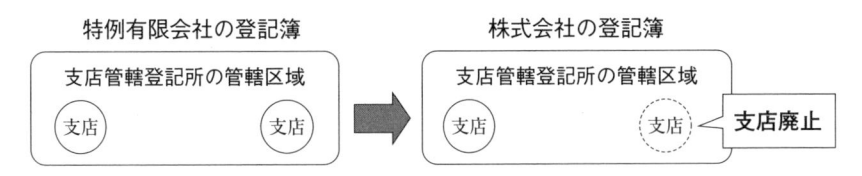

```
特例有限会社の登記簿                株式会社の登記簿
┌─────────────────┐         ┌─────────────────┐
│支店管轄登記所の管轄区域│         │支店管轄登記所の管轄区域│
│  (支店)    (支店) │  ──▶   │  (支店)    (支店)│──支店廃止
└─────────────────┘         └─────────────────┘
```

⑥ 支店の所在地を管轄する登記所の管轄区域内から本店の所在地を管轄する登記所の管轄区域内に移転（支店の移転前後に支店の所在地を管轄する登記所に他の支店の登記がある場合に限る）する場合

```
特例有限会社の登記簿                株式会社の登記簿
┌─────────────────┐         ┌─────────────────┐
│本店管轄登記所の管轄区域│         │本店管轄登記所の管轄区域│
│  (本店)          │  ──▶   │  (本店)    (支店)│──┐
└─────────────────┘         └─────────────────┘  │支店
┌─────────────────┐         ┌─────────────────┐  │移転
│支店管轄登記所の管轄区域│         │支店管轄登記所の管轄区域│  │
│  (支店)    (支店) │  ──▶   │  (本店)    (支店)│──┘
└─────────────────┘         └─────────────────┘
```

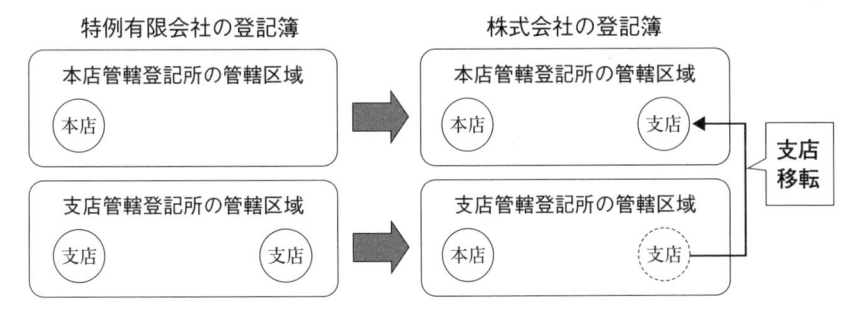

⑦ 支店の所在地を管轄する登記所の管轄区域内から他の支店の所在地を管轄する登記所の管轄区域内に移転（支店の移転前後に各管轄登記所に他の支店の登記がある場合に限る）する場合

```
特例有限会社の登記簿                株式会社の登記簿
┌─────────────────┐         ┌─────────────────┐
│支店管轄登記所甲の管轄区域│       │支店管轄登記所甲の管轄区域│
│  (支店)    (支店) │  ──▶   │  (支店)    (支店)│──┐
└─────────────────┘         └─────────────────┘  │支店
┌─────────────────┐         ┌─────────────────┐  │移転
│支店管轄登記所乙の管轄区域│       │支店管轄登記所乙の管轄区域│  │
│  (支店)          │  ──▶   │  (支店)    (支店)│──┘
└─────────────────┘         └─────────────────┘
```

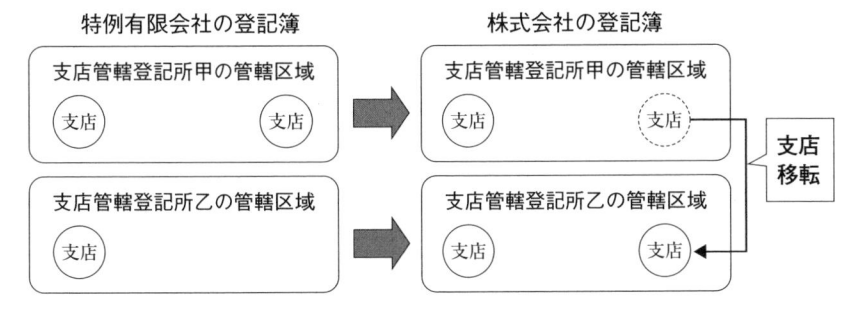

8　合同会社の登記

(1)　設立の登記
- 合同会社の定款（125頁【詳細情報34】）には、①目的、②商号、③本店の所在地（76頁【詳細情報21】）、④社員の氏名または名称および住所、⑤社員が有限責任社員であること、⑥社員の出資の目的およびその価額または評価の標準を記載しなければならず（会第576条第1項、第4項）、⑥記載しなければ効力を生じない事項、⑦その他会社法の規定に違反しない事項を記載することができます（会第577条）。
- 業務執行社員の過半数の一致
  ①　定款に社員の互選によって業務執行社員の中から会社を代表する社員を定める旨の定めがあるときは、業務執行社員の互選によって代表社員を決定する必要があります（会第599条第3項、通達準拠287頁参照）。
  ②　定款に本店の所在場所（76頁【詳細情報21】）を定めていないときは、業務執行社員の過半数の一致により本店の所在場所を決定する必要があります。
- 業務執行社員が法人であるときの職務執行者の選任
  業務執行社員が法人であるときは、当該法人は職務執行者を選任しなければなりません（会第598条第1項）。本店の所在地における登記の申請書には、登記事項証明書（業務執行社員である会社・法人の本店・主たる事務所の所在地を管轄する登記所に申請するときは添付不要）のほか、当該選任を証する書面（たとえば、当該法人が取締役会設置会社であるときは取締役会議事録）および就任承諾書を添付します（商登法第118条、第94条第2号）。
- 出　　資
  ①　合同会社の社員になろうとする者は、定款の作成後、設立の登記をする時までに、その出資に係る金銭の全額を払い込み、またはその出資に係る金銭以外の財産の全部を給付しなければなりません（会第578条）。
  ②　本店の所在地における登記の申請書には、払込みまたは給付があった

ことを証する書面（126頁【詳細情報35】）を添付します（商登法第117条）。
　③　本店の所在地における登記の申請書には、資本金の額の計上に関する証明書を添付します（商登規第92条、第61条第4項）。
・その他設立の登記の申請に必要な事項
　①　その他会社の状況に応じて、必要な手続や登記の申請書に添付すべき書面があります。詳しくは、法務省ホームページの記載例（45頁【耳寄りな情報8】）に記載されています。
　②　本店の所在地において設立の登記の申請をする代表社員は、管轄する登記所に印鑑を提出する必要があります。
・合同会社の成立日
　　合同会社は、その本店の所在地において設立の登記をすることによって成立します（会第579条）。本店の所在地において設立の登記をするときは、登記官が職権で登記の日付（登記の申請の受付の日付）を会社成立の年月日（78頁【詳細情報24】）として記録します。

(2)　変更の登記
・株式会社の登記と同様（商号の変更の登記については80頁第3章2）です（社員の変更の登記については128頁Q53参照）。

(3)　本店移転の登記
・本店の所在場所が定款に記載〔この場合には、定款に特段の定めがない限り、総社員の同意により定款を変更します〕されていないときは、定款に特段の定めがない限り、業務執行社員の過半数の一致により本店の所在場所を決定します。その他は、株式会社の登記と同様（85頁第3章3）です。

(4)　解散・清算人・継続・清算結了の登記
・合同会社は、①定款で定めた存続期間の満了、②定款で定めた解散の事由の発生、③総社員の同意、④社員が欠けたこと、⑤合併（合併により当該合同会社が消滅する場合に限る）、⑥破産手続開始の決定、⑦会社の解散を命ずる裁判が解散事由となっています（会第641条）。
・合同会社は、株式会社と同様、任意清算が認められていないので、上記①〜③の解散の登記の申請は、通常、清算人の登記の申請と同時にします。
・合同会社の上記①〜⑤、⑦の解散の登記をするときは、職権で業務執行社

第3章　商業登記の申請について登記の種類ごとに知りたいとき　123

員および代表社員に関する登記ならびに支配人に関する登記は、抹消する記号が記録されます（商登規第59条、第91条第1項）。
・合同会社は、①解散した場合（合併により解散した場合または破産手続開始の決定により解散した場合であって当該破産手続が終了していない場合を除く）、②設立の無効の訴えまたは設立の取消しの訴えに係る請求を認容する判決が確定した場合が清算事由となっています（会第644条）。
・清算合同会社は、解散の日から、または清算人就任後2週間以内に清算人の登記をしなければなりません（会第928条第2項、第3項）。合同会社の清算人は、定款に清算人が定められ、または社員もしくは業務執行社員によって選任されなければ、業務執行社員が清算人〔「法定清算人」と呼ばれています〕と、代表社員が定められているときは代表社員が代表清算人となります（会第647条第1項第1号、第655条第4項）。清算人の登記事項は、次のとおりです（会第928条第2項）。
① 清算人の氏名または名称および住所
② 会社を代表する清算人の氏名または名称（会社を代表しない清算人がある場合に限る）
③ 会社を代表する清算人が法人であるときは、職務執行者の氏名および住所

（参考）　会社を代表する清算人が法人であるときの登記記録例
1　会社を代表しない清算人がある場合

社員に関する事項	○県○市○町○丁目○番○号 清算人　　金融花子	年月日登記
	○県○市○町○丁目○番○号 清算人　　きんざい商事株式会社	年月日登記
	○県○市○町○丁目○番○号 代表清算人　きんざい商事株式会社 ○県○市○町○丁目○番○号 職務執行者　財政和子	年月日登記

2　会社を代表しない清算人がない場合

社員に関する事項	○県○市○町○丁目○番○号 清算人　　きんざい商事株式会社 ○県○市○町○丁目○番○号 職務執行者　財政和子	年月日登記

- 合同会社は、①定款で定めた存続期間の満了、②定款で定めた解散の事由の発生、③総社員の同意によって解散した場合には、清算が結了するまで、社員の全部または一部の同意によって、合同会社を継続することができます（会第642条第1項）。この場合に、合同会社を継続することについて同意しなかった社員は、合同会社が継続することとなった日に退社します（会第642条第2項）。
- 合同会社が継続の登記を申請するときは、同時に業務執行社員および代表社員の変更の登記を申請しなければなりません。
- 清算合同会社は、清算事務が終了したときは、遅滞なく、清算に係る計算をして、社員の承認を受けなければならず（会第667条）、当該承認日から2週間以内に、清算結了の登記をしなければなりません（会第929条）。清算結了の登記の申請書には、清算に係る計算の承認があったことを証する各社員の記名押印のある書面を添付します（商登法第121条）。

詳細情報34	合同会社の定款とは？

　合同会社を設立するには、一人または二人以上の社員になろうとする者が定款を作成し、その全員がこれに署名し、または記名押印しなければなりません（会第575条第1項）。

　定款の作成を代理人が行い、代理人が記名押印したものを設立の登記の申請書に添付する場合にも、社員の委任状および委任状に押印した印鑑の市区町村長等の作成した印鑑証明書の添付は要しないと解されています（通達準拠283頁）。

　合同会社（持分会社）の定款については、公証人の認証は不要です。

　定款は、電磁的記録をもって作成することができます（会第575条第2項）。この場合には当該電磁的記録に記録された情報の内容を法務省令で定めると

ころにより記録した電磁的記録（46頁【詳細情報14】）を提出しなければならず（商登法第19条の2）、作成者は、当該電磁的記録に電子署名し、電子証明書を記録する必要があります（47頁【詳細情報16】。商登規第36条第4項）。

　オンラインによる登記の申請をする場合には、電磁的記録をもって作成されている定款にかわるべき情報に作成者が電子署名し、電子証明書とあわせて送信することもできます（商登規第102条第2項）。

　定款を電磁的記録をもって作成している会社が登記の申請書に定款を添付するときは、電磁的記録を添付またはこれにかわるべき情報を送信（オンライン申請によるとき）しなければなりません。電磁的記録をもって作成した定款の内容を記載した書面に「電磁的記録に記録された情報と同一である」旨作成者が証明したものを添付して設立の登記の申請をすることはできません（拙稿「商業登記実務Q＆A(2)」登情545号45頁）。

詳細情報35	合同会社の払込みまたは給付があったことを証する書面とは？

　払込みがあったことを証する書面には、払込金受入証明書または代表社員が作成した設立に際して出資される財産の価額、もしくはその最低額の全額の払込みを受けたことを証明する旨を記載した書面に、預金通帳の写し・取引明細表をあわせてとじたもの等が該当します。

　預金の口座名義人は、代表社員（法人である代表社員の職務執行者が口座名義人であるときは、代表社員である法人の代表者が受領権限を委任したことを証する書面も添付）でなければなりません（通達準拠293頁参照）。

　なお、合同会社については、株式会社のように払込みの取扱場所は銀行等（76頁【詳細情報22】）に限られないので、代表社員の作成に係る出資金領収書等も払込みがあったことを証する書面に該当します（通達準拠293頁）。

　給付があったことを証する書面とは、財産の引継書等がこれに当たります。

Q52　株式会社が代表社員になることはできますか

A　株式会社が、代表社員になることはできます。

■ 補足説明
・株式会社が持分会社の業務執行社員になるときは、取締役の過半数の一致（取締役会設置会社にあっては取締役会の決議、委員会設置会社にあっては取締役会の委任による執行役の決定）により、自然人である職務執行者を選任する必要があります。
・職務執行者の氏名および住所は、合同会社を代表する社員が法人であるときの登記事項であるため、下表のとおり、法人が代表社員である場合には代表社員に関する登記事項とともに登記され、法人が代表社員でない場合には登記されません（会第914条第8号）。

（参考）　株式会社が業務執行社員である場合の登記記録例
1　法人が代表社員である場合

社員に関する事項	業務執行社員　　金融花子
	業務執行社員　　きんざい商事株式会社
	○県○市○町○丁目○番○号 代表社員　　　　きんざい商事株式会社 ○県○市○町○丁目○番○号 職務執行者　　　財政和子

2　業務執行社員である法人が代表社員でない場合

社員に関する事項	業務執行社員　　金融花子
	業務執行社員　　きんざい商事株式会社
	○県○市○町○丁目○番○号 代表社員　　　　金融花子

・合同会社の代表社員または業務執行社員が外国会社（19頁【詳細情報9】）である場合において、当該外国会社が日本において登記されていないときは、登記すべき事項に当該名称をローマ字で表記することはできず、自然人である外国人と同様にカタカナ等の日本文字で表記する必要があります（拙稿「商業登記実務Q＆A(4)」登情549号53頁）。

Q53 社員が加入したとき、登記の申請は必要ですか

A 社員が新たな出資により加入した場合にあっては資本金の額の増加による変更の登記を、業務執行社員として加入した場合にあっては業務執行社員の加入による変更の登記を、代表社員となる場合にあっては代表社員の就任による変更の登記を申請する必要があります。

■ 補足説明

・社員は、次の場合に業務を執行します（会第590条第1項）。
  ① 定款に当該社員が業務執行社員として定められている場合
  ② 定款に特定の社員が業務執行社員として定められていない場合
・業務執行社員は、次の場合に会社を代表します（会第599条第1項、第3項）。
  ① 定款または定款の定めに基づく業務執行社員の互選によって当該業務執行社員が代表社員として定められている場合
  ② 定款に業務執行社員の一部を代表社員とする定めや業務執行社員の互選により定める旨の定款の定めがない場合〔確認的に業務執行社員を代表社員とする旨の定款の定めがある場合があります。〕

（参考） 特定の社員を業務執行社員として定め、業務執行社員の互選により代表社員を定める旨の規定のある定款の例

```
○○合同会社定款（抄）

（業務執行社員）
第○条　次の社員は、業務執行社員とし、当社の業務を執行するものとする。
　1．業務執行社員　○○○○
　1．業務執行社員　○○○○
（代表社員）
第○条　代表社員については、業務執行社員の互選によって、これを定める。
```

（参考）特定の社員を業務執行社員として定める旨の規定および業務執行社員を代表社員とする旨の規定がある定款の例

○○合同会社定款（抄）

（業務執行社員）
第○条　次の社員は、業務執行社員とし、当社の業務を執行するものとする。
1．業務執行社員　○○○○
1．業務執行社員　○○○○

（代表社員）
第○条　業務執行社員は、当社を代表すべき社員とする。

Q54　代表社員が解散の登記の申請をすることはできますか

A　清算合同会社の代表社員が、解散の登記の申請をすることはできません。

■ 補足説明

- 清算合同会社は、他の持分会社（合名会社および合資会社）と異なり、任意清算が認められず、解散すると、清算人が会社を代表することとなるため、代表社員は、解散の登記の申請をすることはできず、清算人が清算人の登記と解散の登記の申請をします。
- 種類の変更・組織変更により設立された会社または存続会社・新設会社が合同会社であるときは、合同会社の代表社員が変更前会社または消滅会社を代表してその解散の登記の申請をします（商登第124条、第108条第3項、第82条第1項等）。
- 登記官は、解散（合併または破産手続開始の決定によるものを除く）の登記をしたときは、業務執行社員および代表社員に関する登記を抹消する記号を記録します（商登規第91条第1項）。

第3章　商業登記の申請について登記の種類ごとに知りたいとき

9　組織再編の登記

(1)　組織変更

　組織変更とは、株式会社がその組織を変更することにより持分会社となること、持分会社がその組織を変更することにより株式会社となることをいいます（会第2条第26号）。

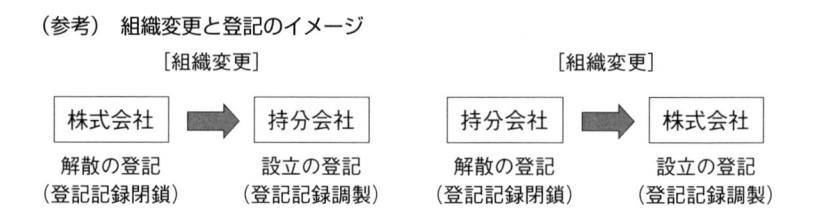

（参考）　組織変更と登記のイメージ

［組織変更］

株式会社 ➡ 持分会社
解散の登記（登記記録閉鎖）　設立の登記（登記記録調製）

［組織変更］

持分会社 ➡ 株式会社
解散の登記（登記記録閉鎖）　設立の登記（登記記録調製）

(2)　合　　併

　合併には、吸収合併と新設合併があります。吸収合併とは、会社が他の会社とする合併であって、合併により消滅する会社（1社）の権利義務の全部を合併後存続する会社（1社）に承継させるものをいいます（会第2条第27号）。新設合併とは、二以上の会社がする合併であって、合併により消滅する会社（2社以上）の権利義務の全部を合併により設立する会社（1社）に承継させるものをいいます（会第2条第28号）。

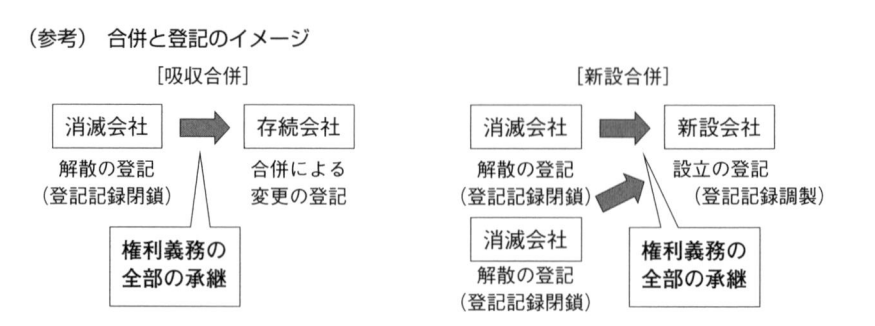

（参考）　合併と登記のイメージ

［吸収合併］

消滅会社 ➡ 存続会社
解散の登記（登記記録閉鎖）　合併による変更の登記
権利義務の全部の承継

［新設合併］

消滅会社 ➡ 新設会社
解散の登記（登記記録閉鎖）　設立の登記（登記記録調製）
消滅会社
解散の登記（登記記録閉鎖）
権利義務の全部の承継

(3) 会社分割

会社分割には、吸収分割と新設分割があります。吸収分割とは、株式会社または合同会社（1社）がその事業に関して有する権利義務の全部または一部を分割後他の会社（1社）に承継させることをいいます（会第2条第29号）。新設分割とは、一または二以上の株式会社または合同会社がその事業に関して有する権利義務の全部または一部を分割により設立する会社（1社）に承継させることをいいます（会第2条第30号）。

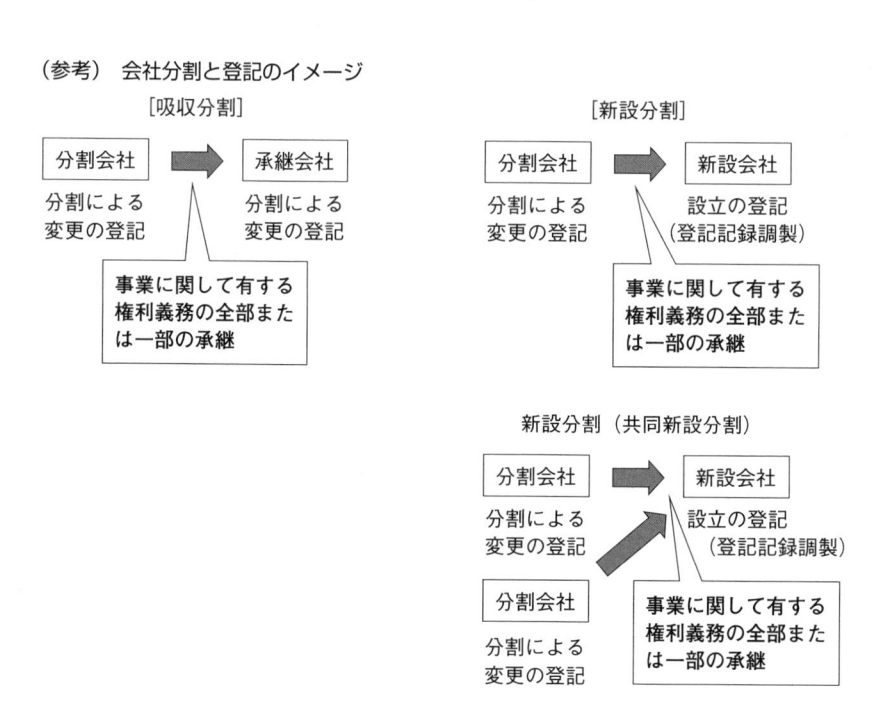

（参考） 会社分割と登記のイメージ

［吸収分割］

分割会社 → 承継会社
分割による変更の登記　　分割による変更の登記
事業に関して有する権利義務の全部または一部の承継

［新設分割］

分割会社 → 新設会社
分割による変更の登記　　設立の登記（登記記録調製）
事業に関して有する権利義務の全部または一部の承継

新設分割（共同新設分割）

分割会社 → 新設会社
分割による変更の登記　　設立の登記（登記記録調製）
分割会社
分割による変更の登記
事業に関して有する権利義務の全部または一部の承継

(4) 株式交換

株式交換とは、株式会社（1社）がその発行済株式の全部を他の株式会社または合同会社（1社）に取得させることをいいます（会第2条第31号）。

(参考) 株式交換と登記のイメージ

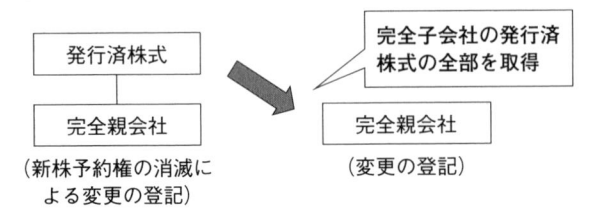

```
発行済株式
    ↓               完全子会社の発行済
完全親会社    ⇒      株式の全部を取得

                    完全親会社
(新株予約権の消滅に
よる変更の登記)       (変更の登記)
```

(5) 株式移転

　株式移転とは、一または二以上の株式会社がその発行済株式の全部を新たに設立する株式会社（1社）に取得させることをいいます（会第2条第32号）。

(参考) 株式移転と登記のイメージ

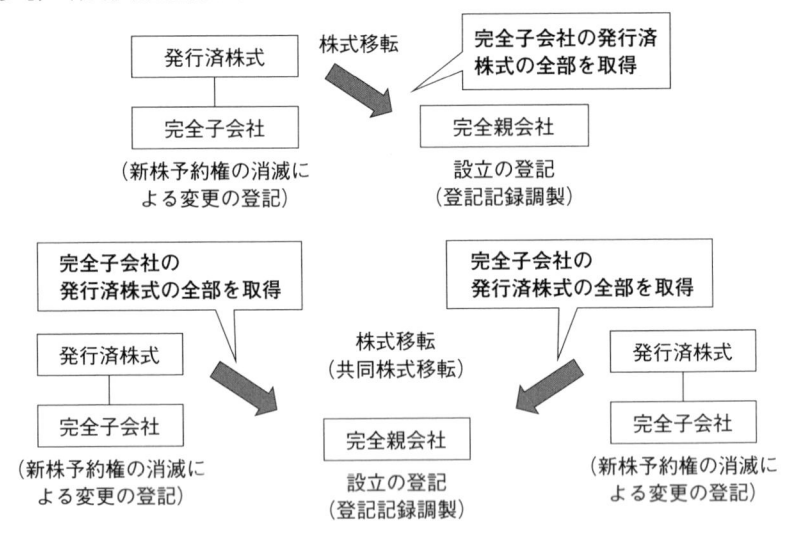

```
                株式移転    完全子会社の発行済
発行済株式        ⇒         株式の全部を取得
    ↓
完全子会社                   完全親会社
(新株予約権の消滅に            設立の登記
よる変更の登記)              (登記記録調製)
```

```
完全子会社の                       完全子会社の
発行済株式の全部を取得              発行済株式の全部を取得

発行済株式        株式移転         発行済株式
    ↓          (共同株式移転)         ↓
完全子会社                            完全子会社
               完全親会社
(新株予約権の消滅に  設立の登記    (新株予約権の消滅に
よる変更の登記)   (登記記録調製)    よる変更の登記)
```

Q55 組織変更すると、会社法人等番号は変わりますか

　組織変更により設立した会社の会社法人等番号は、解散した会社の

ものから変わりません（189頁Q88）。

■ 補足説明
・平成24年5月21日から、組織変更により設立した会社の会社法人等番号は、解散した会社のものから変わらないこととなりました（商準則第7条第2項）。
・平成24年5月21日より前に組織変更により設立した会社の会社法人等番号は、解散した会社の会社法人等番号と異なっています。

Q56 存続会社の商号・本店を消滅会社のものにできますか

A　存続会社は、合併と同時に消滅会社の商号に吸収合併後の商号を変更し、消滅会社の本店の所在場所に本店を移転することができます。

■ 補足説明
・商号変更など定款変更に関する事項は、吸収合併契約において定める事項とされておらず、任意的に当該事項を定めることはさしつかえありませんが、当該事項は、吸収合併契約の法的効果に直接関連するものではないことから、債権的効果を有するにすぎず、当該事項を定めたとしても、直ちに吸収合併契約の際に定款変更の効力が生ずるわけではないと考えられています（論点解説680頁参照）。
・吸収合併後に存続会社の商号を変更するときは、吸収合併契約を承認する株主総会の決議とは別に（別議案として）株主総会の決議により始期（吸収合併の効力発生日）付きで定款を変更します（商登ハンド524頁参照）。
・吸収合併後に存続会社の本店を移転するときは、本店について次のとおり所要の手続をし、吸収合併効力発生日までに現実に移転します。
　①　定款に本店の所在場所まで定めている場合にあっては株主総会の決議により始期（吸収合併の効力発生日）付きで定款を変更
　②　定款に本店の所在地まで定めている場合において本店の所在地外に移転する場合にあっては、株主総会の決議により始期（吸収合併の効力発生日）付きで定款を変更し、取締役の過半数の一致（取締役会設置会社に

あっては取締役会の決議）により本店の所在場所を決定
　③　定款に本店の所在地まで定めている場合において本店の所在地内で移転する場合にあっては、取締役の過半数の一致（取締役会設置会社にあっては取締役会の決議）により始期（吸収合併の効力発生日）付きで本店の所在場所を決定
・次の例は、吸収合併による変更、商号の変更、管轄外本店移転（旧本店の所在地宛て管轄外本店移転）の登記の申請書（1／3）、吸収合併による解散の登記の申請書（2／3）、新本店の所在地宛て管轄外本店移転の登記の申請書（3／3）の記載の例です。

株式会社登記申請書（1／3）

（中略）
1．登記の事由　　　吸収合併による変更
　　　　　　　　　　商号変更
　　　　　　　　　　本店移転
1．登記すべき事項　「発行済株式の総数並びに種類及び数」○株
　　　　　　　　　　「原因年月日」平成○年○月○日変更
　　　　　　　　　　「資本金の額」金○万円
　　　　　　　　　　「原因年月日」平成○年○月○日変更
　　　　　　　　　　「吸収合併」平成○年○月○日○県○市○町○丁目○番○号○○株式会社を合併

　　　　　　　　　　「商号」○○株式会社
　　　　　　　　　　「原因年月日」平成○年○月○日変更

　　　　　　　　　　「登記記録に関する事項」平成○年○月○日○県○市○町○丁目○番○号に本店移転
1．課税標準金額　　金○万円
1．登録免許税　　　金○円
　　　　　　　　　　内訳　吸収合併分　金○円
　　　　　　　　　　　　　商号変更分　金3万円
　　　　　　　　　　　　　本店移転分　金3万円
（後略）

株式会社登記申請書（2／3）

（中略）
1．登記の事由　　　吸収合併による解散

```
1．登記すべき事項　平成○年○月○日○県○市○町○丁目○番○号○○株
　　　　　　　　　　式会社に合併し解散
1．登録免許税　　　金3万円
（後略）
```

株式会社登記申請書（3／3）

```
（中略）
1．登記の事由　　　本店移転
1．登記すべき事項　別添CD－Rのとおり
1．登録免許税　　　金3万円
（後略）
```

（参考）　登記の申請・登記所の処理のイメージ

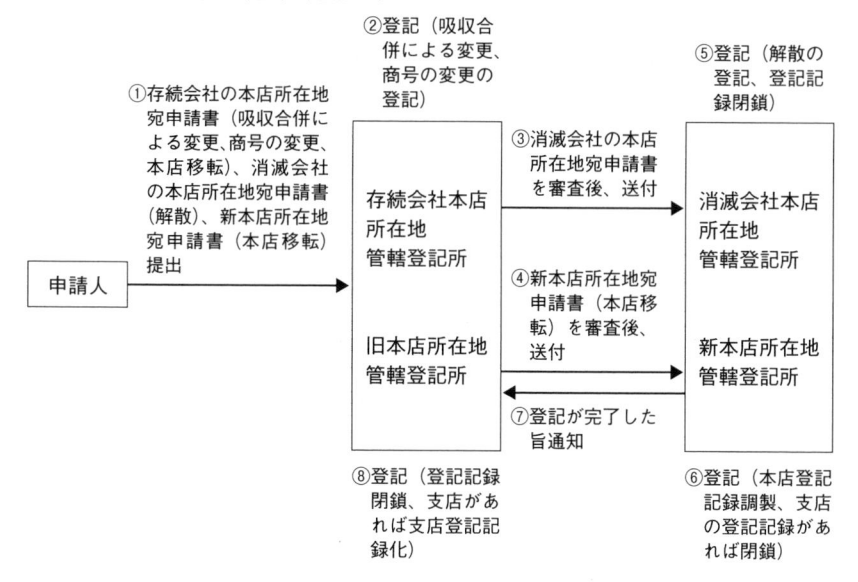

①存続会社の本店所在地宛申請書（吸収合併による変更、商号の変更、本店移転）、消滅会社の本店所在地宛申請書（解散）、新本店所在地宛申請書（本店移転）提出

申請人 → 存続会社本店所在地管轄登記所／旧本店所在地管轄登記所

②登記（吸収合併による変更、商号の変更の登記）

③消滅会社の本店所在地宛申請書を審査後、送付

④新本店所在地宛申請書（本店移転）を審査後、送付

⑤登記（解散の登記、登記記録閉鎖）

消滅会社本店所在地管轄登記所／新本店所在地管轄登記所

⑥登記（本店登記記録調製、支店の登記記録があれば閉鎖）

⑦登記が完了した旨通知

⑧登記（登記記録閉鎖、支店があれば支店登記記録化）

Q57　会社分割で債権者異議手続が不要となる場合はありますか

A　吸収分割または新設分割により吸収分割承継会社または新設分割設立会社に承継される債務について吸収分割会社または新設分割会社（以下

「分割会社」と総称する）が重畳的債務引受を行う旨吸収分割契約書または新設分割計画において定められている場合には、分割会社のすべての債権者に対する債権者異議手続は不要となります（詳解商登（上）1271頁、商登ブック536、549頁参照）。

　なお、分割対価である承継会社または新設会社の株式を分割会社の株主に交付するための剰余金の配当（配当財産が承継会社または新設会社の株式または持分のみであるものに限る）または全部取得条項付種類株式の取得が吸収分割契約書または新設分割計画に定められている場合には、当該配当または取得に際し、分配可能額による制約を受けずに分割会社の会社財産が社外に流出することから、分割会社に債務の履行を請求することができる債権者を含むすべての債権者に対する債権者異議手続が必要です（詳解商登（上）1271頁参照）。

（参考）　分割会社の債権者異議手続（通常の場合）のイメージ

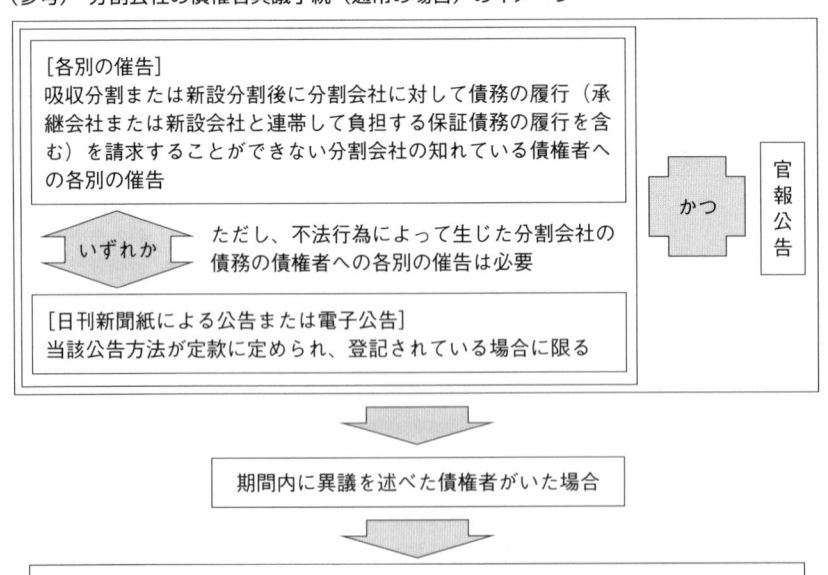

```
┌─────────────────────────────────────┐  ┌──┐
│［各別の催告］                       │  │官│
│吸収分割または新設分割後に分割会社に │  │報│
│対して債務の履行（承継会社または新設 │か│公│
│会社と連帯して負担する保証債務の履行 │つ│告│
│を含む）を請求することができない分割 │  │  │
│会社の知れている債権者への各別の催告 │  │  │
└─────────────────────────────────────┘  │  │
      ↓                                  │  │
   いずれか  ただし、不法行為によって生じた分割会社の
            債務の債権者への各別の催告は必要
      ↓
┌─────────────────────────────────────┐
│［日刊新聞紙による公告または電子公告］│
│当該公告方法が定款に定められ、登記さ │
│れている場合に限る                   │
└─────────────────────────────────────┘
                    ↓
       期間内に異議を述べた債権者がいた場合
                    ↓
┌─────────────────────────────────────┐
│異議を述べた債権者に弁済、相当の担保の供出、弁済目的の信託会社等への財産│
│信託（会社分割をしても当該債権者を害するおそれがないときは不要）      │
└─────────────────────────────────────┘
```

（参考） 債権者異議手続を要しない場合の吸収分割契約書のイメージ

吸収分割契約書

　○○株式会社（以下「甲」という。）と○○株式会社（以下「乙」という。）は、甲の事業の一部を乙が承継する吸収分割について、以下のとおり合意する。

第1条　吸収分割
1　甲及び乙は、甲を吸収分割会社及び乙を吸収分割承継会社として甲の○○部の一部事業を乙に承継させるため、本契約に従い吸収分割（以下「本件分割」という。）を行う。
2　本件分割に係る吸収分割会社及び吸収分割承継会社の商号及び住所は、以下のとおりである。
(1)　吸収分割会社
　　商号　○○株式会社
　　住所　○県○市○町○丁目○番○号
(2)　吸収分割承継会社
　　商号　○○株式会社
　　住所　○県○市○町○丁目○番○号
（中略）
第○条　本件分割により承継する権利義務
1　乙は、本件分割により、別紙「承継権利義務明細表」に記載の資産、負債及び権利義務の全部を、効力発生日において甲より承継する。
2　別紙「承継権利義務明細表」に記載の資産及び負債の評価は、平成○年○月○日現在の貸借対照表その他同日現在の計算を基礎としており、これに効力発生日前日までの増減を加除したうえで確定する。
3　甲から乙に対する債務の承継は、重畳的債務引受の方法による。
（中略）
　平成○年○月○日

　　　　　　　　　　　　　　　　　　甲　○県○市○町○丁目○番○号
　　　　　　　　　　　　　　　　　　　　○○株式会社
　　　　　　　　　　　　　　　　　　　　代表取締役　○○　○○
　　　　　　　　　　　　　　　　　　乙　○県○市○町○丁目○番○号
　　　　　　　　　　　　　　　　　　　　○○株式会社
　　　　　　　　　　　　　　　　　　　　代表取締役　○○　○○

■ 補足説明

・承継会社の債権者に対する債権者異議手続を、不要とすることはできません。

10　嘱託の登記

- 登記は、法令の定めにより、官庁の嘱託（公の機関が事務の便宜その他の事由に基づき他の機関等に一定の行為をすることを依頼すること（法用辞典430頁参照））によりされることがあります。裁判所書記官が嘱託する主な登記は、次のとおりです。

  ① 裁判による登記（会社法）
    - 設立の無効の登記
    - 株式の発行の無効または不存在の登記
    - 新株予約権の発行の無効または不存在の登記
    - 資本金の額の減少の無効の登記
    - 株主総会または種類株主総会の決議の不存在、無効または取消しの登記
    - 役員の判決による解任の登記
    - 一時役員の職務を行うべき者に関する登記
    - 解散命令による登記
    - 組織再編の無効の登記　など

  ② 特別清算に関する裁判による登記（会社法）
  ③ 再生手続に関する登記（民事再生法）
  ④ 更生会社についての登記（会社更生法）
  ⑤ 破産手続に関する登記（破産法）
  ⑥ 役員等の職務執行停止または職務代行者選任の仮処分等の登記（会社法・民事保全法）

- 官庁が登記の嘱託をするときは、登記所に印鑑を提出する必要はありません（詳解商登（上）232頁）。
- 官庁の嘱託によって登記すべき旨の規定がある場合には、当事者の申請により登記することができないのが原則です（詳解商登（上）185頁）。

Q58 仮処分命令がされたときは、登記の嘱託がされますか

A 職務執行停止または職務代行者選任の仮処分命令がされたときは、裁判所書記官によってその登記が嘱託されます（民事保全法第56条）。

（参考） 職務執行停止および職務代行者の登記記録例

役員に関する事項	取締役　　　　　〇〇〇〇	平成〇年〇月〇日就任
		平成〇年〇月〇日登記
	取締役〇〇〇〇の職務執行停止	平成〇年〇月〇日〇〇地方裁判所の決定
		平成〇年〇月〇日登記
	取締役職務代行者　〇〇〇〇	平成〇年〇月〇日〇〇地方裁判所の取締役〇〇〇〇の職務代行者選任
		平成〇年〇月〇日登記

■ 補足説明

・解任されたとされる代表者等が代表者等の地位にあることおよび登記簿上の代表者等がその地位にないこと等を仮に定める内容の仮処分命令があったとき、登記の嘱託はされませんが、解任されたとされる代表者は、当該仮処分命令書を添付して、代表者等の退任の登記および就任の登記の抹消を申請することができます（平成15年5月6日民商第1405号法務省民事局商事課長通知（登情504号132頁））。

Q59 刑事事件の有罪が確定したときは、登記の嘱託がされますか

A 商業登記に係る刑事事件について有罪判決が確定しても、登記の嘱託はされません。

■ 補足説明

・刑事訴訟において没収の判決がありその通知があった場合または偽造・変造・公正証書原本不実記載の判決があり刑事訴訟法第498条第2項の規定による検察官から登記所に通知があった場合には、訴えをもってのみその無効を主張することができる場合を除き、登記官は、商業登記法第135条から第137条までの規定により職権で登記の抹消手続を行います（昭和44年3月18日民事甲第438号法務省民事局長回答、詳解商登（上）310頁参照）。

Q60 再生会社が株式を発行したときは、登記の嘱託がされますか

A 民事再生法による再生計画認可の決定がされている株式会社が募集株式を発行したとき、登記の嘱託はされません。この場合には、当該会社が募集株式の発行による変更の登記の申請をします。

■ 補足説明

・再生会社の募集株式の発行に関しては、次のとおり取り扱われます。
　① 裁判所の許可を得て、再生計画に募集株式（譲渡制限株式に限る）を引き受ける者の募集に関する条項を定めることができます（民事再生法第154条第4項）。募集株式の発行による変更の登記の申請書には、再生計画認可の裁判書の謄本または抄本を添付しなければなりません（民事再生法第183条の2第3項）。
　② 募集事項（97頁【詳細情報27】）については、株主総会の決議を要せず、取締役の過半数の一致により決定（取締役会設置会社にあっては取締役会決議）することができます（民事再生法第183条の2第1項）。
　③ 株主総会や取締役会で、募集株式の割当ての決定をする必要はありません（民事再生法第183条の2第1項）。
・更生計画の遂行により更生手続終了前に更生会社について登記すべき事項が生じた場合（募集株式の発行による変更の登記が必要となる場合など）には、裁判所書記官が登記を嘱託します（会社更生法第261条第1項。詳解商登（上）1371頁参照）。

11　更正の登記

- 登記に錯誤または遺漏があるときは、当事者は、その登記の更正を申請することができます（商登法第132条第1項）。
- 更正の申請書には、氏、名または住所の更正を除き、錯誤または遺漏があることを証する書面を添付しなければなりません（商登法第132条第2項）。
- 錯誤または遺漏があることが登記所に保存されている（170頁Q77）その登記の申請書または添付書面により明らかであるときは、錯誤または遺漏があることを証する書面の添付を要しません。この場合には、更正の申請書にその旨を記載します（商登規第98条）。〔申請書の添付書面の項目に「錯誤（または遺漏）があることを証する書面は登記所に保存されている申請書（または添付書面）により明らかであるので、添付省略」などと記載します。〕
- 登記官は、登記に錯誤または遺漏があることを発見したときは、遅滞なく、登記をした者にその旨を通知するとされています（商登法第132条第1項）。ただし、その錯誤または遺漏が登記官の過誤によるときは、登記官が職権で登記の更正【詳細情報36】をします。
- 登記が真実の実体関係に合致しない場合において、登記に表示された実体関係が不存在または無効であって、その登記をすべて抹消する必要があるときは、抹消の手続によるべきであって、更正の手続によるべきではありません（詳解商登（上）268頁）。
- 閉鎖した登記記録または抹消する記号が記録された登記事項については、登記の更正を申請する必要はありません。

詳細情報36	登記官の職権更正とは？

　登記官が登記に錯誤または遺漏があることを発見した場合または申請人等からその旨申出があった場合において、登記所に保存されているその登記の

第3章　商業登記の申請について登記の種類ごとに知りたいとき　141

申請書および添付書面により、申請に錯誤または遺漏がなく、その錯誤または遺漏が登記官の過誤によるものであることが判明したときは、登記官は、遅滞なく、監督法務局または地方法務局の長の許可を得て、職権で登記の更正をします（商登法第132条第1項）。

錯誤または遺漏が登記官の過誤によるとは、登記官が申請書の記載に従って登記をしなかったため登記に錯誤があることとなった場合です。申請書の記載と添付書面の記載に食い違いがあった場合において、登記官がそれを看過して申請書に従って登記したため登記に錯誤を生じることとなったときは、その錯誤は、申請人の過誤によって生じたものであって、登記官は申請書の記載と添付書面の記載のいずれが真実であるかは判断することができないので、商業登記法第133条第2項の規定による職権の更正をすることはできません（詳解商登（上）283頁参照）。

申請による更正の登記がされる場合には、登記の年月日の記録にかえて「平成○年○月○日更正」と記録されますが、職権により登記の更正がされるときは、原因の年月日の記録にかえて「平成○年○月○日許可」と、登記の年月日の記録にかえて「平成○年○月○日登記官の過誤につき更正」と記録されます（商準則第62条）。

また、登記の更正がされる場合において、その登記により抹消する記号が記録された登記事項があり、登記が回復されるときは「平成○年○月○日更正により回復」と記録されます（商準則第63条）。

なお、登記官を監督する法務局または地方法務局の長の包括的な許可に基づき、登記の完了後1週間以内に、登記官が職権更正の登記をするときは、履歴事項証明書および閉鎖事項証明書の記載事項から登記の更正により抹消する記号を記録された登記事項およびその登記により抹消する記号を記録された登記事項を除くための処理が行われ、当該登記事項証明書には、上記により記録した事項は記載されません（平成17年3月2日民商第502号法務省民事局長通達の記の第三（登研689号188頁））。

Q61 管轄外本店移転後に重任日を更正することはできますか

A 次の条件をすべて満たすときは、管轄外本店移転により登記された取締役の重任日を更正することができます（平成19年12月14日民商第2722号法

務省民事局商事課長通知（登インター100号166頁、詳解商登（上）273頁））。
① 更正の申請書に錯誤があることを証する書面（145頁【詳細情報37】）が添付されていること。
② 更正後の取締役の重任日が更正の登記の対象となる登記の登記日以前の日であること。〔後の日であるときは、抹消の登記および重任による変更の登記を申請します。〕
③ 閉鎖した登記記録または抹消する記号が記録された登記事項でないこと。

（参考） 更正の登記後の登記記録の例

役員に関する事項	取締役　〇〇〇〇	平成〇年〇月〇日重任
		平成〇年〇月〇日重任
		平成〇年〇月〇日更正

（参考） 抹消の登記後の登記記録の例

役員に関する事項	取締役　〇〇〇〇	平成〇年〇月〇日重任
		平成〇年〇月〇日重任 登記抹消
		平成〇年〇月〇日更正
	取締役　〇〇〇〇	平成〇年〇月〇日重任
		平成〇年〇月〇日更正 により回復

Q62　退任した取締役の就任日を更正することはできますか

A　退任の登記をした取締役の就任日を更正することはできません（平成19年12月14日民商第2722号法務省民事局商事課長通知（登インター100号166

頁、詳解商登（上）273頁））。

■ 補足説明

・取締役の退任に無効の原因があり、抹消の登記がされたときは、当該取締役の登記が回復されるため、取締役の就任日を更正することができます。ただし、次の条件をすべて満たす必要があります。

① 更正の申請書に錯誤があることを証する書面【詳細情報37】が添付されていること。

② 更正後の取締役の就任日が更正の登記の対象となる登記の登記日以前の日であること。〔後の日であるときは、抹消の登記および就任による変更の登記を申請します。〕

（参考）　取締役の就任の登記の是正の方法のイメージ

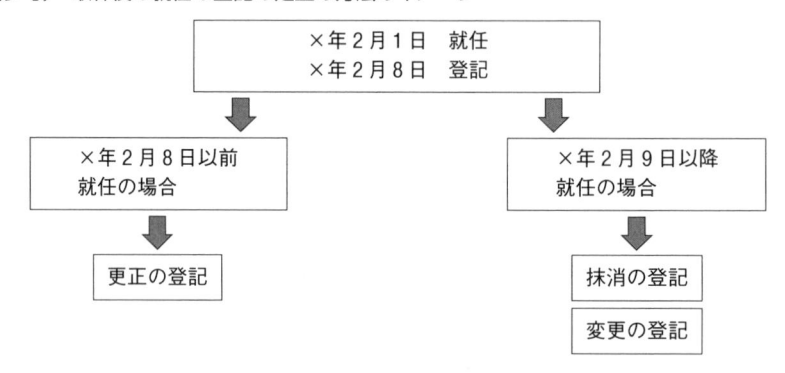

```
            ┌─────────────────────┐
            │  ×年2月1日　就任     │
            │  ×年2月8日　登記     │
            └─────────────────────┘
              ↓                    ↓
    ┌─────────────┐        ┌─────────────┐
    │ ×年2月8日以前 │        │ ×年2月9日以降 │
    │ 就任の場合    │        │ 就任の場合    │
    └─────────────┘        └─────────────┘
          ↓                        ↓
     ┌──────────┐            ┌──────────┐
     │ 更正の登記 │            │ 抹消の登記 │
     └──────────┘            └──────────┘
                              ┌──────────┐
                              │ 変更の登記 │
                              └──────────┘
```

Q63 │ 計算を誤った資本金の額を更正することはできますか

A　計算を誤り資本金の額を多く登記した場合は、当該登記後にさらに資本金の額の変更の登記がされているときを除き、当該資本金の額の更正の登記を申請することができます（平成19年12月3日民商第2585号法務省民事局商事課長回答（登インター100号164頁、詳解商登（上）272頁））。

　当該登記の更正を申請するときは、錯誤があったことを証する書面【詳細情報37】の添付を要しますが、債権者異議手続は不要と考えられるので、債

権者異議手続関係書面の添付は要しません。

■ 補足説明

・計算を誤り資本金の額を少なく登記した場合は、当該登記後にさらに資本金の額の変更の登記がされているときを除き、当該資本金の額の登記の抹消および資本金の額の変更の登記を申請することができます。この場合の登録免許税の額は、抹消の登記分につき2万円（登免法別表第一第24号（一）ナ）、資本金の額の増加の登記分につき変更後の資本金の額から抹消前の資本金の額を控除した額の1,000分の7（これによって計算した税額が3万円に満たないときは3万円（登免法別表第一第24号（一）ニ））で足ります（平成19年12月3日民商第2583号法務省民事局商事課長回答（登インター100号162頁、詳解商登（上）272頁））。
・登記の抹消および変更の登記を申請するときは、登記された事項につき無効の原因があることを証する書面【詳細情報38】の添付を要します。

詳細情報37	錯誤または遺漏があることを証する書面とは？

錯誤または遺漏があることを証する書面と更正の対象となる登記の申請書または添付書面の記載とが矛盾するときは、後者の記載が真実であることが形式上判明するように、たとえば、更正の対象となる登記の申請書または添付書面の作成者が更正の登記の申請書の添付書面を作成するなどが必要です（詳解商登（上）279頁参照）。

詳細情報38	登記された事項につき無効の原因があることを証する書面とは？

まず、登記事項が一定の法律関係を基礎としている場合において、その法律関係の当事者間において法律関係の無効を確認する判決が確定したときの判決の謄本（確定証明書付き）が該当します。また、裁判上の和解、請求の認諾等確定判決と同一の効力を有する行為が当事者間で行われたときの和解調書または認諾調書等の謄本も該当します（詳解商登（上）303頁参照）。
私人の作成した書面については、抹消の対象となる登記の申請書の添付書

面の記載と矛盾することが多く、登記官において、そのいずれが真実であるか実質的審査をすることができないから、無効の原因があることを証する形式的な要件を備えている必要があります（詳解商登（上）303頁参照）。たとえば、登記された事項につき無効の原因があることを証する書面（以下本項において「無効原因証書」という）の作成者等（作成者のほかに記名押印者があるときは、これらの者を含む）が、抹消の対象となる登記の申請の添付書面の作成者と異なる場合（作成者等が複数ある場合において、作成者等の一部が異なるときを含む）またはこれらの作成者等は異ならないがこれらの作成者等の印鑑の全部もしくは一部が異なる場合（無効原因証書に登記所に提出している印鑑が押印され、またはこれに押印した印鑑に係る市区町村長の作成した印鑑証明書が添付されているときを除く）は、抹消の申請は却下されます（平成24年4月3日民商第898号法務省民事局長通知（詳解商登（上）306頁））。

（参考）　無効原因証書のイメージ

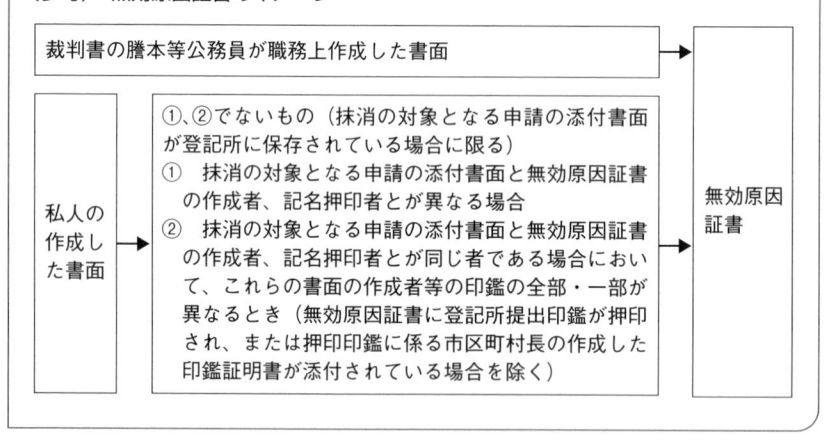

裁判書の謄本等公務員が職務上作成した書面		無効原因証書
私人の作成した書面	①、②でないもの（抹消の対象となる申請の添付書面が登記所に保存されている場合に限る） ① 抹消の対象となる申請の添付書面と無効原因証書の作成者、記名押印者とが異なる場合 ② 抹消の対象となる申請の添付書面と無効原因証書の作成者、記名押印者とが同じ者である場合において、これらの書面の作成者等の印鑑の全部・一部が異なるとき（無効原因証書に登記所提出印鑑が押印され、または押印印鑑に係る市区町村長の作成した印鑑証明書が添付されている場合を除く）	

12 抹消の登記

・登記が下表の抹消事由のいずれかに該当するときは、当事者はその登記の抹消を申請することができます（商登法第134条第1項）。

号	（参考）却下事由 （商登法第24条）	抹消事由 （商登法第134条）	号
1	申請に係る当事者の営業所の所在地が当該申請を受けた登記所の管轄に属しないとき		1
2	申請が登記すべき事項以外の事項の登記を目的とするとき		1
3	申請に係る登記がその登記所においてすでに登記されているとき		1
4	申請の権限を有しない者の申請によるとき		
5	第21条第3項に規定する場合において、当該申請に係る登記をすることにより同項の登記の申請書のうち他の申請書に係る登記をすることができなくなるとき		1
6	申請書がこの法律に基づく命令またはその他の法令の規定により定められた方式に適合しないとき		
7	第20条の規定による印鑑の提出がないとき、または申請書、委任による代理人の権限を証する書面もしくは第30条第2項もしくは第31条第2項に規定する譲渡人の承諾書に押された印鑑が第20条の規定により提出された印鑑と異なるとき		
8	申請書に必要な書面（第19条の2に規定する電磁的記録を含む）を添付しないとき		
9	申請書またはその添付書面（第19条の2に規定する電磁的記録を含む。以下同じ）の記載または記録が申請書の添付書面または登記簿の記載または記録と合致しないとき		

10	登記すべき事項につき無効または取消しの原因があるとき	登記された事項につき無効の原因があること。ただし、訴えをもってのみその無効を主張することができる場合を除く	2
11	申請につき経由すべき登記所を経由しないとき		
12	同時にすべき他の登記の申請を同時にしないとき		
13	申請が第27条の規定により登記することができない商号の登記を目的とするとき		
14	申請が法令の規定により使用を禁止された商号の登記を目的とするとき		
15	商号の登記を抹消されている会社が商号の登記をしないで他の登記を申請したとき		
16	登録免許税を納付しないとき		

（注） 商業登記法第24条に定める登記の申請の却下事由のうち、登記の抹消事由は、一部のみです。また、商業登記法第50条第1項、第52条第1項、第78条第3項、第83条第1項、第88条第1項および第92条第1項に定める却下事由は、登記の抹消事由ではありません。

・抹消の申請書には、氏、名または住所の抹消を除き、登記された事項につき無効の原因があることを証する書面（145頁【詳細情報38】。以下本項において「無効原因証書」という）を添付しなければなりません（商登法第134条第2項、第132条第2項）。なお、登記された事項につき無効の原因があることが登記所に保存されている（170頁Q77）その登記の申請書または添付書面により明らかであるときは、抹消の申請書には、無効原因証書の添付を要しません。この場合には、抹消の申請書にその旨を記載します（商登規第100条第3項、第98条）。〔申請書の添付書面の項目に「無効の原因があることを証する書面は登記所に保存されている申請書（または添付書面）により明らかであるので、添付省略」などと記載します。〕
・登記官は、登記が抹消事由のいずれかに該当することを発見したときは、

登記をした者に、1月を超えない一定の期間内に書面で異議を述べないときは登記を抹消すべき旨を通知しなければならないとされ、登記官は、異議を述べた者がないとき、または異議を却下したときは、職権で登記を抹消しなければならないとされています（商登法第135条第1項、第137条）。

・職権による抹消は、登記された事項について無効の原因があることが確実に判断することができる場合に限られるから、たとえば、添付書面の記載に欠けるところがあるため無効の原因があるのではないかと疑われるような場合においても、それだけでは抹消することができません（詳解商登（上）309頁）。

・刑事訴訟において没収の判決があって登記所にその通知があった場合または偽造・変造・公正証書原本不実記載の判決があって刑事訴訟法第498条第2項の規定による検察官から登記所に通知があった場合には、登記官が登記された事項に無効の原因があることを発見したときに当たるので、登記官は、商業登記法第135条から第137条までの規定により職権で登記の抹消手続を行います（昭和44年3月18日民事甲第438号法務省民事局長回答（詳解商登（上）314頁）、詳解商登（上）310頁参照）。

　なお、設立、株式の発行等訴えをもってのみその無効を主張することができる登記がされている場合には、上記通知があっても、登記官は、職権で登記の抹消手続を行うことはできません（昭和38年12月23日民事甲第3257号法務省民事局長回答（詳解商登（上）315頁）、詳解商登（上）310頁参照）。

・本店および支店の所在地において登記すべき事項の登記については、本店の所在地においてした登記にのみ職権抹消手続（商登法第135条〜第137条）が適用されます（商登法第138条第1項本文）。この場合において、登記を抹消したときは、登記官はその旨を支店の所在地の登記所に通知し、通知を受けた登記官は、登記を抹消するとされています（商登法第138条第2項、第3項）。支店の所在地における登記のみにつき抹消の事由があるときは、支店の所在地においてした登記に職権抹消手続が適用されます（商登法第138条第1項ただし書）。

・閉鎖した登記記録または抹消する記号が記録された登記事項については、登記の抹消を申請する必要はありません。

Q64 無権限者が申請した登記を抹消することはできますか

A 申請の権限がない者の申請によって登記がされたのみでは、抹消事由（商登法第134条第1項）に当たらないので、他に抹消事由に当たる事由がなければ、その登記の抹消を申請することはできません。

■ 補足説明

・他に抹消事由に当たる事由があれば、無効原因証書を添付することができるときにあってはその登記の抹消を申請することができ、また、職権抹消手続（商登法第135条～第137条）により、抹消されることもあります。
・なお、たとえば、株主総会の決議した事由により登記がされた場合において株主総会の決議が存在しないことまたは株主総会の決議の内容が法令に違反することを理由として当該決議が無効であることの確認の訴えに係る請求を認容する判決が確定したときは、裁判所書記官はその登記の嘱託をするとされています（会第937条第1項第1号）。

（参考） 申請の権限がない者による登記の抹消のイメージ

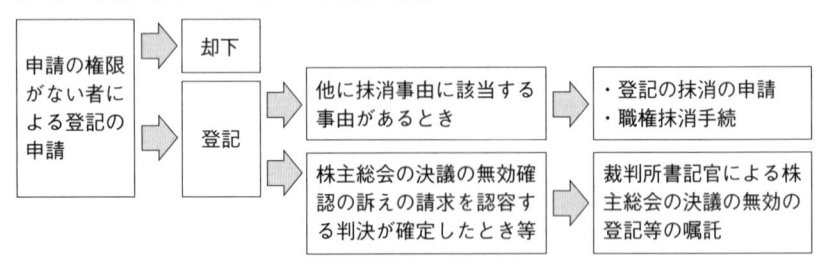

申請の権限がない者による登記の申請	→	却下			
	→	登記	→	他に抹消事由に該当する事由があるとき	→ ・登記の抹消の申請 ・職権抹消手続
			→	株主総会の決議の無効確認の訴えの請求を認容する判決が確定したとき等	→ 裁判所書記官による株主総会の決議の無効の登記等の嘱託

Q65 取締役の解任の登記を抹消することはできますか

A 取締役の解任に係る株主総会の決議が無効であることの確認の訴えが提起され、その訴えに係る請求を認容する判決が確定したときは、裁判所書記官は、その登記を嘱託します（会第937条第1項第1号ト(1)）。当該登記を

するときは、登記官は、解任の登記を抹消する記号を記録し、抹消する記号が記録された登記を回復します（商登規第66条第1項）。

同時に取締役の就任の登記がされているときの対応については、253頁Q122参照。

■ 補足説明
・取締役を解任されたとされる代表取締役等が代表取締役等の地位にあることおよび登記簿上の代表取締役等がその地位にないこと等を仮に定める内容の仮処分命令があったときは、取締役を解任されたとされる代表取締役は、会社を代表して、代表取締役等の退任の登記および就任の登記の抹消を申請することができます（平成15年5月6日民商第1405号法務省民事局商事課長通知（登情504号132頁））。
・取締役の解任の登記に係る無効原因証書（145頁【詳細情報38】）を私人が作成することは困難であるため、私人が作成した無効原因証書を添付して取締役の解任の登記を抹消することができる場面は通常ありません。

Q66 | 管轄外本店移転の登記を抹消することはできますか

A　無効原因証書（145頁【詳細情報38】）を添付することができるときは、会社の代表者が管轄外本店移転の登記の抹消を申請することができます。

■ 補足説明
・管轄外本店移転の登記の抹消を申請するときは、旧本店の所在地を管轄する登記所に、旧本店の所在地宛ての本店移転の登記の抹消の申請書と現本店の所在地宛ての本店移転の登記の抹消の申請書を同時に提出します（詳解商登（上）612頁参照、昭和45年3月2日民事甲第875号法務省民事局長回答（詳解商登（上）614頁））。
・旧本店の所在地を管轄する登記所宛ての本店移転の登記の抹消の申請書に添付する無効原因証書には、たとえば、本店移転に係る定款変更を決議した株主総会の議事録の記載に錯誤があるときは、登記所に保存されている

当該議事録に押印している議事録署名人全員が作成した錯誤により作成されたものであることを証する書面に当該議事録に押印した印鑑を押印したもの（当該印鑑を押印することができないときは、市区町村に提出した印鑑を押印し、市区町村長の作成した印鑑証明書を添付したものを添付）などが当たります。

・当該登記の申請がされると、旧本店の所在地を管轄する登記所において両申請が審査され、却下事項がなければ現本店の所在地宛ての申請書が現本店の所在地を管轄する登記所に送付されます。現本店の所在地において抹消の登記がされたときは、管轄内に支店があるときを除き、当該登記記録は閉鎖され、旧本店の所在地を管轄する登記所に登記が完了した旨通知されます。旧本店の所在地においては、登記官は閉鎖した登記記録を復活し、本店移転の登記を抹消する記号を記録し、抹消する記号が記録された旧本店の所在地の登記を回復します（商登規第66条第1項）。

・本店移転に係る株主総会の決議が無効であることの無効の訴えが提起され、その訴えに係る請求を認容する判決が確定したときは、裁判所書記官は、その登記の嘱託をします（会第937条第1項第1号ト(1)）。

（参考）　管轄外本店移転の登記の抹消の申請・登記所の処理のイメージ

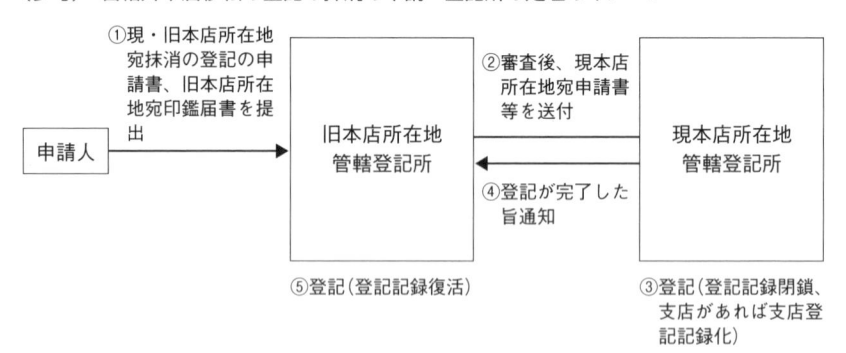

```
                  ①現・旧本店所在地
                  宛抹消の登記の申         ②審査後、現本店
                  請書、旧本店所在         所在地宛申請書
                  地宛印鑑届書を提         等を送付
                  出
  ┌──────┐       ┌──────────┐ ──────────→ ┌──────────┐
  │申請人│ ────→│旧本店所在地│              │現本店所在地│
  └──────┘       │管轄登記所  │              │管轄登記所  │
                  └──────────┘ ←────────── └──────────┘
                                    ④登記が完了した
                                    旨通知

                  ⑤登記（登記記録復活）      ③登記（登記記録閉鎖、
                                              支店があれば支店登
                                              記記録化）
```

第 **4** 章

印鑑の提出や
印鑑カードについて知りたいとき

1　印鑑の提出の方法・内容

・印鑑届書に押印する印鑑および添付書面の主な例は、それぞれ次のとおりです。

印鑑（改印）届書

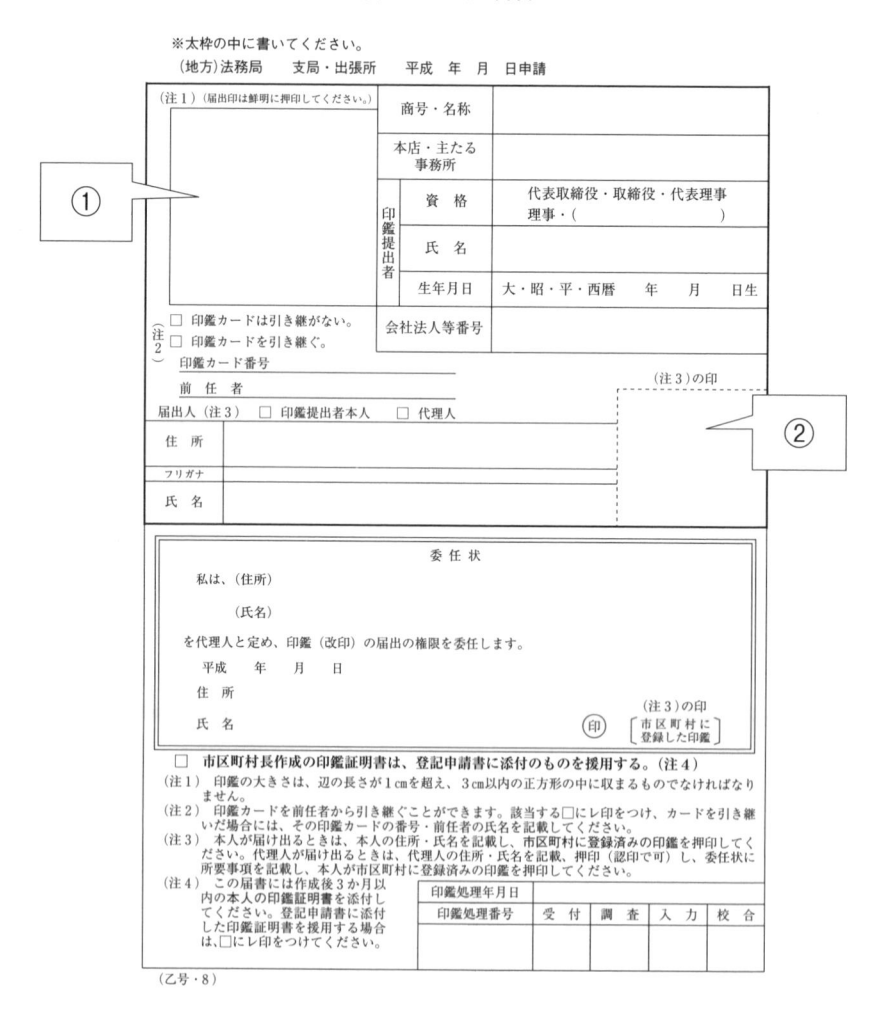

※太枠の中に書いてください。

（地方）法務局　　支局・出張所　　平成　年　月　日申請

（注1）（届出印は鮮明に押印してください。）

印鑑提出者	商号・名称	
	本店・主たる事務所	
	資　格	代表取締役・取締役・代表理事理事・（　　　　　　）
	氏　名	
	生年月日	大・昭・平・西暦　　年　月　日生
	会社法人等番号	

① （印鑑押印欄）

（注2）
□ 印鑑カードは引き継がない。
□ 印鑑カードを引き継ぐ。
印鑑カード番号

前任者
届出人（注3）　□ 印鑑提出者本人　□ 代理人

住　所
フリガナ
氏　名

（注3）の印　②

委任状

私は、（住所）

　　　　（氏名）

を代理人と定め、印鑑（改印）の届出の権限を委任します。

平成　年　月　日

住　所

氏　名　　　　　　　　　　　　　㊞　（注3）の印
　　　　　　　　　　　　　　　　　　市区町村に登録した印鑑

□ 市区町村長作成の印鑑証明書は、登記申請書に添付のものを援用する。（注4）

（注1）印鑑の大きさは、辺の長さが1cmを超え、3cm以内の正方形の中に収まるものでなければなりません。
（注2）印鑑カードを前任者から引き継ぐことができます。該当する□にレ印をつけ、カードを引き継いだ場合には、その印鑑カードの番号・前任者の氏名を記載してください。
（注3）本人が届け出るときは、本人の住所・氏名を記載し、市区町村に登録済みの印鑑を押印してください。代理人が届け出るときは、代理人の住所・氏名を記載、押印（認印で可）し、委任状に所要事項を記載し、本人が市区町村に登録済みの印鑑を押印してください。
（注4）この届書には作成後3か月以内の本人の印鑑証明書を添付してください。登記申請書に添付した印鑑証明書を援用する場合は、□にレ印をつけてください。

印鑑処理年月日				
印鑑処理番号	受付	調査	入力	校合

（乙号・8）

左図①に押印する印鑑を提出する者	左図②に押印する印鑑 (注4)	添付書面（商登規第9条第5項）
株式会社の代表取締役・代表執行役 (注1)	市区町村に登録した印鑑	左記印鑑に係る市区町村長の作成した印鑑証明書（作成後3月以内のもの）(156頁【詳細情報39】)
合同会社の法人である代表社員の職務執行者（当該法人の代表者であるとき）(注2)	法人代表者が登記所に提出した印鑑	登記所の作成した法人代表者の資格を証する書面・印鑑証明書（作成後3月以内のもの）(注5)(156頁【詳細情報40】)
合同会社の法人である代表社員の職務執行者（当該法人の代表者でないとき）(注3)	任意の印鑑（認印等）	法人の代表者が登記所に提出した印鑑を押印し、左図①の印鑑が職務執行者の印鑑であることを保証した書面・登記所の作成した法人代表者の印鑑証明書（作成後3月以内のもの）(注5)
会社の支配人	任意の印鑑（認印等）	会社の代表者が登記所に提出した印鑑を押印し、左図①の印鑑が支配人の印鑑であることを保証した書面

（注1） 株式会社の代表清算人、特例有限会社を代表する取締役・清算人、持分会社を代表する社員（法人以外）・清算人（法人以外）も同じです。

（注2） 持分会社を代表する社員・清算人、管財人等（商登規第9条第1項第5号に規定する管財人等をいう）の職務執行者（当該法人の代表者であるとき）も同じです。

（注3） 持分会社を代表する社員・清算人、管財人等（商登規第9条第1項第5号に規定する管財人等をいう）の職務執行者（当該法人の代表者でないとき）も同じです。

（注4） 代理人が印鑑届書を提出するときは、委任状に押印する印鑑です。②には代理人の任意の印鑑（認印等）を押印します。

（注5） 代表者である法人の本店または主たる事務所の所在地を管轄する登記所であるときは、添付を要しません。

（参考） 保証書の作成例（職務執行者）

保証書

[提出する印鑑]
商号　○○合同会社
本店　○県○市○町○丁目○番○号
代表社員　○○株式会社
　　○県○市○町○丁目○番○号
職務執行者　○○　○○
生年月日　昭和○年○月○日

　上記印鑑が当社職務執行者○○○○の印鑑に相違ないことを保証します。

平成○年○月○日
商号　○○株式会社
本店　○県○市○町○丁目○番○号
代表取締役　○○　○○　㊞
登記所提出印鑑

（参考）保証書の作成例（支配人）

保証書

[提出する印鑑]
商号　○○株式会社
本店　○県○市○町○丁目○番○号
支配人を置いた営業所
　　○県○市○町○丁目○番○号
支配人　○○　○○
生年月日　昭和○年○月○日

　上記印鑑が当社支配人○○○○の印鑑に相違ないことを保証します。

平成○年○月○日
商号　○○株式会社
本店　○県○市○町○丁目○番○号
代表取締役　○○　○○　㊞
登記所提出印鑑

- 登記所に提出する印鑑の大きさは、辺の長さが1センチメートルの正方形に収まるものまたは辺の長さが3センチメートルの正方形に収まらないものであってはならず（商登規第9条第3項）、また、印鑑は照合に適するもの（変形等しないもの）でなければなりません（商登規第9条第4項）。
- 同一会社の者が提出した印鑑と同じ印鑑を提出することはできません（昭和43年1月19日民事甲第207号法務省民事局長回答（詳解商登（上）223頁））。
- 印鑑の改印または廃止は、改印届書または印鑑廃止届書を提出して、いつでもすることができます（258頁第7章6）。

詳細情報39	印鑑届書への市区町村長の作成した印鑑証明書の添付とは？

　印鑑届書（代理人が提出する場合には委任状）に押印した印鑑に係る市区町村長の作成した印鑑証明書（作成後3月以内のもの）を添付することです。
　なお、印鑑届書の添付書面である印鑑証明書が同時に提出した登記の申請書の添付書面となっているときは、印鑑届書に「市区町村長作成の印鑑証明書は、登記申請書に添付のものを援用する」旨記載（登記所が配付し、法務省ホームページが掲示している印鑑届書を使用するときは、チェックボックスにチェック）して、添付を省略することができます。

詳細情報40	登記所の作成した資格を証する書面および印鑑証明書の添付とは？

　いずれも作成後3月以内のものです（商登規第9条第5項）。
　登記所の作成した資格を証する書面には、代表者事項証明書、履歴事項全部証明書、現在事項全部証明書、履歴事項一部証明書（役員区または社員区が記載されているもの）、現在事項一部証明書（役員区または社員区が記載されているもの）が該当します。
　印鑑を提出する登記所が代表社員である法人の本店または主たる事務所の所在地を管轄する登記所であるときは、資格を証する書面および印鑑証明書の添付を要しません（商登規第9条第5項）。
　なお、登記所の作成した印鑑証明書については、印鑑届書以外にも印鑑に

関する届書や登記の申請書の添付書面になっているものがあります（商登法第87条第3項、商登規第9条第10項）。

Q67 代理人が印鑑を提出することはできますか

A 代理人が印鑑の提出（159頁【詳細情報41】）をすることはできます。

■ 補足説明

・たとえば、株式会社の代表取締役が代理人に印鑑の提出をさせるときは、印鑑届書に市区町村に登録している印鑑を押印した委任状および当該印鑑に係る市区町村長が3月以内に作成した印鑑証明書を添付します。なお、登記所が配付し、法務省ホームページが掲示している印鑑届書（154頁第4章1）には、委任状の様式が組み込まれています。

Q68 印鑑の提出を郵送ですることはできますか

A 印鑑の提出（159頁【詳細情報41】）を郵送ですることはできます。

■ 補足説明

・印鑑届書を郵送する際に、印鑑カード交付申請書および印鑑証明書交付申請書（所要の額の収入印紙を貼付）に送付先を記載した返信用封筒および郵便切手（書留郵便等配達が記録される郵便を推奨）を同封して、印鑑カードおよび印鑑証明書の送付の請求をすることもできます。〔管財人等（商登規第9条第1項第5号に規定する管財人等をいう）の職務執行者が印鑑カード交付申請書および印鑑証明書交付申請書を送付するときは、当該管財人等である法人の登記事項証明書で作成後3月以内のものも添付しなければなりません（商登規第9条の4第2項、第22条第1項）。ただし、当該法人の本店または主たる事務所の所在地を管轄する登記所に請求するときは、不要です。〕

第4章 印鑑の提出や印鑑カードについて知りたいとき

（参考） 送付による印鑑の提出および印鑑カード・印鑑証明書の送付請求イメージ

○印鑑の提出のみの場合

| 印鑑提出者（代理人） | 印鑑届書 | →①送付→ | 管轄登記所 |

○印鑑の提出＋印鑑カードの送付請求の場合

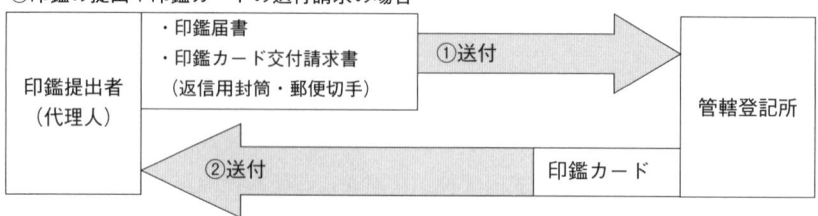

印鑑提出者（代理人） → ・印鑑届書 ・印鑑カード交付請求書（返信用封筒・郵便切手） ①送付→ 管轄登記所
←②送付 印鑑カード

○印鑑の提出＋印鑑カード・印鑑証明書の送付請求の場合

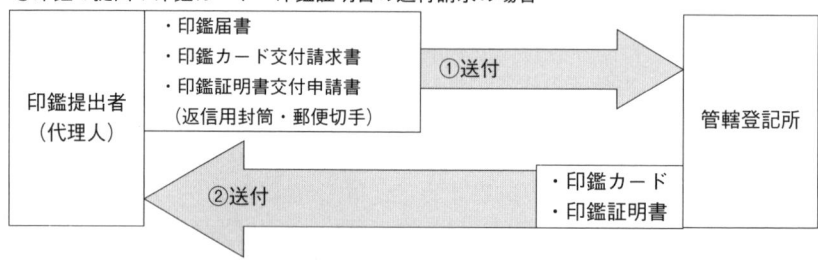

印鑑提出者（代理人） → ・印鑑届書 ・印鑑カード交付請求書 ・印鑑証明書交付申請書（返信用封筒・郵便切手） ①送付→ 管轄登記所
←②送付 ・印鑑カード ・印鑑証明書

Q69 印鑑の提出をインターネットですることはできますか

A 印鑑の提出（159頁【詳細情報41】）をインターネットですることはできません。会社の本店の所在地を管轄する登記所（商業・法人登記事務の集中化を実施している局においては、登記の申請に伴う印鑑の提出を除き、局内の他の商業登記所（15頁Ｑ６）またはアクセス登記所（10頁【耳寄りな情報２】）を含む）に印鑑届書およびその添付書面を持参し、または郵送しなければなりません。

2　印鑑の提出の要否

・会社の本店の所在地における登記の申請書（代理人が申請する場合には委任状）に押印すべき者は、登記所にその印鑑を提出【詳細情報41】しなければなりません（商登法第20条）。

（参考）　印鑑の提出の要否等

すでに印鑑を提出している者および外国人を除く	登記の申請をする会社の代表者	要
	新本店所在地において管轄外本店移転の登記の申請をする者	
	組織変更、種類の変更、特例有限会社の通常の株式会社への移行による設立の登記の申請をする者	
会社の代表者（登記の申請をしない者）		任意
支配人、保全管理人、破産管財人（登記の申請をしない者）、管財人（登記の申請をしない者）、承認管財人（登記の申請をしない者）		
登記の申請をする外国人（160頁Q71）		
登記を嘱託する者（裁判所書記官等）		
すでに印鑑を提出している者	当該者の再任（退任・就任または重任）による変更の登記の申請をする者	不要
	商号変更・本店移転・氏名変更の登記または商号・本店・当該者の氏名の更正の登記の申請をする者	
	管轄転属（189頁【詳細情報47】）または事務委任（190頁【詳細情報48】）により本店の所在地を管轄する登記所が変更した会社の代表者	

詳細情報41	印鑑の提出とは？

　商業登記規則第9条第1項において、印鑑の提出は、当該印鑑を明らかにした書面もってしなければならないとされています。これは、届出印欄に届け出る印鑑を押印した印鑑届書をもって印鑑の提出をしなければならないという趣旨です（福本修也＝中垣治夫「改正商業登記規則の解説」民月54巻4

号13頁）。
　登記所に印鑑そのものを提出することではありません。

Q70 複数の印鑑を提出することはできますか

A 同じ資格（代表取締役等）において、複数の印鑑を提出（159頁【詳細情報41】）することはできません。

■ 補足説明
・同一会社の複数の営業所の支配人である者は、営業所ごとに印鑑を提出します。なお、支配人の印鑑の提出は任意です。
・複数の会社の代表者である者は、会社ごとに印鑑を提出します。なお、登記の申請をしない代表者の印鑑の提出は任意です。

Q71 外国人が登記を申請するとき、印鑑の提出が必要ですか

A 外国人が登記を申請するとき、印鑑を提出（159頁【詳細情報41】）する必要はありません。ただし、印鑑を提出しない場合には、本店の所在地における登記または外国会社の登記の申請書（代理人が申請する場合には委任状。以下本問において同じ）にした署名が本人のものであることの本国官憲の証明書とその訳文（109頁【詳細情報30】）を添付する必要があります（昭和48年1月29日民四第821号法務省民事局長通達（登解139号92頁））。

■ 補足説明
・外国人は印鑑を提出【耳寄りな情報11】することもでき、
　① 後日登記の申請をするときは、申請書または委任状にした署名が本人ものであることの本国官憲の証明を受ける必要がない
　② 印鑑証明書の交付を請求することができる
　③ 電子認証登記所の電子証明書（211頁第6章2）の発行を請求すること

ができる

などのメリットがあるため、印鑑を提出する外国人は少なくありません。

耳寄りな情報11　外国人による印鑑の提出とは？

　外国人が印鑑を提出するときは、印鑑届書（代理人が提出する場合には委任状）に署名し、当該署名が本人のものであることの本国官憲の証明が必要であり（昭和48年１月29日民四第821号法務省民事局長通達（登解139号92頁）。日本人である場合に市区町村長の作成した印鑑証明書の添付を要する場合に限る（154頁本章１））、印鑑届書に本国官憲の証明書とその訳文（109頁【詳細情報30】）を添付する必要があります。

　日本人である場合に市区町村長の作成した印鑑証明書の添付を要する場合において、外国人が市区町村に印鑑を登録しているときは、当該印鑑を印鑑届書（代理人が提出する場合には委任状）に押印し、印鑑届書（代理人が提出する場合には委任状）に当該印鑑に係る市区町村長の作成した印鑑証明書を添付（156頁【詳細情報39】）します。

Q72　再任されると、あらためて印鑑の提出が必要ですか

A　株式会社の代表取締役または代表執行役が再任され、退任および就任による変更の登記の申請を同時にするときは、あらためて印鑑を提出（159頁【詳細情報41】）する必要はありません（商登規第９条の２第２項）。重任による変更の登記を申請するときも同様に、あらためて印鑑を提出する必要はありません（詳解商登（上）219頁参照）。

3　印鑑カード

- 登記所に印鑑を提出（159頁【詳細情報41】）している者は、印鑑カード交付申請書（269頁参考資料6）を提出して、いつでも本店の所在地を管轄する登記所（商業・法人登記事務の集中化を実施している局においては、局内の他の商業登記所またはアクセス登記所（10頁【耳寄りな情報2】）を含む）に印鑑カードの交付を請求することができます。
- 印鑑カードの交付を受けている者は、印鑑カード廃止届書を提出して、いつでも印鑑カードを廃止することができます。
- 印鑑証明書の交付の請求または電子認証登記所の電子証明書（211頁第6章2）の発行の請求をするときは、印鑑カードが必要です。
- 新たに登記記録を起こす登記（新本店の所在地における管轄外本店移転の登記、組織変更による設立の登記、持分会社の種類の変更による設立の登記、特例有限会社の通常の株式会社への移行の登記など）の申請をする者は、印鑑を提出しなければならず、印鑑カードが必要なときは、印鑑カードの交付の請求もする必要があります。
- 管轄転属（189頁【詳細情報47】）または事務委任（190頁【詳細情報48】）によって新たに登記記録が起こされる場合には、印鑑記録は移送されるため、印鑑の提出や印鑑カードの交付の請求をあらためて行う必要はありません（159頁第4章2）。
- 管財人等（商登規第9条第1項第5号に規定する管財人等をいう）の職務執行者が印鑑カードの交付の請求をするときは、印鑑カード交付申請書に当該管財人等である法人の登記事項証明書で作成後3月以内のものを添付しなければなりません（商登規第9条の4第2項本文）。ただし、当該法人の本店または主たる事務所の所在地を管轄する登記所に請求するときは、不要です（商登規第9条の4第2項ただし書）。

Q73 印鑑カードの交付を請求するとき、手数料は必要ですか

A 印鑑カードの交付を請求するとき、手数料は不要です。

■ 補足説明

・印鑑カードを紛失したときは、再発行の請求をすることができますが、同様に手数料は不要です。

・印鑑証明書の交付の請求または電子認証登記所の電子証明書（211頁第6章2）の発行の請求をするときは、手数料が必要です。

（参考）　印鑑カードと手数料との関係イメージ

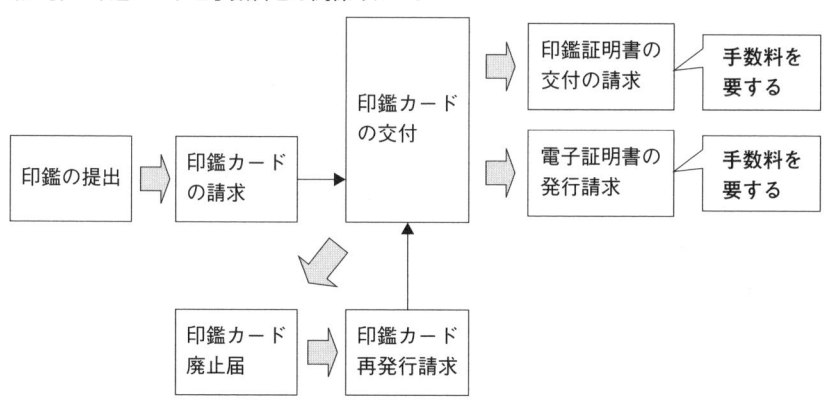

```
印鑑の提出 → 印鑑カード    →  印鑑カード  →  印鑑証明書の   手数料を
              の請求           の交付         交付の請求     要する

                                          →  電子証明書の   手数料を
                                             発行請求       要する

              印鑑カード  →  印鑑カード
              廃止届         再発行請求
```

Q74 印鑑カードの交付の請求を郵送ですることはできますか

A 印鑑カードの交付の請求を郵送ですることはできます。

■ 補足説明

・印鑑カードの送付の請求をするときは、印鑑カード交付申請書とともに送付先を記載した返信用封筒および郵便切手（書留郵便等配達が記録される郵便を推奨）を同封します。

・同時に印鑑証明書交付申請書（所要の額の収入印紙を貼付）を同封して、印

鑑証明書の送付の請求をすることもできます。
・印鑑届書を郵送する際に、あわせて印鑑カードの送付の請求をする場合については、157頁Q68参照。

(参考) 送付による印鑑カード・印鑑証明書の送付請求イメージ図
○印鑑カードの送付請求の場合

```
印鑑提出者        印鑑カード交付申請書      ①送付
(代理人)         (返信用封筒・郵便切手)              → 管轄登記所
                 ②送付 ←                  印鑑カード
```

○印鑑カード・印鑑証明書の送付請求の場合

```
印鑑提出者      ・印鑑カード交付申請書      ①送付
(代理人)       ・印鑑証明書交付申請書               → 管轄登記所
               (返信用封筒・郵便切手)
                                           ・印鑑カード
               ②送付 ←                    ・印鑑証明書
```

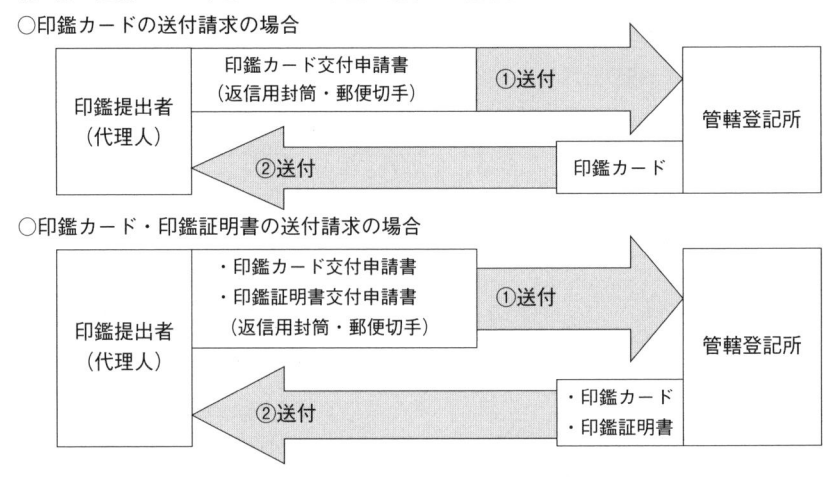

Q75 退任した代表取締役の印鑑カードは使えますか

A 新たに印鑑を提出（159頁【詳細情報41】）する者は、退任した代表取締役の印鑑カードを承継して使用することができます。

■ 補足説明
・印鑑の提出をした者がその資格を喪失し、または印鑑の廃止をした場合において、その者にかわって新たに印鑑を提出する者は、印鑑の提出と同時に当該印鑑カードを引き継ぐ旨を申し出ることにより、当該印鑑カードを承継して使用することができます（商登規第9条の4第3項）。
・登記所が配付し、法務省ホームページが掲示している印鑑届書の様式には、チェックボックス方式で「印鑑カードは引き継がない」「印鑑カードを引き継ぐ」旨の記載がされています（154頁本章1）。

第 5 章

商業登記に関する証明等について知りたいとき

1　帳簿の保存期間

・主な帳簿の保存期間は、下表のとおりです。

帳簿の種類	保存期間
登記簿	永久 （商登規第34条第1号）
閉鎖した登記記録【詳細情報42】	閉鎖した日から20年間 （商登規第34条第2号）
登記の申請書その他の附属書類	受付の日から5年間 （商登規第34条第4号）
登記事項証明書、印鑑証明書交付申請書	受付の日から1年間 （商登規第34条第5号）
印鑑記録（印鑑の廃止等の記録をしたものを除く）	永久 （商登規第34条第6号）
印鑑届書（改印届書、印鑑廃止届書を含む）	受付の年の翌年から3年間 （商準則第15条第1項（8）、第22条）
印鑑カード交付申請書（廃止届書を含む）	
電子証明書（211頁第6章2）ファイルの記録（閉鎖電子証明書ファイルの記録を除く）	永久 （商登規第34条第8号）
電子証明書に係る申請書類および磁気ディスク	受付の日から13年間 （商登規第34条第10号）

詳細情報42	閉鎖した登記記録とは？

　会社の本店の所在地を管轄する登記所の登記記録は、以下の場合に閉鎖されます（商登規第11条第4項、第80条第2項、第89条、第90条、第92条、第117条第3項、平成18年法務省令第15号附則第4条第3項、平成15年5月30日民商第1609号法務省民事局長通達（登インター50号139頁参照））。
① 管轄区域外への本店移転の登記

② 種類の変更、組織変更、特例有限会社の通常の株式会社への移行または合併による解散の登記
③ 清算結了の登記
④ 特別清算終結の登記（特別清算の結了により特別清算終結の決定がされた場合に限る。以下同じ）
⑤ 破産手続の終結の登記
⑥ 破産法第216条第1項または第217条第1項の規定による破産手続の廃止の登記
⑦ 本店の所在地が他の登記所の管轄地となる管轄転属（189頁【詳細情報47】）（登記所の管轄地のすべてが他の登記所に転属するときまたは本店の所在地を管轄する登記所の管轄区域内に支店の所在地（転属しないものに限る）があるときを除く）〔事務委任（190頁【詳細情報48】）も同様です。〕

登記簿に記録された事項中、抹消する記号が記録されたものおよび現に効力を有しないものは、履歴事項証明書に記載すべきもの（181頁第5章4）を除き、閉鎖し、閉鎖した登記事項は、閉鎖した登記記録とみなされます（商登規第44条）。

（参考）　会社の本店の所在地における閉鎖した登記記録のイメージ

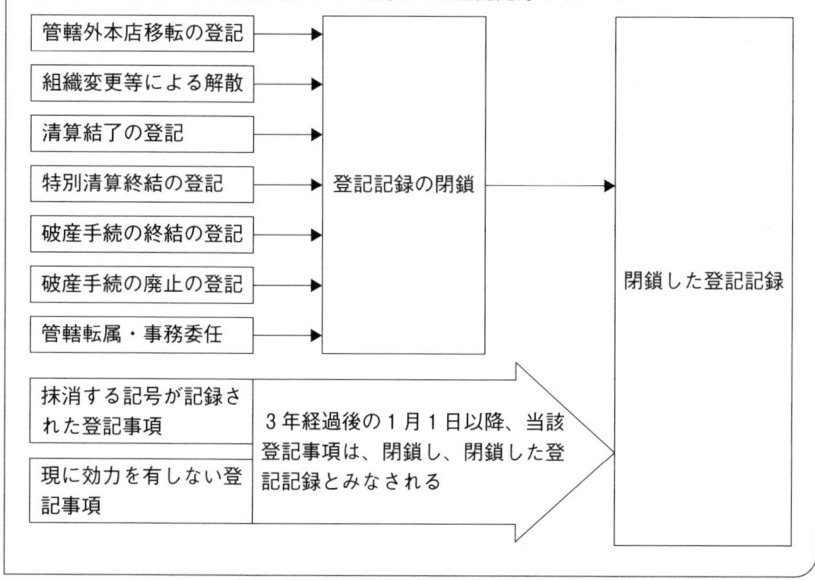

管轄外本店移転の登記		
組織変更等による解散		
清算結了の登記	登記記録の閉鎖	閉鎖した登記記録
特別清算終結の登記		
破産手続の終結の登記		
破産手続の廃止の登記		
管轄転属・事務委任		
抹消する記号が記録された登記事項	3年経過後の1月1日以降、当該登記事項は、閉鎖し、閉鎖した登記記録とみなされる	
現に効力を有しない登記事項		

Q76 閉鎖した登記用紙は、いつまで保存されていますか

A 閉鎖した登記用紙および閉鎖した各欄の用紙【詳細情報43】は、閉鎖した日から20年間登記所に保存されます（平成17年法務省令第19号附則第5条第2項の規定によりなお効力を有する同令による改正前の商登規第34条第2号、平成17年法務省令第19号附則第7条第1項）。なお、これらを保存する登記所は、管轄外本店移転や管轄外支店移転により、会社の本店の所在地や支店の所在地を管轄する登記所が異なることとなっても変更しません。

■ 補足説明

・閉鎖した登記用紙および閉鎖した各欄の用紙については、閉鎖した日から20年を経過しても保存している登記所もあるので、これらの謄抄本が必要なときは、請求が可能か登記所に確認しましょう。

詳細情報43	閉鎖した登記用紙および各欄の用紙とは？

改製不適合の登記簿（196頁Q91）である閉鎖登記簿で紙で調製されています。会社の本店の所在地を管轄する登記所の登記用紙は、以下の場合に閉鎖されます。

① 管轄区域外への本店移転の登記
② 組織変更または合併による解散の登記
③ 清算結了の登記
④ 特別清算終結の登記
⑤ 破産手続の終結の登記
⑥ 破産法第216条第1項または第217条第1項の規定による破産手続の廃止の登記
⑦ 本店の所在地が他の登記所の管轄地となる管轄転属（189頁【詳細情報47】）（登記所の管轄地のすべてが他の登記所に転属するときまたは本店の所在地を管轄する登記所の管轄区域内に支店の所在地（転属しないものに限る）があるときを除く）〔事務委任（190頁【詳細情報48】）も同様です。〕
⑧ 改製（197頁【詳細情報51】）

会社の一登記用紙は、役員欄等3種類以上の各欄の用紙をもって構成され

ていますが、各欄の用紙中現に効力を有する登記が存しなくなった用紙は、①各欄の用紙中当該用紙の前に現に効力を有する登記が存する用紙があるとき、②当該用紙が各欄の用紙の最後の用紙であるときを除き、閉鎖しなければならないとされています。

また、①商号・資本欄または商号・目的欄の用紙中ある欄に余白がなくなった場合においてその欄にさらに登記する必要が生じた場合、②役員欄の用紙等の枚数が多くて取扱いが不便となった場合、③各欄の用紙が汚損した場合その他の場合に、新用紙に登記を移したときの各欄の用紙についても閉鎖します（商登入門45頁、稲葉威雄ほか「商業登記規則・準則等の改正」登解189号3頁参照）。

会社の登記簿の①閉鎖した各欄の用紙および②各欄の用紙中閉鎖した用紙は、閉鎖した登記用紙とみなされます。

（参考）　会社の本店の所在地における閉鎖した登記用紙のイメージ

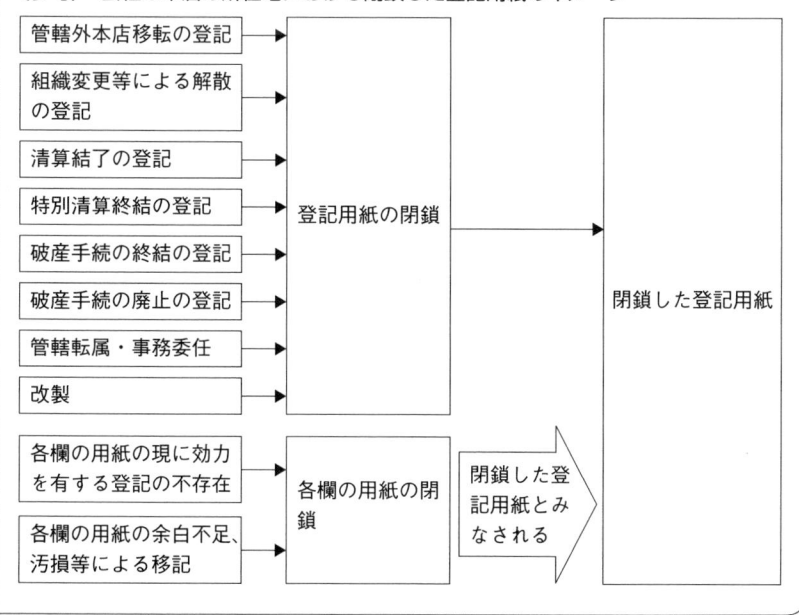

事由	処理	結果
管轄外本店移転の登記	登記用紙の閉鎖	閉鎖した登記用紙
組織変更等による解散の登記		
清算結了の登記		
特別清算終結の登記		
破産手続の終結の登記		
破産手続の廃止の登記		
管轄転属・事務委任		
改製		
各欄の用紙の現に効力を有する登記の不存在	各欄の用紙の閉鎖	閉鎖した登記用紙とみなされる
各欄の用紙の余白不足、汚損等による移記		

第5章　商業登記に関する証明等について知りたいとき

Q77 提出した申請書の添付書面は、いつまで保存されていますか

A 申請書およびその添付書面は、受付の日から5年間登記所に保存されます（商登規第34条第4号）。なお、申請書およびその添付書面を保存する登記所は、管轄外本店移転や管轄外支店移転により会社の本店の所在地や支店の所在地を管轄する登記所が異なることとなっても変更しません。

■ 補足説明

・申請書およびその添付書面は、受付の日から5年を経過しても直ちに廃棄されるわけではないので、当該申請書またはその添付書面の閲覧が必要なとき〔請求することができるのは利害関係人のみです〕は、請求が可能か登記所に確認しましょう。

Q78 印鑑届書は、いつまで保存されていますか

A 印鑑届書、改印届書または印鑑廃止届書（以下本問において「印鑑届書等」という）は、受付の年の翌年から3年間登記所に保存されます（商準則第15条第1項(8)）。なお、印鑑届書等を保存する登記所は、管轄外本店移転により会社の本店の所在地を管轄する登記所が異なることとなっても変更しません。

■ 補足説明

・印鑑届書等は、受付の年の翌年から3年を経過しても直ちに廃棄されるわけではありません。
・印鑑届書等については、商業登記法には、公示手続は定められておらず、行政機関の保有する情報の公開に関する法律または行政機関の保有する個人情報の保護に関する法律に基づく開示請求手続の対象となっています。これらの法律に基づく開示請求手続の窓口は、当該印鑑届書等を保存している登記所の所属する法務局本局または地方法務局本局です。

2 証明書の交付等の請求

(1) 請 求 者
- だれでも、全国の登記所において、手数料を納付して、登記事項証明書の交付を請求することができます（商登法第10条第1項、第2項）。また、証明書発行請求機（172頁【耳寄りな情報12】）が設置されている場所（法務局証明サービスセンター）においても、手数料を納付して、登記事項証明書の交付を請求することができます。
- だれでも、営業所の所在地を管轄する登記所において、手数料を納付して、登記事項要約書または改製不適合の登記簿（196頁Q91）の謄抄本の交付または同登記簿の閲覧を請求することができます（商登法第11条、平成16年法律第124号第53条第5項、平成17年法務省令第19号附則第7条第1項）。なお、改製不適合の登記簿が閉鎖登記簿であるときの請求先登記所については、196頁Q91参照。
- 登記所に印鑑を提出した者またはその代理人は、全国の登記所において、手数料を納付して、印鑑証明書の交付を請求することができます（商登法第12条）。また、証明書発行請求機が設置されている場所（法務局証明サービスセンター）においても、手数料を納付して、印鑑証明書の交付を請求することができます。

(2) 請求方法
- 登記事項証明書、印鑑証明書、登記事項要約書もしくは改製不適合の登記簿の謄抄本の交付または改製不適合の登記簿の閲覧を請求するときは、申請書を提出する必要（印鑑証明書の交付の請求にあっては印鑑カードの提示も必要）があります。申請書の記載例は、登記所および法務省ホームページに掲示されています。また、記載用紙は、登記所に備え付けられ、法務省ホームページに様式が掲示されています（270、271、272頁参考資料7、8、9）。

(3) 送付・インターネットによる請求

・登記事項証明書または改製不適合の登記簿の謄抄本を送付の方法で請求するときは、登記所に①所要の事項を記載した申請書、②送付先を記載した返信用封筒、③収入印紙および郵便切手（速達等によるときは、当該料金分のもの）を送付します。
・印鑑証明書を送付の方法で請求するときは、上記に加えて登記所に印鑑カードを送付します（印鑑カードは、印鑑証明書とともに返送される。登記所との送返信は、書留郵便等配達が記録される郵便を推奨）。
・登記事項要約書を送付の方法で請求することはできません。
・インターネットによる請求については、175頁Q80参照。

耳寄りな情報12　証明書発行請求機とは？

　一部の法務局等の庁舎内または市役所等の公共施設（法務局証明サービスセンター）内に設置されています。なお、取扱時間が登記所と異なる法務局証明サービスセンターもあります。

　タッチパネル式の画面で請求内容を選択することにより、登記事項証明書の交付申請書を簡単に作成することができます。また、該当する会社が見当たらない、登記中などの理由により、証明書を発行することができないときは、その旨のメッセージが表示され、交付申請書は作成されません。

　印鑑証明書については、印鑑カードの磁気部分を読み込ませ、生年月日を入力することにより、自動的に会社が特定され、その商号および本店が記載された交付申請書が作成されます。〔同時に登記事項証明書の交付を請求することもできます。〕

　なお、登記事項要約書、概要記録事項証明書（184頁Q87）または改製不適合の登記簿（196頁Q91）の謄抄本については、証明書発行請求機によって交付の請求をすることはできません。

（参考） 証明書等の請求および交付・閲覧のイメージ

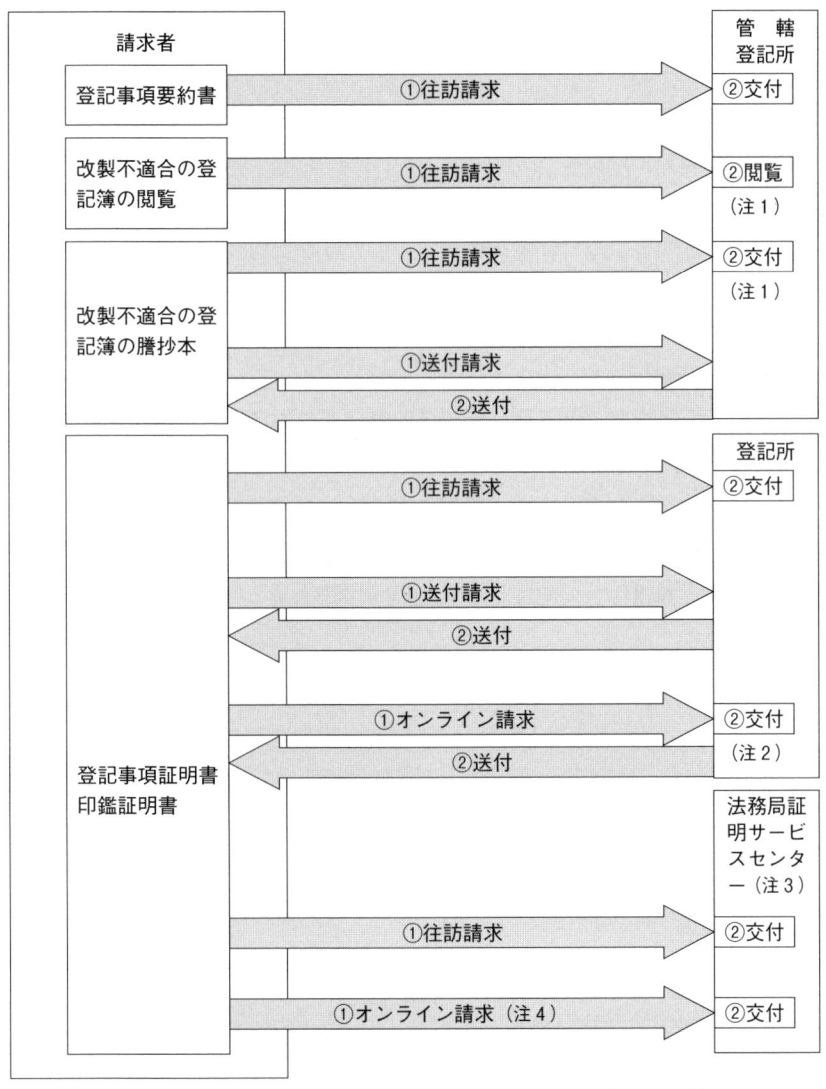

請求者		管轄登記所
登記事項要約書	①往訪請求 →	②交付
改製不適合の登記簿の閲覧	①往訪請求 →	②閲覧（注1）
改製不適合の登記簿の謄抄本	①往訪請求 → ①送付請求 → ← ②送付	②交付（注1）

請求者		登記所
登記事項証明書 印鑑証明書	①往訪請求 → ①送付請求 → ← ②送付 ①オンライン請求 → ← ②送付	②交付 ②交付（注2）

請求者		法務局証明サービスセンター（注3）
	①往訪請求 → ①オンライン請求（注4） →	②交付 ②交付

（注1） 管轄外本店移転により閉鎖した改製不適合の登記簿の閲覧または謄抄本の交付の請求先登記所は、現在の本店の所在地を管轄する登記所ではありません（196頁Q91参照）。
（注2） 窓口での交付または送付を選びます。
（注3） 取扱時間が登記所と異なる法務局証明サービスセンターもあります。
（注4） 請求にあたっては、請求先法務局証明サービスセンターを選択します。

Q79 郵送で請求した証明書は、どれくらいで届きますか

A 郵送で請求した証明書は、郵便事情にもよりますが、投函してから4日程度で届いているようです。

■ 補足説明

・登記事項証明書または印鑑証明書については、全国の登記所にその送付を請求することができます。
・改製不適合の登記簿が閉鎖登記簿であるときの請求先登記所については、196頁Q91参照。
・証明書の取得を急ぐときは、オンラインによる送付の請求や速達郵便を利用します。オンラインによる送付の請求において速達郵便を利用するときは、速達料金が加算された手数料を納付します（登手令第3条第6項）。郵送による送付の請求において速達郵便を利用するときは、速達料金を含めた郵送料を郵便切手で納付します（商登規第28条第2項、第9条の4第5項）。

（参考） 証明書等の送付による取得を急ぐときの請求および交付のイメージ

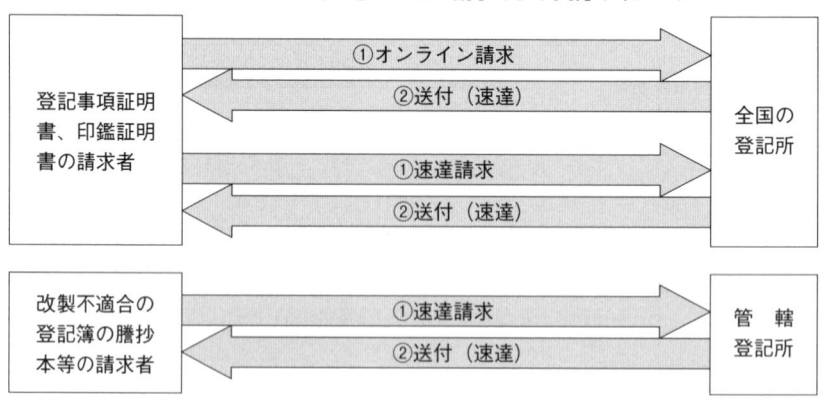

登記事項証明書、印鑑証明書の請求者	①オンライン請求 → ②送付（速達） ← ①速達請求 → ②送付（速達） ←	全国の登記所
改製不適合の登記簿の謄抄本等の請求者	①速達請求 → ②送付（速達） ←	管轄登記所

Q80 インターネットで証明書を請求することはできますか

A インターネット（オンライン）で登記事項証明書や印鑑証明書の交付を請求することはできます（228頁第6章4）。

証明書の受領方法は、希望する先への送付（郵送等）または登記所窓口（法務局証明サービスセンターを含む）での交付のいずれかを選べます。

■ 補足説明

・インターネット（オンライン）によって、便利で、簡単に、早く、登記事項証明書や印鑑証明書の交付の請求をすることができます。
・オンラインによる印鑑証明書の交付の請求をするときは、電子証明書（229頁【詳細情報58】、231頁【詳細情報59】）が必要です。窓口（法務局証明サービスセンターを含む）で交付を受けるときは、加えて、印鑑カードの提示も必要です。
・インターネットを利用すると、全国どこからでも、登記情報提供サービス（208頁第6章1）によって、登記情報を確認することができます。

Q81 証明書をとれなかったとき、手数料はどうなりますか

A 手数料の償還を請求することができます。

■ 補足説明

・手数料の償還のための請求書（登記手数料賠償償還請求書）の用紙は、登記所に備え付けられています。
・手数料を収入印紙により納付し、登記中（256頁Q125）などの事由により請求を取下げた場合に、取下げの日から1年以内に再使用したい旨の申出があったときは、登録免許税の納付のための領収証書または収入印紙の再使用の手続に（67頁Q30）準じて、登記所において再使用の取扱いをすることができることとされています（平成14年7月26日民二・民商第1810号法務省民事局長通達、商登逐条32頁参照）。

第5章 商業登記に関する証明等について知りたいとき

3　証　明

(1)　認証文・証明文

　証明書には、①認証文・証明文、②作成の年月日、③作成した登記官の職氏名が記載され、当該登記官の職印が押印されます（商登規第30条第3項、第32条の2、商準則第34条第1項、第36条第1項、第37条、186頁本章5）。他の登記所の登記官が発行する登記事項証明書および印鑑証明書（10頁【耳寄りな情報1】）には、請求に係る登記簿が備えられている登記所の表示（「（○○法務局○○出張所管轄）」の振合いで付記）がされます。登記事項証明書および印鑑証明書の認証文・証明文は下表のとおりです。

証明書の種類	認証文・証明文
現在事項全部証明書	これは登記簿に記録されている現に効力を有する事項の全部であることを証明した書面である。
現在事項一部証明書	これは登記簿に記録されている現に効力を有する事項の一部であることを証明した書面である。
履歴事項全部証明書	これは登記簿に記録されている閉鎖されていない事項の全部であることを証明した書面である。
履歴事項一部証明書	これは登記簿に記録されている閉鎖されていない事項の一部であることを証明した書面である。
閉鎖事項全部証明書	これは登記簿に記録されている閉鎖された事項の全部であることを証明した書面である。
閉鎖事項一部証明書	これは登記簿に記録されている閉鎖された事項の一部であることを証明した書面である。
代表者事項証明書	これは上記の者の代表権に関して登記簿に記録されている現に効力を有する事項の全部であることを証明した書面である。
印鑑証明書	これは提出されている印鑑の写しに相違ないことを証明する。

(2) 偽造防止

　登記事項証明書と印鑑証明書には、整理番号が記載され、偽造防止のため地紋紙が使用されています。詳しくは、法務省ホームページ（「登記事項証明書及び印鑑証明書のA4化について（お知らせ）」3　専門紙に施された偽造防止措置）に記載されています。URLは、次のとおりです。http://www.moj.go.jp/MINJI/minji77.html

Q82 ｜ 証明書に記載されている登記官とはどのような者ですか

A　登記官とは、登記所（15頁【詳細情報8】）において事務を扱う者であり、登記所に勤務する法務事務官のうちから、法務局または地方法務局の長により指定されます（商登法第4条）。

　証明書に記載されている登記官は、そのうち証明書を作成し、認証・証明する権限を付与された者です。

■ 補足説明

・登記官が証明書を作成するときに記載される職名は、商業登記法上の職名である登記官です。首席登記官、次席登記官、統括登記官、総務登記官等組織法上の職名は記載されません。

Q83 ｜ 証明書に有効期限は記載されますか

A　登記事項証明書、印鑑証明書または改製不適合の登記簿（196頁Q91）の謄抄本に、有効期限は記載されません。

　なお、提出先の法令等の規律により、証明書の作成日からの有効期限が定められているものも少なくありません。有効期限の定めの有無について、不明なときは提出先に確認しましょう。

■ 補足説明

・電子認証登記所の電子証明書（211頁第6章2）には、発行の請求をした者

第5章　商業登記に関する証明等について知りたいとき　177

の請求により3月から27月までの証明期間が定められており、当該証明期間を経過した電子証明書については、電子認証登記所に対してその電子証明書の有効性の確認請求をしても、電子認証登記所が応じないこととされています。
・法令において証明書の有効期限が定められている証明書の例は、下表のとおりです。いずれも作成後3月以内のものとされています。

証明書	根拠条項
商業登記の申請書に添付すべき登記事項証明書および登記所が作成した印鑑証明書	商登規第36条の2
印鑑届書に添付する登記所の作成した印鑑証明書	商登規第9条第5項第2号から第7号まで
印鑑届書に添付する登記所の作成した代表者の資格を証する書面	商登規第9条第5項第2号、第4号および第6号
不動産登記の申請情報とあわせて提供しなければならない代表者の資格を証する情報および印鑑証明書	不動産登記令第7条第1項第1号および第2号、第16条ならびに第17条

・登記情報提供サービスにおける照会番号（210頁【耳寄りな情報13】）については、有効期限が120日間とされています。

Q84 どうやって登記官印の公印証明をとるのですか

A 登記官印の公印証明とは、一般的には登記事項証明書等を発行した登記官の公印（職印）についての当該登記官の所属する法務局の長または地方法務局の長の証明のことをいいます。
　上記登記官印の公印証明が必要なときは、証明書を発行した登記官の所属する法務局本局または地方法務局本局にその証明を請求します。

■ 補足説明
・登記官印の公印証明は、証明書を認証・証明した登記官の職印の証明であるので、たとえば、福岡法務局北九州支局の管轄区域内に本店の所在地の

ある会社の登記事項証明書を千葉地方法務局成田出張所に交付の請求をしたとき（成田出張所の登記官により認証・証明されているとき）は、千葉地方法務局本局に成田出張所の登記官印の公印証明を請求します。
・登記官印の公印証明を請求するときは、証明対象の登記事項証明書等を持参します。また、郵送により請求するときは、証明対象の証明書のほか、請求書、宛先を記載した返信用封筒および郵便切手を同封します。具体的な手続について不明なときは、請求する法務局または地方法務局に確認しましょう。法務局ホームページの各局のページに手続を掲載している法務局または地方法務局もあります。たとえば、東京法務局のホームページのURLは次のとおりです。http://houmukyoku.moj.go.jp/tokyo/static/sonota_top.html
・外国での各種手続において、登記事項証明書等登記官が発行した証明書を提出する場合、当該登記事項証明書等について外務省による証明【詳細情報44】が必要とされることがあります。外務省に証明を請求するには、登記事項証明書等を発行した登記官の所属する法務局または地方法務局の長の当該登記官印の公印証明が必要とされています。

詳細情報44	外務省による証明とは？

　外務省〔提出先機関によっては、現地の日本大使館または（総）領事館の証明が必要な場合があります〕による日本の官公署またはこれに準ずる機関が発行した文書に押印された公印の確認証明または付箋による文書の証明のことです。
(1)　公印の確認証明
　外国での各種手続において、登記事項証明書等登記官が発行した証明書を提出する場合、駐日外国大使館または（総）領事館の領事認証の取得を要求されることがあります。外務省による公印の確認証明は、領事認証の前提として、必要とされるものです。
(2)　付箋による文書の証明
　ハーグ条約（認証不要条約）に加盟している国（地域）に証明書を提出する場合には、提出する公文書に外務省によるアポスティーユ（付箋による証

明）の付与が行われていれば、駐日外国領事の認証はなくとも、これがあるものと同等のものとして、提出先国（地域）で使用することが可能とされています。なお、加盟国であっても、その用途、書類の種類によっては、領事認証が必要（前提として(1)の外務省の公印の確認証明も必要）な場合があります。

　必要な証明については、提出先国機関によって異なるので、当該機関に十分確認しておく必要があります。
　外務省による証明については、外務省ホームページ（外務省：各種証明・申請手続きガイド）に詳しく掲載されています。URLは、次のとおりです。
http://www.mofa.go.jp/mofaj/toko/todoke/shomei/
　なお、商業登記に関する主な用語の英訳例は、273頁「参考資料10」参照。

（参考）　登記官が発行した証明書を外国に提出する場合に必要とされる手続のイメージ

登記所	登記事項証明書等の交付
認証・証明登記官の所属法務局・地方法務局	登記事項証明書等の登記官印の証明
外務省	公印の確認証明 ／ 付箋による文書の証明（アポスティーユ）
日本大使館総領事館	公印の確認証明
駐日外国大使館（総）領事館	領事認証
外国における手続機関	各種証明された登記事項証明書等の提出

（注）　必要な証明等については、提出先の手続により異なるので、提出先機関に確認しましょう。

4　登記事項証明書の種類

・登記事項証明書とは、磁気ディスクをもって調製された登記簿に記録されている事項の全部または一部を証明した書面のことです。
・登記事項証明書には次の4種類があり、その記載事項は次のとおりです。
  (1) 現在事項証明書（商登規第30条第1項第1号）
    ① 現に効力を有する登記事項（182頁【詳細情報45】）
    ② 会社成立の年月日
    ③ 取締役、会計参与、監査役、代表取締役、特別取締役、委員、執行役、代表執行役および会計監査人の就任の年月日
    ④ 会社の商号および本店の登記の変更に係る事項で現に効力を有するものの直前のもの
  (2) 履歴事項証明書（商登規第30条第1項第2号）
    ① 上記(1)の記載事項
    ② 当該証明書の交付の請求のあった日（請求日）の3年前の日の属する年の1月1日（基準日）から請求の日までの間に抹消する記号が記録された登記事項（職権による登記の更正により抹消する記号が記録された登記事項を除く）および基準日から請求日までの間に登記された事項で現に効力を有しないもの
  (3) 閉鎖事項証明書（商登規第30条第1項第3号）
    ・閉鎖した登記記録に記録されている事項（閉鎖した登記記録とみなされた閉鎖した登記事項を含む）
  (4) 代表者事項証明書（商登規第30条第1項第4号）
    ・会社の代表者（一部の代表者について交付の請求があったときは一部の代表者）の代表権に関する事項で現に効力を有する事項
・全部事項証明書とは、すべての区の登記事項が記載されている登記事項証明書のことです。
・一部事項証明書とは、商号区、会社状態区および請求に係る区についての

登記事項が記載されている登記事項証明書のことです。なお、請求に係る区が会社支配人区である場合において、一部の支配人について証明を請求したときは、会社支配人区については当該支配人のみが記載されます（商登規第30条第2項）。〔会社の支配人については、数十人単位で登記されていることも少なくありませんが、特定の支配人のみが記載された証明書のニーズ（資格証明書としてのニーズ）があり、これに対応したものです。〕

詳細情報45	現に効力を有する登記事項とは？

以下の登記事項のうち、変更、更正または抹消の登記により抹消する記号が記録されておらず、または閉鎖した登記記録に記録されていないものです。
① 設立の登記事項（会第911条第3項各号、第912条各号、第913条各号、第914条各号）
② 商号譲渡人の債務に関する免責の登記、職務執行停止等の仮処分等の登記、支配人の登記、解散の登記、清算人の登記、特別清算に関する登記等
③ 民事再生に関する登記事項、会社更生に関する登記事項、承認援助手続に関する登記事項、破産に関する登記事項（現に効力を有している処分に限る）

破産手続廃止決定（破産法第218条の同意破産を除く）または破産手続終結の登記により登記記録閉鎖後、清算人からの清算を結了していない旨の申出により、登記記録が復活されている場合には、破産手続廃止決定または破産手続終結の登記は現に効力を有する事項として扱われています。

Q85 現在事項証明書に記載されない事項は何ですか

A 現に効力を有しない登記事項は記載されません。ただし、次の事項については記載されます。
① 会社成立の年月日
② 取締役、会計参与、監査役、代表取締役、特別取締役、委員、執行役、代表執行役および会計監査人の就任の年月日

③　会社の商号および本店の登記の変更に係る事項で現に効力を有するものの直前のもの

■ 補足説明
・現に効力を有しない登記事項とは、閉鎖した登記記録に記録されている事項、抹消する記号が記録されている事項のほか、会社の継続に関する事項、合併に関する事項、会社分割に関する事項、登記記録を起こした事由、登記記録を閉鎖した事由または登記記録を復活した事由などです。

Q86 資格証明書とは何ですか

A　商業登記において、一般的に、資格証明書とは、以下の事項が記載されている登記事項証明書のことを意味します。

①商号、②本店、③代表者の資格・氏名・住所、④代表権の制限や範囲の定めがあるときは、その定め。

また、上記①～④の事項が過不足なく記載されている代表者事項証明書（全部または特定の代表者に係るもの）が、一般的に資格証明書と呼ばれています。

■ 補足説明
・代表者事項証明書のほかに、商業登記において、会社の代表者の資格証明書となりうる登記事項証明書には、以下のものがあります。
　①　現在事項全部証明書
　②　現在事項一部証明書（役員区が記載されているもの）
　③　履歴事項全部証明書
　④　履歴事項一部証明書（役員区が記載されているもの）
・会社の支配人の資格証明書は、一般的には①ですが、②～⑤もなりうるものです。
　①　特定の支配人のみが記載された現在事項一部証明書
　②　現在事項全部証明書
　③　現在事項一部証明書（会社支配人区が記載されているもの）

第5章　商業登記に関する証明等について知りたいとき　183

④　履歴事項全部証明書
⑤　履歴事項一部証明書（会社支配人区が記載されているもの）

・一般的には、資格証明書は、ある者がある資格を有していることを証明する書面を意味し、さまざまな機関によって発行されています。資格証明書の内容は、一義的に決まっているわけではないので、提出すべき証明書が不明なときは、提出先に確認しましょう。

Q87　概要記録事項証明書とは何ですか

A　概要記録事項証明書とは、商業登記簿（3頁【詳細情報1】）に記録されている事項を証明した書面ではなく、動産及び債権の譲渡の対抗要件に関する民法の特例等に関する法律第13条に基づく登記事項概要ファイルに記録されている事項を証明した書面です。

■　補足説明

・動産譲渡登記および債権譲渡登記制度【詳細情報46】においては、動産または債権の譲渡人（質権については質権設定者。以下同じ）である会社の本店の所在地を管轄する法務局等に登記事項概要ファイルを備え（同法第12条第1項）、何人も、当該法務局等に当該ファイルに記録されている事項を証明した書面（概要記録事項証明書）の交付を請求することができるとされています（同法第13条）。

詳細情報46	動産譲渡登記および債権譲渡登記制度とは？

○動産譲渡登記

　動産譲渡登記制度は、企業が保有する在庫商品、機械設備、家畜などの動産を活用した資金調達の円滑化を図るため、法人がする動産の譲渡について、登記によって第三者に対する対抗要件を備えることを可能とする制度です。

　動産譲渡登記を取り扱う登記所（動産譲渡登記所）として、東京法務局が指定され、東京都中野区に所在する同法務局民事行政部動産登録課において、動産譲渡登記の申請に関する事務や登記事項概要証明書（譲渡された動産を

特定する事項を除いた事項を記載したもの）、登記事項証明書（譲渡された動産を特定する事項を含む登記事項の全部を記載したもの）の交付に関する事務等を取り扱っています。

　また、譲渡人の本店の所在地を管轄する法務局等（本店等所在地法務局等）に動産譲渡登記事項概要ファイルが備えられ、動産譲渡登記所からの通知（注）に基づき、当該譲渡人の商号・本店および当該譲渡の概括的な内容（譲渡された動産を特定する事項は含まない）が記録されています。

（注）　譲渡人が外国会社（19頁【詳細情報9】）であって、日本における営業所が複数あるときは、動産譲渡登記の申請書において示された営業所の所在地を管轄する法務局等に対してのみ通知がされます。

　法務省ホームページの動産譲渡登記制度についてのページのURLは次のとおりです。http://www.moj.go.jp/MINJI/DOUSANTOUKI/seido.html

○債権譲渡登記

　債権譲渡登記制度は、法人がする金銭債権の譲渡などについて、簡便に債務者以外の第三者に対する対抗要件を備えるための制度です。金銭債権を譲渡したことを第三者に対抗するためには、原則として、確定日付ある証書によって債務者に対する通知を行うか、または債務者の承諾を得なければなりませんが、法人が金銭債権を譲渡した場合には、債権譲渡登記をすることにより、第三者に譲渡を対抗することができるとするものです。

　債権譲渡登記を取り扱う登記所（債権譲渡登記所）として、東京法務局が指定され、東京都中野区に所在する同法務局民事行政部債権登録課において、債権譲渡登記の申請に関する事務や登記事項概要証明書（登記されている事項のうち、債務者名等の個々の債権を特定する事項を除いた事項を記載したもの）と登記事項証明書（個々の債権に関する登記事項の全部を記載したもの）の交付に関する事務等を取り扱っています。

　また、譲渡人の本店の所在地を管轄する法務局等（本店等所在地法務局等）に債権譲渡登記事項概要ファイルが備えられ、債権譲渡登記所からの通知（注）に基づき、当該譲渡人の商号・本店および当該譲渡の概括的な内容（譲渡された債権を特定する事項は含まない）が記録されています。

（注）　譲渡人が外国会社であって、日本における営業所が複数あるときは、債権譲渡登記申請書において示された営業所の所在地を管轄する法務局等に対してのみ通知がされます。

　法務省ホームページの債権譲渡登記制度についてのページのURLは次のとおりです。http://www.moj.go.jp/MINJI/saikenjouto-index.html

5　登記事項証明書の記載内容

・現在事項全部証明書の記載内容の例は、次のとおりです。

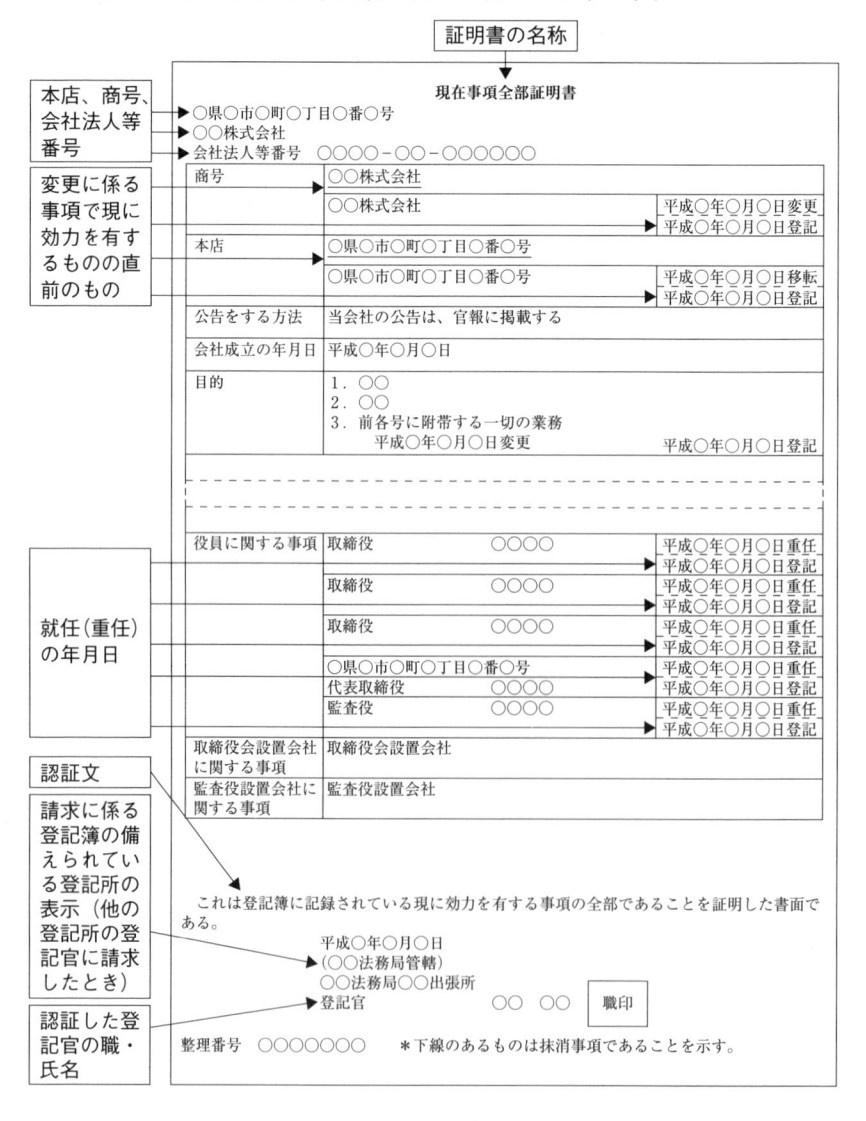

ラベル	項目	内容	備考
本店、商号、会社法人等番号		○県○市○町○丁目○番○号 ○○株式会社 会社法人等番号　○○○○-○○-○○○○○○	
	商号	○○株式会社	
変更に係る事項で現に効力を有するものの直前のもの		○○株式会社	平成○年○月○日変更 平成○年○月○日登記
	本店	○県○市○町○丁目○番○号	
		○県○市○町○丁目○番○号	平成○年○月○日移転 平成○年○月○日登記
	公告をする方法	当会社の公告は、官報に掲載する	
	会社成立の年月日	平成○年○月○日	
	目的	1．○○ 2．○○ 3．前各号に附帯する一切の業務 　　平成○年○月○日変更	平成○年○月○日登記
	役員に関する事項	取締役　　　○○○○	平成○年○月○日重任 平成○年○月○日登記
就任（重任）の年月日		取締役　　　○○○○	平成○年○月○日重任 平成○年○月○日登記
		取締役　　　○○○○	平成○年○月○日重任 平成○年○月○日登記
		○県○市○町○丁目○番○号 代表取締役　○○○○ 監査役　　　○○○○	平成○年○月○日重任 平成○年○月○日登記 平成○年○月○日重任 平成○年○月○日登記
	取締役会設置会社に関する事項	取締役会設置会社	
	監査役設置会社に関する事項	監査役設置会社	

認証文

　これは登記簿に記録されている現に効力を有する事項の全部であることを証明した書面である。
　　　　　平成○年○月○日
　　　　　（○○法務局管轄）
　　　　　○○法務局○○出張所

請求に係る登記簿の備えられている登記所の表示（他の登記所の登記官に請求したとき）

認証した登記官の職・氏名

登記官　　　　　○○　○○　　[職印]

整理番号　○○○○○○○　　＊下線のあるものは抹消事項であることを示す。

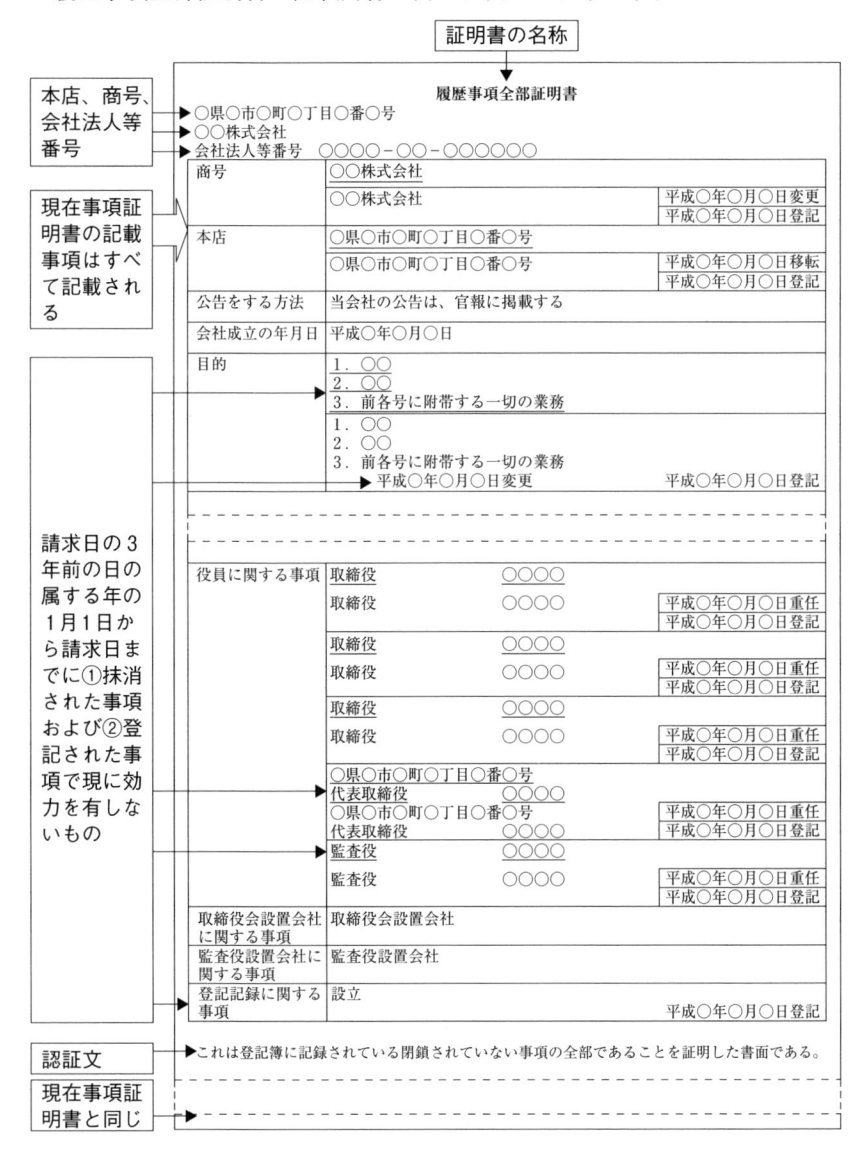

・履歴事項全部証明書の記載内容の例は、次のとおりです。

		証明書の名称 → 履歴事項全部証明書	
本店、商号、会社法人等番号 →	○県○市○町○丁目○番○号 ○○株式会社 会社法人等番号　○○○○-○○-○○○○○○		
現在事項証明書の記載事項はすべて記載される	商号	○○株式会社	
		○○株式会社	平成○年○月○日変更 平成○年○月○日登記
	本店	○県○市○町○丁目○番○号	
		○県○市○町○丁目○番○号	平成○年○月○日移転 平成○年○月○日登記
	公告をする方法	当会社の公告は、官報に掲載する	
	会社成立の年月日	平成○年○月○日	
	目的	1．○○ 2．○○ 3．前各号に附帯する一切の業務	
請求日の3年前の日の属する年の1月1日から請求日までに①抹消された事項および②登記された事項で現に効力を有しないもの		1．○○ 2．○○ 3．前各号に附帯する一切の業務 　　平成○年○月○日変更	平成○年○月○日登記
	役員に関する事項	取締役　　　　　○○○○	
		取締役　　　　　○○○○	平成○年○月○日重任 平成○年○月○日登記
		取締役　　　　　○○○○	
		取締役　　　　　○○○○	平成○年○月○日重任 平成○年○月○日登記
		取締役　　　　　○○○○	
		取締役　　　　　○○○○	平成○年○月○日重任 平成○年○月○日登記
		○県○市○町○丁目○番○号 代表取締役　　　○○○○	
		○県○市○町○丁目○番○号 代表取締役　　　○○○○	平成○年○月○日重任 平成○年○月○日登記
		監査役　　　　　○○○○	
		監査役　　　　　○○○○	平成○年○月○日重任 平成○年○月○日登記
	取締役会設置会社に関する事項	取締役会設置会社	
	監査役設置会社に関する事項	監査役設置会社	
	登記記録に関する事項	設立	平成○年○月○日登記
認証文 →	これは登記簿に記録されている閉鎖されていない事項の全部であることを証明した書面である。		
現在事項証明書と同じ			

第5章　商業登記に関する証明等について知りたいとき　187

・閉鎖事項全部証明書の記載内容の例は、次のとおりです。

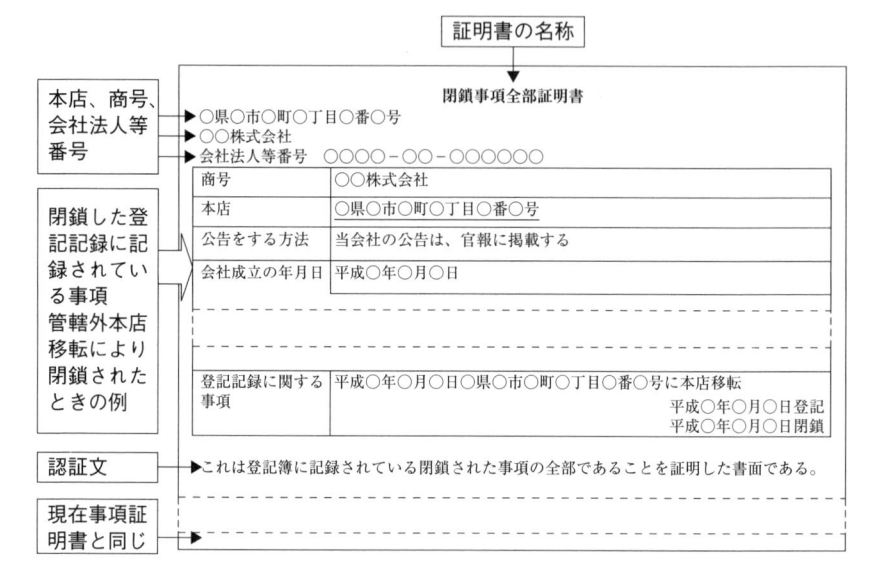

```
                                    ┌─────────────┐
                                    │ 証明書の名称 │
                                    └──────┬──────┘
                                           ▼
                            閉鎖事項全部証明書
┌──────────┐
│本店、商号、│→ ○県○市○町○丁目○番○号
│会社法人等 │→ ○○株式会社
│番号      │→ 会社法人等番号  ○○○○－○○－○○○○○○
└──────────┘
            ┌──────────────┬──────────────────────────────────────┐
            │ 商号         │ ○○株式会社                          │
            ├──────────────┼──────────────────────────────────────┤
┌──────────┐│ 本店         │ ○県○市○町○丁目○番○号            │
│閉鎖した登││                                                     │
│記記録に記│├──────────────┼──────────────────────────────────────┤
│録されてい││ 公告をする方法│ 当会社の公告は、官報に掲載する       │
│る事項    │├──────────────┼──────────────────────────────────────┤
│管轄外本店││ 会社成立の年月日│ 平成○年○月○日                    │
│移転により│├──────────────┴──────────────────────────────────────┤
│閉鎖された│                                                      │
│ときの例  │├──────────────┬──────────────────────────────────────┤
└──────────┘│ 登記記録に関する│ 平成○年○月○日○県○市○町○丁目○番○号に本店移転│
            │ 事項         │            平成○年○月○日登記      │
            │              │            平成○年○月○日閉鎖      │
            └──────────────┴──────────────────────────────────────┘
┌──────────┐
│ 認証文   │→ これは登記簿に記録されている閉鎖された事項の全部であることを証明した書面である。
└──────────┘
┌──────────┐
│現在事項証│
│明書と同じ│
└──────────┘
```

・代表者事項証明書の記載内容の例は、次のとおりです。

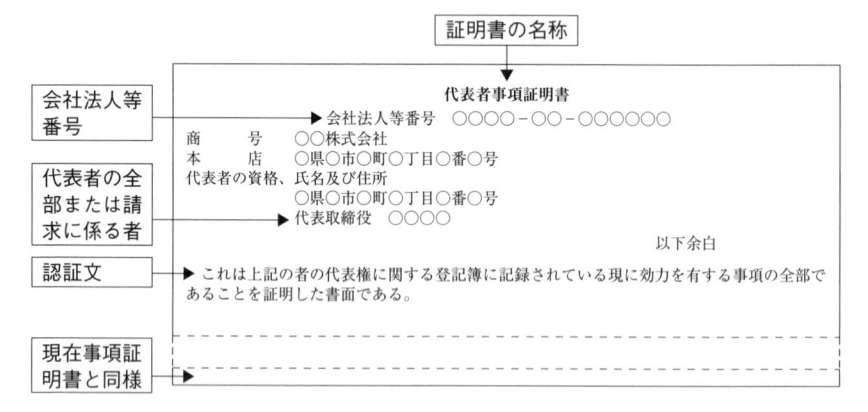

```
                                    ┌─────────────┐
                                    │ 証明書の名称 │
                                    └──────┬──────┘
                                           ▼
                              代表者事項証明書
┌──────────┐
│会社法人等│→ 会社法人等番号  ○○○○－○○－○○○○○○
│番号      │
└──────────┘    商  号    ○○株式会社
                本  店    ○県○市○町○丁目○番○号
                代表者の資格、氏名及び住所
┌──────────┐        ○県○市○町○丁目○番○号
│代表者の全│→ 代表取締役    ○○○○
│部または請│                                              以下余白
│求に係る者│
└──────────┘
┌──────────┐
│ 認証文   │→ これは上記の者の代表権に関する登記簿に記録されている現に効力を有する事項の全部で
└──────────┘    あることを証明した書面である。

┌──────────┐
│現在事項証│
│明書と同様│
└──────────┘
```

Q88 会社法人等番号とは何ですか

A 会社の登記記録に職権で記録される会社固有の番号です。

■ 補足説明

・会社法人等番号は、12桁の番号です。
・会社（外国会社を除く）について新たに登記記録を起こすとき、会社法人等番号を付すものとされています（商準則第7条第1項）。ただし、平成24年5月21日からは、それまで持分会社の種類の変更、会社の組織変更、特例有限会社の通常の株式会社への移行、管轄外本店移転（同月18日までに新本店の所在地宛て送付していないものを含む）、管轄転属【詳細情報47】、事務委任（190頁【詳細情報48】）をしたときは、閉鎖される登記記録に付されている会社法人等番号と異なる会社法人等番号が付されていましたが、法人格が同一である会社の本店の所在地の登記記録については、会社法人等番号は変更しないものとされています（商準則第7条第2項）。
・平成24年5月18日までに新たに登記記録を起こした登記（新設合併による設立の登記を除く）について、同月21日以降に、当該登記を抹消して、登記記録を復活する場合にも、抹消により閉鎖した登記記録に付されている会社法人等番号と同一の会社法人等番号を付すものとされています（平成24年5月17日民商第1258号法務省民事局商事課長依命通知（民月67巻8号79頁））。

詳細情報47	管轄転属とは？

ある登記所の管轄地の一部が他の登記所の管轄に転属することをいいます。なお、管轄地の全部が別の登記所の管轄に転属すること、管轄地の全部または一部が複数の他の登記所の管轄にそれぞれ転属することも管轄転属といいます。管轄転属をするときは、法務局及び地方法務局の支局及び出張所設置規則の一部改正が行われます。〔管轄区域の基準となった行政区画または郡、市町村内の町もしくは字その他の区域の変更により、管轄転属となるときは、同規則の改正前であっても、管轄区域もこれに伴って変更されることとなっています（法設規第5条）。〕

法務局等（登記所）の統廃合が行われる際は、当該登記所の管轄地の全部が１つまたは複数の他の登記所の管轄に転属することになります。行政区画の変更等によって法務局等（登記所）の管轄に変更が生じる際は、当該登記所の管轄地の一部が１つまたは複数の他の登記所の管轄に転属することになります。

　管轄転属すると、管轄転属元の登記所の転属する地に営業所（会社の場合は本店・支店）の所在地がある登記記録は、転属先の登記所に移送され（転属先に本店があるときを除く）、管轄転属元の当該登記記録は閉鎖（管轄の全部が転属するときまたは管轄転属元に本店・支店があるときを除く）されます（商登規第11条第４項）。

（参考）　登記所の処理のイメージ（A地が甲登記所から乙登記所の管轄に転属したときのA地に本店所在地がある会社の登記記録の扱い）

甲登記所（A地の旧管轄登記所）の処理	乙登記所（A地の新管轄登記所）の処理
①A地に本店の所在地のある会社の登記記録（印鑑記録を含む）の乙登記所への移送	②A地に本店の所在地のある会社の新登記記録（印鑑記録を含む）調製（支店の登記記録があれば閉鎖）
③A地に本店の所在地のある会社の登記記録（印鑑記録を含む）閉鎖（A地以外の甲登記所管轄区域内に支店の登記があるときは、登記記録の支店登記記録化）	

詳細情報48	事務委任とは？

　他の登記所に一つの登記所の管轄に属する事務の全部または一部を委任することをいいます（商登法第２条）。委任は、管轄地単位または事務単位で行われています。事務委任の内容は、登記事務委任規則に定められます。

　事務委任の際の登記記録の扱いは、管轄転属の際の扱いが類推適用されます（平成15年５月30日民商第1609号法務省民事局長通達記３参照（登インター50号142頁））。

　現在、アクセス登記所（10頁【耳寄りな情報２】）および証明書発行登記所（12頁【耳寄りな情報３】）は、商業登記所（15頁Ｑ６）に商業登記の事務の全部（他の登記所の管轄に属する会社等の登記事項証明書および印鑑証明書の交付の事務（10頁【耳寄りな情報１】）を除く）を委任しています。

Q89 取締役会設置会社か否かについて、証明書でわかりますか

A 取締役会設置会社（192頁【詳細情報49】）であるか否かについては、以下の登記事項証明書によって確認することができます。

① 履歴事項全部証明書
② 履歴事項一部証明書
③ 現在事項全部証明書
④ 現在事項一部証明書

■ 補足説明

・取締役会設置会社である旨の登記は、会社状態区に記録されるところ、一部事項証明書には、請求の有無にかかわらず、会社状態区についての全部の事項が記載される（181頁本章4）ため、取締役会設置会社である旨の登記の有無はすべての一部事項証明書で確認することができます。
・取締役会設置会社であるか否かは、登記事項証明書の取締役会設置会社に関する事項欄の記載によって確認することができます。

(1) 取締役会設置会社

① 取締役会設置会社である旨の登記がされた例

取締役会設置会社に関する事項	取締役会設置会社 　　平成○年○月○日設定　　平成○年○月○日登記

② 取締役会設置会社として設立し、または管轄外本店移転等により登記記録を起こした会社の例

取締役会設置会社に関する事項	取締役会設置会社

③ 会社法の施行（平成18年5月1日）により職権登記された例

取締役会設置会社に関する事項	取締役会設置会社 　　平成17年法律第87号第136条の規定により平成18年5月1日登記

第5章　商業登記に関する証明等について知りたいとき

(2) 取締役会設置会社でない会社

　現在事項証明書には、取締役会設置会社に関する事項欄は、記載されません。履歴事項証明書にも、原則として、取締役会設置会社に関する事項欄は、記載されませんが、取締役会設置会社であった会社については請求の時期等によって記載（取締役会設置会社である旨には、抹消する記号が記録）されます（181頁第5章4）。

詳細情報49	取締役会設置会社とは？

　①取締役会を置く株式会社または②会社法の規定により取締役会を置かなければならない株式会社です。
　株式会社は、定款の定めによって取締役会を置くことができ、また、公開会社、監査役会設置会社または委員会設置会社は、取締役会を置かなければなりません（会第327条第1項）。
　また、①取締役会を置く旨の定款の変更または②取締役会を置く旨の定款の定めを廃止する定款の変更をした会社であっても、当該変更の登記がされるまでは、登記事項証明書によっては、取締役会設置会社か取締役会設置会社でない会社か確認することができません。
　なお、会社法の施行により、平成18年5月1日から取締役会設置会社である旨が株式会社の登記事項となり、同日に存続している株式会社は、職権で取締役会設置会社である旨の登記がされています（会整法第136条）。

Q90　公開会社か否かについて、証明書でわかりますか

　A　公開会社（194頁【詳細情報50】）であるか否かについては、以下の登記事項証明書によって確認することができます。
① 履歴事項全部証明書
② 現在事項全部証明書
③ 株式・資本区が記載されている履歴事項一部証明書
④ 株式・資本区が記載されている現在事項一部証明書

■ 補足説明
・公開会社であるか否かについては、次のとおり登記事項証明書の発行可能種類株式総数及び発行する各種類の株式の内容欄に挙げられている種類株式の名称が株式の譲渡制限に関する規定欄にすべて挙げられているか否か、または発行する種類株式の内容として包括的に譲渡制限事項が設定されているかによって確認することができます（通達準拠163頁参照）。

(1) 公開会社
　① 種類株式の一部（以下の例では「普通株式」）にのみ株式の譲渡制限に関する規定を設定している会社の例

発行可能種類株式総数及び発行する各種類の株式の内容	普通株式　○○株 優先株式　○○株 　優先株式は、毎決算期において、普通株式に先立ち年6分の剰余金の配当を受けるものとする 　　　平成○年○月○日変更　平成○年○月○日登記
株式の譲渡制限に関する規定	当会社の普通株式を譲渡により取得するには、取締役会の決議を要する。 　　　平成○年○月○日設定　平成○年○月○日登記

　② 株式の譲渡制限に関する規定を設定していない会社の例

　　現在事項証明書には、株式の譲渡制限に関する規定欄は、記載されません。履歴事項証明書にも、原則として、株式の譲渡制限に関する規定欄は、記載されませんが、当該規定があった会社については請求の時期等によって記載（当該規定には、抹消する記号が記録）されます（181頁第5章4）。

(2) 公開会社でない会社
　① 種類株式発行会社でない会社が株式の譲渡制限に関する規定を設定している例

株式の譲渡制限に関する規定	当会社の株式を譲渡により取得するには、取締役会の決議を要する。

② 種類株式発行会社が種類株式の全部に株式の譲渡制限に関する規定を設定している例

　ア　株式の譲渡制限に関する規定欄に種類株式の内容として包括的に譲渡制限事項が設定されている例

発行可能種類株式総数及び発行する各種類の株式の内容	普通株式　　○○株 優先株式　　○○株 　　優先株式は、毎決算期において、普通株式に先立ち年6分の剰余金の配当を受けるものとする 　　　　　平成○年○月○日変更　平成○年○月○日登記
株式の譲渡制限に関する規定	当会社の株式を譲渡により取得するには、取締役会の決議を要する。 　　　　　平成○年○月○日設定　平成○年○月○日登記

　イ　株式の譲渡制限に関する規定欄に譲渡制限事項が設定されている種類株式の名称（以下の例では「普通株式」および「優先株式」）がすべて挙げられている例

発行可能種類株式総数及び発行する各種類の株式の内容	普通株式　　○○株 優先株式　　○○株 　　優先株式は、毎決算期において、普通株式に先立ち年6分の剰余金の配当を受けるものとする 　　　　　平成○年○月○日変更　平成○年○月○日登記
株式の譲渡制限に関する規定	当会社の普通株式及び優先株式を譲渡により取得するには、取締役会の決議を要する。 　　　　　平成○年○月○日設定　平成○年○月○日登記

詳細情報50	**公開会社とは？**

　その発行する全部または一部の株式の内容として譲渡による当該株式の取得について株式会社の承認を要する旨の定款の定めを設けていない株式会社を公開会社といいます（会第2条第5号）。

　また、①上記定款の定めを廃止する定款の変更または②上記定款の定めを設ける定款の変更をした会社であっても、当該変更の登記がされるまでは、

登記事項証明書によっては、公開会社か公開会社でない会社か確認することができません。

(参考) 公開会社と公開会社でない会社のイメージ

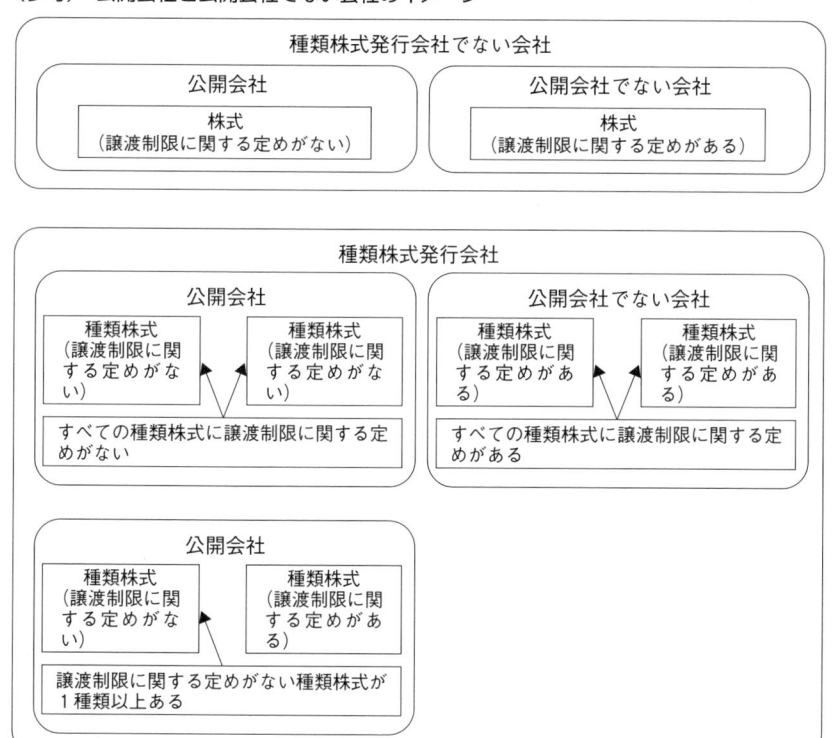

```
種類株式発行会社でない会社
 ┌─────────────────────┐ ┌─────────────────────┐
 │      公開会社       │ │   公開会社でない会社   │
 │      株式           │ │      株式           │
 │(譲渡制限に関する    │ │(譲渡制限に関する    │
 │ 定めがない)         │ │ 定めがある)         │
 └─────────────────────┘ └─────────────────────┘
```

```
種類株式発行会社
 公開会社                        公開会社でない会社
 ┌──────────┐ ┌──────────┐      ┌──────────┐ ┌──────────┐
 │種類株式  │ │種類株式  │      │種類株式  │ │種類株式  │
 │(譲渡制限 │ │(譲渡制限 │      │(譲渡制限 │ │(譲渡制限 │
 │に関する  │←→│に関する  │      │に関する  │←→│に関する  │
 │定めがな  │ │定めがな  │      │定めがあ  │ │定めがあ  │
 │い)       │ │い)       │      │る)       │ │る)       │
 └──────────┘ └──────────┘      └──────────┘ └──────────┘
 すべての種類株式に譲渡制限に関する定  すべての種類株式に譲渡制限に関する定
 めがない                              めがある

 公開会社
 ┌──────────┐ ┌──────────┐
 │種類株式  │ │種類株式  │
 │(譲渡制限 │ │(譲渡制限 │
 │に関する  │←│に関する  │
 │定めがな  │ │定めがあ  │
 │い)       │ │る)       │
 └──────────┘ └──────────┘
 譲渡制限に関する定めがない種類株式が
 1種類以上ある
```

6　登記簿謄抄本

・登記簿謄抄本とは、改製不適合の登記簿（Q91）の登記用紙の全部または一部を謄写したものです。
・磁気ディスクをもって調製された登記簿に記録されている事項を証明した書面は、登記事項証明書といいます（商登法第10条第1項）が、一部では昔からの名残で提出すべき書類を登記簿謄抄本と呼んでいる例も少なくありません。

Q91　改製不適合の登記簿とは何ですか

A　改製不適合の登記簿とは、電子情報処理組織による取扱いに適合しない登記簿のことです（平成17年法務省令第19号附則第3条第1項）。改製不適合の登記簿は、紙で調製され、登記用紙をもって編成されています。

■ 補足説明

・改製不適合の登記簿は、おおむね次のとおりとされています（平成17年3月2日民商第502号法務省民事局長通達記の第1の2（登研689号186頁）、平成25年12月26日民商第116号法務省民事局長通達記の1）。なお、平成25年12月26日まで改製不適合の登記簿と取り扱われていた登記簿の一部（解散の登記がされている会社の登記簿、破産手続開始の登記がされている会社の登記簿および設立無効または設立取消しの登記がされている会社の登記簿）が、同日以降は電子情報処理組織による取扱いに適合する登記簿と取り扱われることとされています（平成25年12月26日民商第116号法務省民事局長通達記の1）。
① 閉鎖登記簿
② 休眠会社（245頁【詳細情報62】）の整理作業によって「支店休眠登記簿」につづられている株式会社の登記簿
③ 必要な登記事項が不足しているため電子情報処理組織による事務処理

に不具合が生ずる会社の登記簿その他移記することが相当でない登記簿
・改製不適合の登記簿が、電子情報処理組織による取扱いに適合することとなったときは、磁気ディスクの登記簿に改製【詳細情報51】されます。電子情報処理組織による取扱いに適合することとなった登記簿とは、おおむね次のとおりとされています（平成17年3月2日民商第502号法務省民事局長通達記の第1の3（登研689号186頁）、平成25年12月26日民商第116号法務省民事局長通達記の2）。
　① 登記がされたことによって「支店休眠登記簿」から除却された株式会社の登記簿
　② 必要な登記事項を充足する変更登記（更正登記）がされた登記簿
・閉鎖した登記用紙（168頁【詳細情報43】）を保存する登記所以外の登記所に改製不適合の登記簿の謄抄本の交付を請求することは、できません。
・改製不適合の登記簿を保存する登記所は、管轄外本店移転や管轄外支店移転により会社の本店の所在地や支店の所在地を管轄する登記所が異なることとなっても、変更しません。したがって、管轄外本店移転をした会社の改製不適合の登記簿の謄抄本の交付を請求すべき登記所は、現在の本店の所在地を管轄する登記所ではないので、注意が必要です。

詳細情報51	磁気ディスクの登記簿への改製とは？

　磁気ディスクをもって調製された登記簿の登記記録に登記用紙にされている登記で現に効力を有するものを、移記することです（平成17年法務省令第19号附則第3条第2項）〔取締役等役員または会計監査人の登記にあってはその就任の年月日、商号および本店の登記にあっては現に効力を有するものの直前の変更に係る登記事項（閉鎖した登記用紙に記載されたものを除く）も移記するものとされています〕。登記官は、移記したときは、登記用紙を閉鎖するとされています（同条第4項）。
　磁気ディスクの登記簿に改製したときは、登記記録の登記記録を起こした事由欄に「平成17年法務省令第19号附則第3条第2項の規定により平成○年○月○日移記」と記録し（平成17年法務省令第19号附則第3条第3項）、閉鎖した登記用紙の登記用紙を閉鎖した事由欄には「平成17年法務省令第19号附

則第3条第2項の規定により平成○年○月○日移記　同日閉鎖」と記載します（同条第4項）。

　なお、平成17年3月6日以前に磁気ディスクの登記簿に改製されている登記簿については、適用法令が異なるので、登記記録の登記記録を起こした事由欄に「平成元年法務省令第15号附則第3項の規定により平成○年○月○日移記」と記録し（平成元年法務省令第15号附則第4項）、閉鎖した登記用紙の登記用紙を閉鎖した事由欄には「平成元年法務省令第15号附則第3項の規定により平成○年○月○日移記　同日閉鎖」と記載しています（同号附則第5項）。

Q92　閉鎖登記簿の謄本とは何ですか

A　閉鎖登記簿の謄本とは、閉鎖した登記用紙（168頁【詳細情報43】）の謄本のことです。

■　補足説明

・登記所が配付し、法務省ホームページが掲示している登記事項証明書・登記簿謄抄本・概要記録事項証明書交付申請書の様式（270頁参考資料7）には、「④コンピュータ化以前の閉鎖登記簿の謄抄本」欄にチェックボックス方式で次の項目が設けられており、コンピュータ化（磁気ディスク登記簿への改製（197頁【詳細情報51】））に伴う閉鎖登記簿の謄本の交付を請求する場合には、1番目の項目にチェックします。管轄外本店移転、組織変更等による解散、清算結了の登記（168頁【詳細情報43】）その他の事由により閉鎖した登記用紙の謄本の交付を請求する場合には、2番目の項目にチェックし、閉鎖年月日（200頁【詳細情報52】）を記載します。

「□コンピュータ化に伴う閉鎖登記簿の謄本」
「□閉鎖謄本（　年　月　日閉鎖)」
「□閉鎖役員欄（　年　月　日閉鎖)」
「□その他（　　）」

・閉鎖登記簿の謄本には、「上記は閉鎖登記簿の謄本である。」と認証文が記

載されます（平成17年3月2日民商第500号法務省民事局長通達記4（登インター71号163頁）の規定によりなお効力を有するものとされている昭和39年3月11日民事甲第472号法務省民事局長通達「商業登記等事務取扱手続準則」第49条第2項（登解172号70頁））。

Q93 │ 閉鎖役員欄の謄本とは何ですか

A　閉鎖役員欄の謄本とは、閉鎖した役員欄の用紙の謄本のことです。

■ 補足説明

- 閉鎖した各欄の用紙（168頁【詳細情報43】）の謄本とは、その全部または一部が閉鎖し、閉鎖した登記用紙とみなされた各欄の用紙の謄本のことで、閉鎖役員欄の謄本もこれに当たります。
- 登記所が配付し、法務省ホームページが掲示している登記事項証明書・登記簿謄抄本・概要記録事項証明書交付申請書の様式（270頁参考資料7）には、「④コンピュータ化以前の閉鎖登記簿の謄抄本」欄にチェックボックス方式で次の項目が設けられています。閉鎖役員欄の用紙の謄本の交付を請求する場合には、3番目の項目にチェックし、閉鎖年月日（200頁【詳細情報52】）を記載します。商号・資本欄その他の閉鎖されている各欄の用紙の謄本の交付を請求する場合には、4番目の項目にチェックし、各欄の名称および閉鎖年月日を記載します。
「□コンピュータ化に伴う閉鎖登記簿の謄本」
「□閉鎖謄本（　年　月　日閉鎖）」
「□閉鎖役員欄（　年　月　日閉鎖）」
「□その他（　）」
- 閉鎖役員欄の用紙の謄本には、「上記は昭和○年○月○日閉鎖した役員欄の謄本である。」と認証文が記載されます（平成17年3月2日民商第502号法務省民事局長通達記4（登インター71号163頁）の規定によりなお効力を有するものとされている昭和39年3月11日民事甲第472号法務省民事局長通達「商業登記等事務取扱手続準則」第49条第2項（登解172号70頁））。

| 詳細情報52 | 閉鎖年月日とは？ |

　閉鎖した登記用紙および各欄の用紙は、閉鎖した年ごとに別冊として保存され、商号、編てつの年月日および事由が記載された索引票が付されています（平成17年3月2日民商第502号法務省民事局長通達記4（登インター71号163頁）の規定によりなお効力を有するものとされている昭和39年3月11日民事甲第472号法務省民事局長通達「商業登記等事務取扱手続準則」第9条、第15条）。

　閉鎖した登記用紙の謄抄本または閉鎖した各欄の用紙の謄抄本の交付の請求をするときは、申請書にこれらの閉鎖年月日を記載して、閉鎖した登記用紙または各欄の用紙を特定する必要があります。閉鎖年月日は、たとえば、次のとおり他の閉鎖した登記用紙の謄抄本や閉鎖した各欄の用紙の謄抄本により調べることができます。

① 組織変更により解散した会社の登記用紙の閉鎖年月日
　　組織変更により設立した会社の登記用紙を起こした年月日
② 管轄外本店移転した会社の旧本店の所在地の登記用紙の閉鎖年月日
　　新本店の所在地の管轄外本店移転により登記用紙を起こした年月日〔当該登記用紙を起こした年月日の数日後の日が閉鎖年月日であるので、申請書には当該登記用紙を起こした年月日を参考に記載します。〕
③ 除却された各欄の用紙の閉鎖年月日
　　各欄の最後の用紙の欄外左下部に記載された閉鎖の年月日、移記の年月日または除却の年月日（平成17年3月2日民商第502号法務省民事局長通達記4（登インター71号163頁）の規定によりなお効力を有するものとされている昭和39年3月11日民事甲第472号法務省民事局長通達「商業登記等事務取扱手続準則」第16条、稲葉威雄ほか「商業登記規則・準則等の改正」登解189号3頁参照）

7　印鑑証明書

- 印鑑証明書交付申請書（271頁参考資料8）には、会社の商号、本店、印鑑を提出した者の資格・氏名・生年月日等を記載し（商登規第22条第1項）、所要の額の収入印紙を貼付する必要があります（商登規第28条第1項）。
- 管財人等（商登規第9条第1項第5号に規定する管財人等をいう）の職務執行者が印鑑証明書の交付の請求をするときは、当該管財人等である法人の登記事項証明書で作成後3月以内のものを添付しなければなりません（商登規第22条第1項）。ただし、当該法人の本店または主たる事務所の所在地を管轄する登記所に請求するときは、不要です。
- 印鑑証明書の記載内容の例は、次のとおりです。

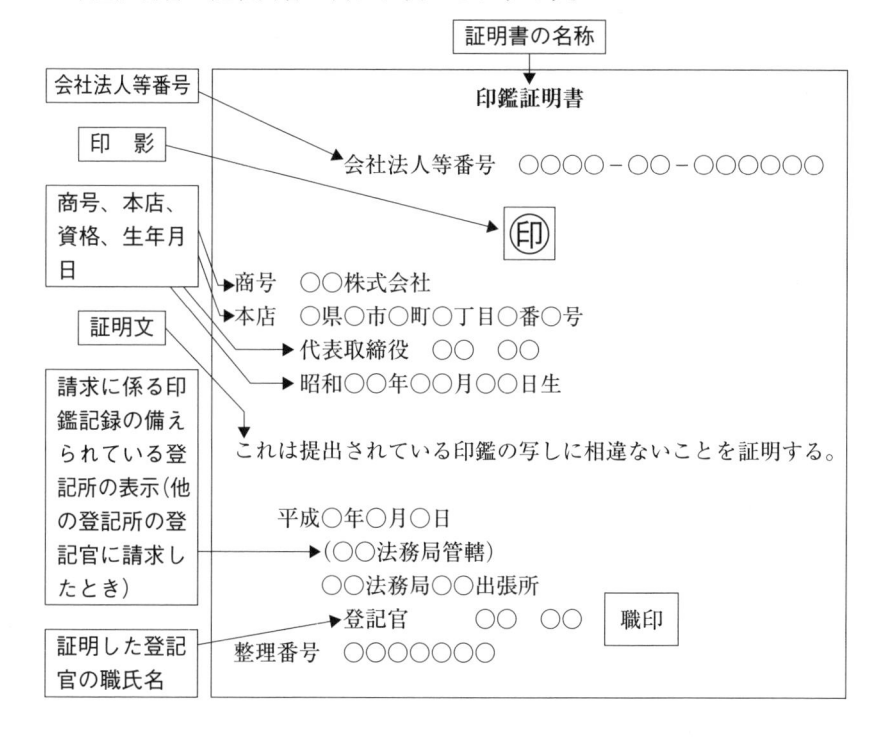

```
                         証明書の名称

                         印鑑証明書

  会社法人等番号 ──▶ 会社法人等番号　○○○○－○○－○○○○○○

   印　影    ────────▶  ㊞

  商号、本店、  ─▶ 商号　○○株式会社
  資格、生年月     本店　○県○市○町○丁目○番○号
  日          ─▶ 代表取締役　　○○
              ─▶ 昭和○○年○○月○○日生

   証明文    ─▶ これは提出されている印鑑の写しに相違ないことを証明する。

  請求に係る印
  鑑記録の備え     平成○年○月○日
  られている登  ─▶（○○法務局管轄）
  記所の表示(他     ○○法務局○○出張所
  の登記所の登
  記官に請求し  ─▶ 登記官　　　○○　○○　　　職印
  たとき)          整理番号　　○○○○○○

  証明した登記
  官の職氏名
```

第5章　商業登記に関する証明等について知りたいとき　201

Q94 代理人は委任状を添付せずに印鑑証明書をとれますか

A 代理人は、申請書に委任状を添付せずに、印鑑証明書の交付の請求をすることができます。

■ 補足説明

・代理人が印鑑証明書の交付の請求をするときも、印鑑カードを提示する必要があり、これにより代理人が正当に代理権限を授与されたものであることが証明されるので、申請書に委任状を添付する必要はありません（平成11年4月2日民四第667号法務省民事局長通達（登情460号97頁））。

Q95 再生会社の印鑑証明書には何が付記されるのですか

A 民事再生法による再生手続開始決定、再生計画認可決定、監督命令、管理命令または保全管理命令があったときは、代表取締役または代表執行役の印鑑証明書の証明文の次に「民事再生法による再生手続開始決定（または再生計画認可決定、監督命令、管理の命令、保全管理の命令）がある」旨を付記するとされています（平成12年3月31日民四第802号法務省民事局長通達（登情467号167頁））。

■ 補足説明

・再生計画認可決定があったときは、再生手続開始決定は現に効力を有する登記事項ではなくなるので、「民事再生法による再生計画認可決定がある」旨の付記がされ、「民事再生法による再生手続開始決定がある」旨の付記はされません。また、再生手続終結決定または再生手続廃止決定がされたときは、監督命令、再生計画認可決定および再生手続開始決定は現に効力を有する登記事項ではなくなるので、これらの付記はされません。

・会社更生法による更生手続開始決定、更生計画認可決定、監督命令または保全管理命令があったときも、同様に代表取締役または代表執行役の印鑑証明書の証明文の次にこれらの事項を付記するとされています（平成15年

3月31日民商第936号法務省民事局長通達（登情504号43頁））。
- 破産法による保全管理命令または破産手続開始決定があったときの取扱いについては、Q96参照。
- 代表者事項証明書にも同様に付記（「再生手続開始の登記」の振合）されます。〔登記事項がそのまま付記されます。〕

Q96 破産手続開始決定がされても、印鑑証明書をとれますか

A 株式会社について破産手続開始決定の登記がされても、代表取締役または代表執行役は、その就任の時期を問わず、その印鑑証明書の交付の請求をすることができます（平成23年4月1日民商第816号法務省民事局商事課長通知（詳解商登（上）175頁））。

また、破産管財人も、その印鑑証明書の交付の請求をすることができます。

■ 補足説明
- 印鑑証明書の交付の請求をするには、印鑑を提出し、印鑑カード（162頁第4章3）を取得しておく必要があります。
- 破産手続開始決定がされた株式会社の代表取締役、代表執行役または破産管財人の印鑑証明書については、その証明文の次に「破産手続開始の登記がある」旨を付記するとされています（平成23年4月1日民商第816号法務省民事局商事課長通知（詳解商登（上）175頁））。
- 破産法による保全管理命令があった株式会社の代表取締役、代表執行役または保全管理人の印鑑証明書については、その証明文の次に「破産法による保全管理命令がある」旨を付記するとされています（平成23年4月1日民商第816号法務省民事局商事課長通知（詳解商登（上）175頁））。
- 民事再生法による再生計画認可決定があった後、破産法による保全管理命令があった株式会社の代表取締役、代表執行役または保全管理人の印鑑証明書については、その証明書の次に「再生計画認可決定がある」旨および「破産法による保全管理命令がある」旨が付記されます。

8　登記簿の附属書類の閲覧・登記事項要約書

(1)　登記簿の附属書類の閲覧

　登記簿の附属書類の閲覧の請求をするときは、閲覧申請書（272頁参考資料9）に、閲覧しようとする登記簿の附属書類（申請書またはその添付書面であるときは、会社の商号・本店、当該申請書の受付の日【詳細情報53】）および利害関係を明らかにする事由を記載し、収入印紙を貼付のうえ、申請人または代理人が署名または押印しなければなりません（商登規第21条、第28条第1項）。

(2)　登記事項要約書

　会社の登記事項要約書には、次の事項が記載されています。

① 　商号区、会社状態区および請求に係る区に記録されている事項中現に効力を有する事項（182頁【詳細情報45】）
② 　請求に係る区が役員区である場合には、①に加えて取締役、会計参与、監査役、代表取締役、特別取締役、委員、執行役、代表執行役および会計監査人の就任の年月日

詳細情報53	受付の日とは？

　登記の申請が受け付けられた日です。〔郵送またはオンラインにより申請した場合には、投函日またはインターネットによる送信日と異なることがあります。〕

　受付の日は、管轄外本店移転の旧本店の所在地における登記の日（新本店の所在地を管轄する登記所から登記した旨の通知を旧本店の所在地を管轄する登記所が受けた日（商登逐条220頁））を除き、登記日と一致するので、登記事項証明書に記載されている登記日により、受付日を確認することができます。

Q97　申請書やその添付書面のコピーをとれますか

A　申請書またはその添付書面のコピーをとることはできません。なお、閲覧の際に、申請書またはその添付書面を写真撮影することは当該書類を汚損し、または事務に支障のない限り、さしつかえないとされています（昭和35年3月15日民事甲第624号法務省民事局長電報回答（詳解商登（上）180頁））。

■ 補足説明

・申請書またはその添付書面の閲覧は、利害関係のある部分に限られ、また、登記官の面前においてする必要があります（商登規第32条第1項、商準則第38条(3)）。

Q98　登記前に申請書を閲覧することはできますか

A　登記される前の申請書を閲覧することはできません。

■ 補足説明

・会社の役員全員の解任を内容とする変更登記の申請があった場合には、登記所はすみやかに当該会社に適宜の方法で連絡するものとされています。この場合に、解任されたとされる役員のうちいずれかが申請書またはその添付書面の閲覧を求めたときは、登記所に提出している印鑑または運転免許証の提示等適宜の方法により、登記簿上の役員本人またはその代理人であることを確認したうえ、閲覧に応じ、また、仮処分申請のため必要である等の事情が認められる場合には、適宜、申請書等の写しを交付することもさしつかえないとされています（平成15年5月6日民商第1405号法務省民事局商事課長通知（登情504号132頁））。なお、これらの閲覧または写しの交付は、商業登記法に定められた公示手続ではありません。写しであることの証明（行政証明）も登記官名ではなく、組織法令上の職名を付して行われます。

第5章　商業登記に関する証明等について知りたいとき

（参考） 申請書またはその添付書面の閲覧可能時期のイメージ

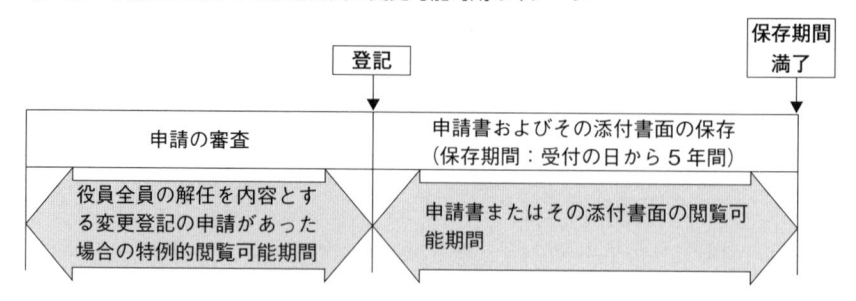

```
                            ┌登記┐                              ┌保存期間┐
                            │    │                              │満了    │
                            ▼                                    ▼
├──────────────────┤├──────────────────────┤
│     申請の審査       ││   申請書およびその添付書面の保存     │
│                      ││   （保存期間：受付の日から5年間）    │
├──────────────┤├──────────────────────┤
│役員全員の解任を内容とす││                                      │
│る変更登記の申請があった││  申請書またはその添付書面の閲覧可    │
│場合の特例的閲覧可能期間││  能期間                              │
└──────────────┘└──────────────────────┘
```

Q99 登記事項要約書はどこでとれますか

A 登記事項要約書は、登記簿が備えられている営業所（会社にあっては、本店または支店）の所在地を管轄する登記所において、交付の請求をすることができます。当該登記所以外の登記所や郵送では交付の請求をすることはできません。

■ 補足説明

・インターネットを利用すれば、全国どこからでも、登記情報提供サービス（208頁第6章1）によって、登記情報を確認することができます。
・登記事項要約書は、証明書発行請求機（172頁【耳寄りな情報12】）が設置されている場所（法務局証明サービスセンター）においても、交付の請求をすることはできません。

第 **6** 章

インターネットによる
サービスについて知りたいとき

1　登記情報提供サービス

- 登記情報提供サービスは、インターネットを利用してオフィスや自宅などで登記情報を確認することができる有料のサービスです。
- 利用時間は、登記所の開庁日（13頁Q4）の午前8時30分から午後9時までであり、登記所の開庁時間外にも利用することができます。

（参考）　登記情報提供サービスの利用時間のイメージ図

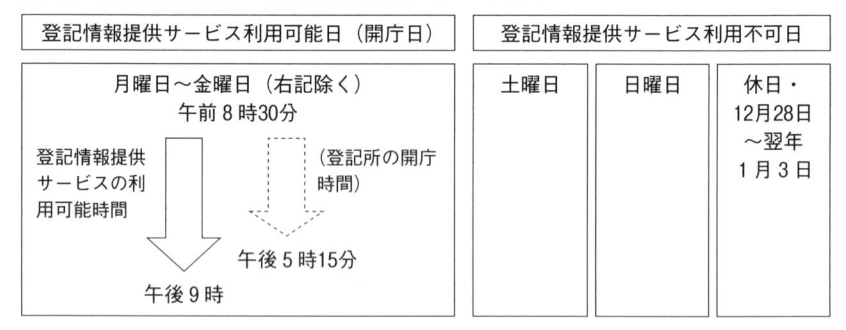

登記情報提供サービス利用可能日（開庁日）	登記情報提供サービス利用不可日		
月曜日～金曜日（右記除く） 午前8時30分 ↓ 登記情報提供サービスの利用可能時間 （登記所の開庁時間） 午後5時15分 午後9時	土曜日	日曜日	休日・12月28日～翌年1月3日

- 取得することができる商業登記の登記情報は、履歴事項全部証明書または閉鎖事項全部証明書（登記記録全部が閉鎖されるもの）に記載される事項で、1件当り337円です。
- 登記情報提供サービスのホームページのURLは次のとおりです。http://www1.touki.or.jp/gateway.html
- 商業登記簿に記録されている情報のほか、法人の登記簿、投資事業有限責任組合契約登記簿、有限責任事業組合契約登記簿、動産譲渡登記事項概要ファイル、債権譲渡登記事項概要ファイル、限定責任信託登記簿に記録されている情報、さらに、不動産の登記簿や地図・図面に記録されている情報などについても、登記情報提供サービスで取得することができます。

Q100 いますぐ利用することはできますか

A 利用時間内であれば、クレジットカードで即時決済する一時利用の方法によって、すぐに利用することができます。

■ 補足説明

・一時利用とは、利用者登録を行わずに、ホームページの画面上で「住所」「氏名」「クレジットカードの番号」等を入力して、即時に登記情報を請求することができる利用方法です。

Q101 正確な商号が不明でも、利用することはできますか

A 会社法人等番号（189頁Q88）または商号および本店が不明の場合には、登記情報を取得したい会社を特定することができないため、利用することはできません。

■ 補足説明

・登記情報を取得したい会社の所在市区町村がわかっていれば、登記情報提供サービスの「商号」または「ヨミカナ」の前方一致検索機能や商号を構成する単語のヨミカナを指定するキーワード検索機能により、検索することができます（登記情報提供サービスのホームページ「よくあるご質問　11. 登記情報の請求　Q11　会社名が正確に分からない場合に検索機能はあるのか？」参照）。当該機能等により、登記情報を取得したい会社と推測される会社の登記情報を取得することができます。

Q102 取得した登記情報は、証明書として使えますか

A 登記情報提供サービスにより取得した登記情報については、登記事項証明書と異なり、登記官等公的機関によって認証されていません。した

がって、官公署等から登記事項証明書を提出するよう求められている場合に、これを印刷したものを提出することはできません。なお、照会番号【耳寄りな情報13】を登記事項証明書の提出にかえて使用することができる場合があります。

■ 補足説明

・管轄外本店移転による新本店の所在地における登記の申請書に記載する登記すべき事項については、登記情報提供サービスの提供結果を引用することも認められています（88頁【耳寄りな情報10】）。

耳寄りな情報13　照会番号とは？

　登記情報提供サービスにおいて提供される番号であって、行政機関等に対して電子申請をする場合に、登記事項証明書のかわりに提供することができるものです。

　たとえば、商業登記について、オンラインによる登記の申請をする場合において、登記事項証明書を添付しなければならないものとされているとき（株式会社が法人である会計監査人の就任による変更の登記を申請するときなど）は、登記事項証明書の提出にかえて、照会番号を提供することができます（商登規第103条第2項）。

　行政機関等に対する電子申請において照会番号を利用することができるかについては、当該行政機関等に確認する必要があります。

　なお、行政機関が照会番号を利用する際に課金されるので、取下げや120日の有効期限（177頁Q83）の経過などにより照会番号が利用されなかったときには、料金の支払は不要となります。

2　電子認証登記所の電子証明書

・印鑑を提出した者は、印鑑を提出した登記所（商業・法人登記事務の集中化を実施している局においては、局内の他の商業登記所（15頁Q6）またはアクセス登記所（10頁【耳寄りな情報2】）を含む）を経由して、電子証明書の発行を法務大臣の指定する登記所（東京法務局が指定されている。本書では「電子認証登記所」という）の登記官に請求することができます（商登法第12条の2第1項、第5項）。

・電子認証登記所の電子証明書の取得手順は次のとおりです。

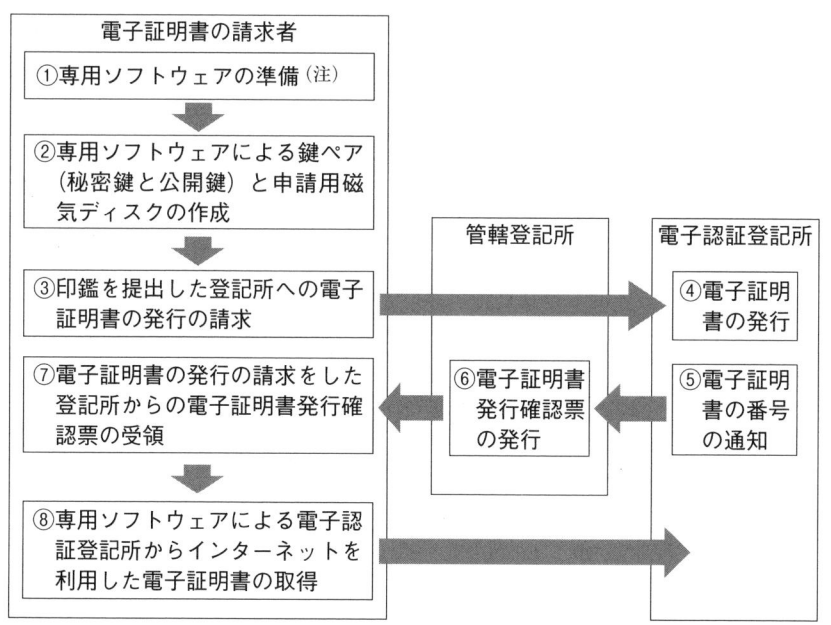

```
電子証明書の請求者
①専用ソフトウェアの準備（注）
　　　↓
②専用ソフトウェアによる鍵ペア
　（秘密鍵と公開鍵）と申請用磁
　気ディスクの作成
　　　↓                             管轄登記所          電子認証登記所
③印鑑を提出した登記所への電子  →                   →  ④電子証明
　証明書の発行の請求                                    書の発行
                                                        ⑤電子証明
                                                        書の番号
                                                        の通知
⑦電子証明書の発行の請求をした  ←   ⑥電子証明書
　登記所からの電子証明書発行確        発行確認票
　認票の受領                          の発行
　　　↓
⑧専用ソフトウェアによる電子認                       →
　証登記所からインターネットを
　利用した電子証明書の取得
```

（注）　法務省ホームページから専用ソフトウェアである「商業登記電子認証ソフト」を無料でダウンロードすることができます。また、市販の専用ソフトウェアを使うこともできます。

・電子認証登記所の電子証明書の発行を受けた者は、使用の廃止の届出（郵

送または代理人による届出可）やインターネットによって使用休止の届出をすることができます（商登法第12条の2第7項、商登規第33条の13）。

Q103 どんな手続に利用することができますか

A 下表の手続のほか、電子商取引において利用することができます。

(1)	登記・供託手続関係	
	①	オンラインによる商業・法人登記の申請
	②	オンラインによる不動産登記の申請
	③	オンラインによる動産・債権譲渡登記の申請
	④	オンラインによる印鑑証明書の交付の請求
	⑤	オンラインによる供託の申請
(2)	その他の手続関係	
	①	e-Tax（国税電子申告・納税システム）
	②	eLTAX（地方税電子申告）
	③	社会保険・労働保険関係手続（電子政府の総合窓口（e-Gov））
	④	特許のインターネット出願
	⑤	自動車保有関係手続のワンストップサービス
	⑥	総務省電波利用電子申請・届出システム
	⑦	防衛省装備施設本部電子入札・開札システム
	⑧	オンラインによる支払督促手続（督促手続オンラインシステム）
	⑨	電子自治体における各種の申請・届出システム

Q104 電子証明書発行申請書を郵送することはできますか

A 電子証明書発行申請書（274頁参考資料11）を郵送することはできま

す。

■ 補足説明
・電子証明書発行申請書を郵送するときは、同申請書に所要の額の収入印紙を貼付し、申請用磁気ディスク、印鑑カード、送付先を記載した返信用封筒および郵便切手（書留郵便等配達が記録される郵便を推奨）を同封します。
・電子証明書発行請求書は、印鑑を提出した登記所宛て郵送します。

(参考) 郵送による電子証明書の発行請求イメージ図

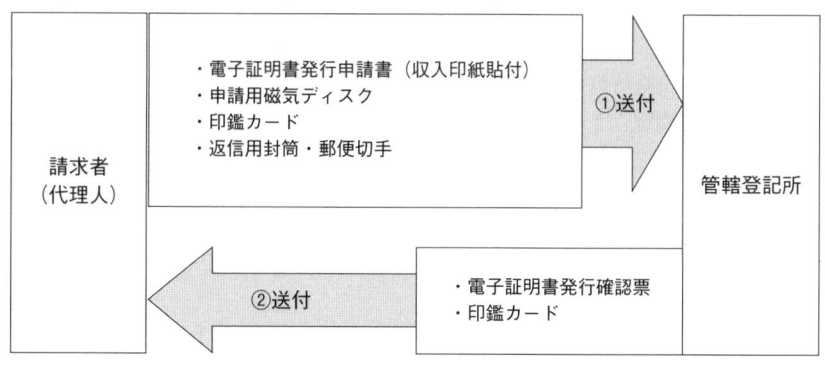

```
請求者              ・電子証明書発行申請書（収入印紙貼付）
(代理人)            ・申請用磁気ディスク         ①送付   管轄登記所
                   ・印鑑カード
                   ・返信用封筒・郵便切手

           ②送付    ・電子証明書発行確認票
                   ・印鑑カード
```

Q105 だれでも電子証明書の発行を請求することができますか

A 電子認証登記所の電子証明書の発行を請求することができるのは、印鑑の提出をした者のうち下表に定める事項がない者です（商登法第12条の2第1項、商登規第33条の3、三枝稔宗「オンラインによる印鑑の証明書の交付の請求について」登情597号9頁参照）。

(1) 代表権または代理権の範囲または制限に関する定め
① 代表権または代理権の範囲または制限に関する定めがある者
② 司法書士法・土地家屋調査士法・行政書士法・社会保険労務士法の規定による司法書士法人・土地家屋調査士法人・行政書士法人・社会保険労務士法人につき特定社員が登記されている場合においてすべての業務

		に係る代表権を有する者以外の者
	③	存続期間が満了している法人の代表者
(2)	未成年登記簿、後見人登記簿または支配人登記簿に登記された者であること。	
	①	未成年登記簿に登記された未成年者
	②	後見登記簿に登記された未成年後見人または成年後見人
	③	支配人登記簿に登記された支配人および営業主
(3)	管財人等の職務を行うべき者として指名された者であること。	
	①	破産法、民事再生法、会社更生法、外国倒産処理手続の承認援助に関する法律、保険業法もしくは預金保険法の規定による法人である破産管財人、保全管財人、管財人、保全管理人、承認管財人、保険管理人、金融整理管財人または管理人（預金保険機構）の職務執行者として指名された者
	②	投資事業有限組合契約に関する法律による無限責任組合員もしくは清算人または信託法の限定責任信託の受託者（清算受託者を除く）、信託財産管理者、信託財産管理人もしくは清算受託者が法人である場合における法人の代表者

■ 補足説明

・電子認証登記所の電子証明書の発行を請求するためには、登記所において印鑑および印鑑届出事項が印鑑記録に記録され、印鑑カードの発行または引き継ぎ（164頁Q75）がされている必要があります。

・①設立時の代表者
②株式会社の代表取締役・代表執行役の就任（重任を除く）、持分会社の代表社員の就任または合名会社・合資会社の社員（会社を代表しない社員がない場合）の加入による変更の登記がされる者
にあっては、当該登記がされてから、
③民事再生法による監督命令を受けている会社の代表取締役等代表者にあっては、再生終結の決定または再生廃止の登記がされてから、
電子認証登記所の電子証明書の発行を請求することができます。

・監督委員の同意を得る必要がある再生債務者の行為に終期（再生計画認可まで）が設けられている会社の代表取締役等代表者は、再生計画認可の登

記がされれば、電子認証登記所の電子証明書の発行を請求することができます（平成24年12月13日民商第3477号法務省民事局商事課長通知（民月68巻1号186頁））。

(参考)　電子証明書の発行の請求可能な時期のイメージ
○代表取締役、代表社員等（設立時）

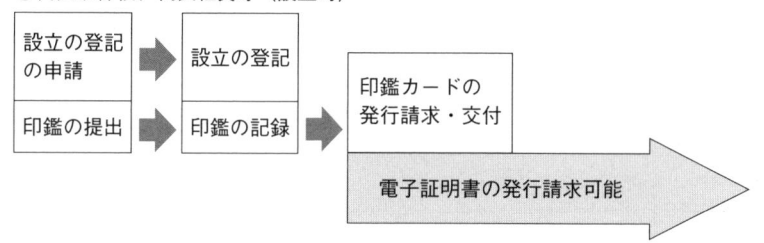

| 設立の登記の申請 | → | 設立の登記 | → | 印鑑カードの発行請求・交付 |
| 印鑑の提出 | → | 印鑑の記録 | | 電子証明書の発行請求可能 |

○代表取締役、代表社員等（新たに就任する者）

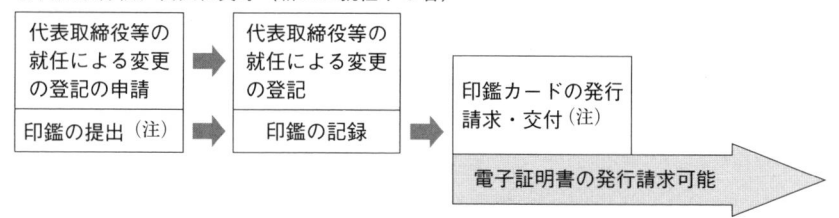

| 代表取締役等の就任による変更の登記の申請 | → | 代表取締役等の就任による変更の登記 | → | 印鑑カードの発行請求・交付（注） |
| 印鑑の提出（注） | → | 印鑑の記録 | | 電子証明書の発行請求可能 |

(注)　前代表取締役等の印鑑カードを引き継ぐときは、印鑑届書にその旨記載（チェック）します（164頁Q75）。

○代表取締役・代表執行役（再任（重任を除く）し、印鑑カードの交付を受けている者）

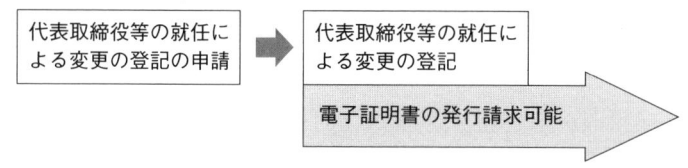

| 代表取締役等の就任による変更の登記の申請 | → | 代表取締役等の就任による変更の登記 |
| | | 電子証明書の発行請求可能 |

第6章　インターネットによるサービスについて知りたいとき　215

○民事再生法による監督命令を受けている会社の代表取締役等（印鑑を提出し、印鑑カードの交付を受けている者）

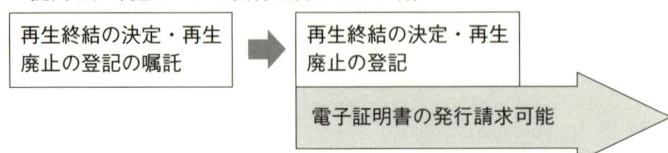

| 再生終結の決定・再生廃止の登記の嘱託 | ⇒ | 再生終結の決定・再生廃止の登記 |

電子証明書の発行請求可能

○民事再生法による監督命令を受けている会社の代表取締役等（監督委員の同意を得る必要がある再生債務者の行為に終期（再生計画認可まで）が設けられているとき）（印鑑を提出し、印鑑カードの交付を受けている者）

| 再生計画認可の登記の嘱託 | ⇒ | 再生計画認可の登記 |

電子証明書の発行請求可能

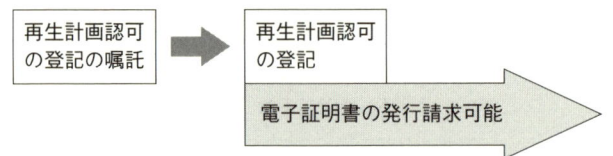

（参考）　監督委員の同意を得る必要がある再生債務者の行為に終期（再生計画認可まで）が設けられている記録例

役員に関する事項	（略）	
	○県○市○町○丁目○番○号 監督委員　　○○○○ 民事再生法により上記の者による監督を命ずる 　監督委員の同意を得なければすることができない行為（ただし、再生計画認可決定があった後は、この限りではない。） 　　1　財産の処分 　　2　金銭の借入れ 　　3　金10万円以上の手形の振出し	平成○年○月○日登記 ○○地方裁判所の決定
		平成○年○月○日登記

3　オンラインによる登記の申請

・オンラインによる登記の申請は、オフィスなどからインターネットによって登記の申請をすることができるものです。申請人の電子証明書は必要ですが、添付書面は書面で提出することもできます（222頁Q107）。また、申請人の情報を登録することで、手続の進捗状況を登記・供託オンライン申請システム上で確認することができます。また、メール送信サービスの登録をしておくと、手続の進捗状況に応じてお知らせメールが送信されます。
・オンラインによる（インターネットを利用した）登記の申請（登記・供託オンライン申請システムへの送信）は、登記所の開庁日の午前8時から午後7時までの間、することができます。ただし、登記の申請の受付は、登記所の開庁日の開庁時間（午前8時30分から午後5時15分まで）内にされます。
・たとえば、オンラインによる登記の申請（登記・供託オンライン申請システムへの送信）を、登記所の開庁日の午前8時にしたときにあっては同日の午前8時30分から、午後6時にしたときにあっては登記所の翌開庁日の8時30分から、申請先の登記所で、順次受付されます。
・オンラインによる登記の申請をするときは、会社を代表して申請する者が電子署名した申請書情報（書面による申請の場合の申請書に相当するもの）とこれに係る電子証明書（220頁【詳細情報54】）をあわせて送信する必要があります。

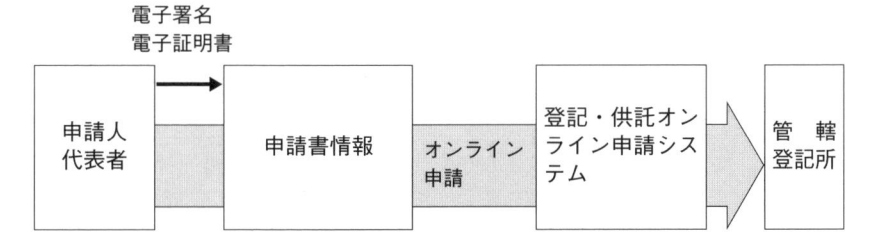

```
              電子署名
              電子証明書
    ┌──────┐  ──→  ┌──────┐     ┌──────┐   ┌──────────┐   ┌──────┐
    │申請人│       │申請書│     │オンラ│   │登記・供託オン│   │管　轄│
    │代表者│       │情報  │     │イン  │   │ライン申請シス│   │登記所│
    │      │       │      │     │申請  │   │テム          │   │      │
    └──────┘       └──────┘     └──────┘   └──────────┘   └──────┘
```

・代理人がオンラインによる登記の申請をするときは、代理人が電子署名し

た申請書情報とこれに係る電子証明書（220頁【詳細情報55】）および会社を代表する者が電子署名した委任状情報（書面による申請の場合の委任状に相当するもの）とこれに係る電子証明書（220頁【詳細情報56】）をあわせて送信する必要があります。なお、委任状を別途申請した登記所に提出することもできます（222頁Ｑ107）。

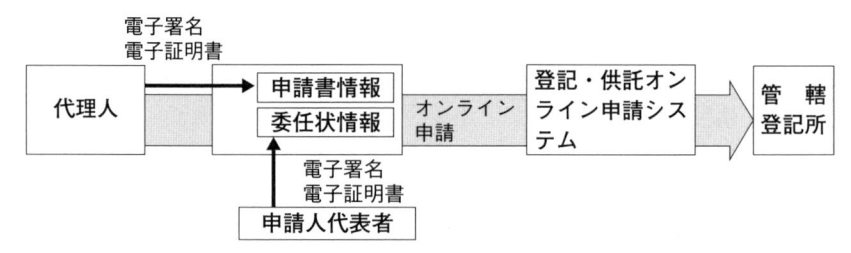

```
                電子署名
                電子証明書
                    │
                    ▼
 ┌─────┐      ┌─────────┐                 ┌─────────┐    ┌─────┐
 │代理人│─────▶│申請書情報│ ─オンライン──▶ │登記・供託オン│──▶│ 管 轄│
 │     │      │委任状情報│   申請         │ライン申請シス│    │ 登記所│
 └─────┘      └─────────┘                 │ テム       │    └─────┘
                    ▲                      └─────────┘
                電子署名
                電子証明書
              ┌─────────┐
              │申請人代表者│
              └─────────┘
```

・オンラインによる登記の申請を補正（55頁【詳細情報17】）するときは、申請用総合ソフト等によって補正情報を作成します。作成した補正情報は、電子署名を行ったうえ、電子証明書とあわせて登記・供託オンライン申請システムに送信します。下表に定める措置を施し、書面によって補正することもできます。

補正者			補正に必要な措置
申請人の代表者	印鑑を提出している者		① 補正書に当該印鑑を押印
	申請に伴い印鑑届書を提出した者（注）		② 補正書に当該印鑑を押印
委任による代理人	個人		③ 委任状の添付（委任者の商号、本店、代表者の氏名が記載され、①または②の印鑑が押印されたもの）
	司法書士法人等法人の代表者	申請登記所に印鑑を提出している者	④ 補正書に当該印鑑を押印
		印鑑未提出の者	⑤ 委任状の添付（委任者の商号、本店、代表者の氏名が記載され、登記所に提出している印鑑が押印されたもの）
		申請登記所以外の登記所に印鑑を提出している者	⑤ （⑥補正書に当該印鑑を押印し、代表者の資格を証する書面・印鑑証明書を添付することも可能）

（注）　未提出の場合は、補正書と同時に提出する必要がある。

- オンラインによる登記の申請を取り下げる（56頁【詳細情報18】）ときは、申請用総合ソフト等によって取下書情報を作成します。作成した取下書情報は、電子署名を行ったうえ、電子証明書とあわせて登記・供託オンライン申請システムに送信します。下表に定める措置を施し、書面によって取り下げることもできます。

取下者			取下げに必要な措置
申請人の代表者	印鑑を提出している者		① 取下書に当該印鑑を押印
	申請に伴い印鑑届書を提出した者		② 取下書に当該印鑑を押印
	印鑑・印鑑届書を提出していない者		③ 取下書に押印した印鑑につき市区町村長の作成した印鑑証明書（作成後3月以内）を添付
委任による代理人	個人		④ 委任状の添付（委任者の商号、本店、代表者の氏名が記載され、①、②または③の措置が施されているもの）
	司法書士法人等法人の代表者	申請登記所に印鑑を提出している者	⑤ 取下書に当該印鑑を押印（申請意思の撤回による取下げの場合にあっては⑥）
		印鑑未提出の者	⑥ 委任状の添付（委任者の商号、本店、代表者の氏名が記載され、①、②または③の措置が施されたもの）
		申請登記所以外の登記所に印鑑を提出している者	⑥ （⑦申請意思の撤回による取下げの場合を除き、取下書に当該印鑑を押印し、代表者の資格を証する書面・印鑑証明書を添付することも可能）

- 申請書の添付書面や印鑑届書の提出方法については、222頁Q107参照。
- オンラインによる登記の申請をするときは、申請用総合ソフト等（221頁【耳寄りな情報14】）を使用して、申請書情報等を作成します。オンライン申請に関する情報については、法務省ホームページおよび登記・供託オンライン申請システムのホームページに掲載されています。URLは、それぞれ次のとおりです。http://www.moj.go.jp/MINJI/minji60.html
http://www.touki-kyoutaku-net.moj.go.jp/

| 詳細情報54 | 本人が申請書情報とあわせて送信すべき電子証明書とは？ |

次の電子証明書です（商登規第102条第3項）。
① 電子認証登記所の電子証明書（211頁第6章2）
② 公的個人認証電子証明書

このほか、氏名、住所、生年月日等で本人を確認する法務大臣の指定する電子証明書も法令上認められていますが、平成26年4月1日現在、指定されているものはありません。

なお、代表権の制限等により電子認証登記所の電子証明書の発行を請求することができないときを除き、電子認証登記所の電子証明書でなければなりません（商登規第102条第6項）。

また、設立の登記の申請をする場合や新たに就任する代表取締役または代表執行役が役員の変更の登記の申請をする場合には、電子認証登記所の電子証明書の発行を請求することができない（213頁Q105）ため、公的個人認証電子証明書を使用することとなります。

| 詳細情報55 | 代理人が申請書情報とあわせて送信すべき電子証明書とは？ |

次の電子証明書です（商登規第102条第4項）。
① 電子認証登記所の電子証明書（211頁第6章2）
② 公的個人認証電子証明書
③ 法務大臣指定電子証明書（法務省ホームページ（商業・法人登記のオンライン申請について）において指定されている）

なお、代理人が印鑑の提出をした者（司法書士法人を代表する社員など）である場合は、代表権の制限等により電子認証登記所の電子証明書の発行を請求することができないときを除き、電子認証登記所の電子証明書でなければなりません（商登規第102条第6項）。

| 詳細情報56 | 代理人が委任状情報とあわせて送信すべき電子証明書とは？ |

次の電子証明書です（商登規第102条第5項第1号）。

① 電子認証登記所の電子証明書（211頁第6章2）
② 公的個人認証電子証明書

　このほか、氏名、住所、生年月日等で本人を確認する法務大臣の指定する電子証明書も法令上認められていますが、平成26年4月1日現在、指定されているものはありません。
　なお、代表権の制限等により電子認証登記所の電子証明書の発行を請求することができないときを除き、電子認証登記所の電子証明書でなければなりません（商登規第102条第6項）。
　また、設立の登記の申請をする場合や新たに就任する代表取締役または代表執行役が役員の変更の登記の申請の委任をする場合には、電子認証登記所の電子証明書の発行を請求することができない（213頁Q105）ため、公的個人認証電子証明書を使用することとなります。

耳寄りな情報14　申請用総合ソフト等とは？

　法務省が提供する登記・供託オンライン申請システムで取り扱う手続のすべてを行うことができる申請用総合ソフトおよび民間事業者が登記・供託オンライン申請システムを利用するために作成したソフトウェアが申請用総合ソフト等と呼ばれています。
　オンライン申請をする場合は、申請用総合ソフト等によって申請書情報、委任状情報または添付書面情報を作成して、登記・供託オンライン申請システムに送信する必要があります。
　なお、申請用総合ソフトは、登記・供託オンライン申請システムのホームページから無償でダウンロードすることができます。

Q106　登録免許税を収入印紙で納付することはできますか

A　登録免許税・登記手数料納付用紙に収入印紙を貼付して提出するこ

とにより、登録免許税を納付することができます（登免法第24条の2第3項、商準則第45条第4項）。

■ 補足説明

・登録免許税・登記手数料納付用紙に領収証書または収入印紙を貼付して提出することにより、登録免許税を納付する場合には、同用紙に受付番号または申請番号を記載する必要があります。様式は、申請用総合ソフト等（221頁【耳寄りな情報14】）により印刷することができます。

・オンラインにより登記の申請をするときは、Pay-easy（ペイジー：税金・各種料金払込みサービス）に対応した金融機関のインターネットバンキング、モバイルバンキング、ATM（232頁【耳寄りな情報15】）を利用して、登録免許税を電子納付することができます（登免法第24条の2第1項、登免規第23条第1項）。

・電子納付の際には、オンラインによる申請ごとに付される納付番号を入力する必要があります。

Q107 どうやって添付書面や印鑑届書を提出するのですか

A 添付書面については、これにかわるべき情報にその作成者（認証を要するものは、作成者および認証者）が電子署名し、その電子証明書【詳細情報57】とあわせて、インターネットで登記・供託オンライン申請システムに送信するほか、申請した登記所に持参し、または郵送することもできます。

印鑑届書およびその添付書面については、（印鑑届書にあっては上部余白に申請番号または受付番号を記載のうえ、）申請した登記所に持参し、または郵送します。

(参考) オンライン申請における添付書面・印鑑届書の提出イメージ

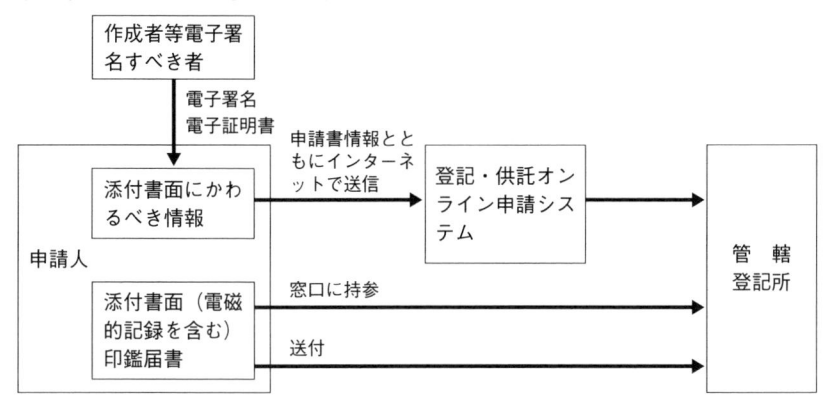

```
                作成者等電子署
                名すべき者
                    │
                    │ 電子署名
                    │ 電子証明書
                    ▼
   ┌─────────────────────┐
   │  ┌──────────┐         │   申請書情報とと
   │  │添付書面にかわ│─────→│ もにインターネ  ┌──────────┐
   │  │るべき情報    │       │   ットで送信    │登記・供託オ│         ┌────┐
   │  └──────────┘         │─────────────→│ライン申請シス│────────→│管轄│
   │申請人                   │                  │テム        │         │登記所│
   │  ┌──────────┐         │   窓口に持参     └──────────┘─────────→│    │
   │  │添付書面（電磁│─────→│                                       │    │
   │  │的記録を含む）│       │   送付                                │    │
   │  │印鑑届書      │─────→│─────────────────────────────────────→│    │
   │  └──────────┘         │                                        └────┘
   └─────────────────────┘
```

詳細情報57	添付書面にかわるべき情報とあわせて送信すべき電子証明書とは？

　添付書面にかわるべき情報の作成者および認証者が電子署名したことを証する次の電子証明書です（商登規第102条第5項第2号）。
① 　電子認証登記所の電子証明書（211頁第6章2）
② 　公的個人認証電子証明書
③ 　法務大臣指定電子証明書（法務省ホームページ（商業・法人登記のオンライン申請について）において指定されている）
④ 　指定公証人電子証明書
　なお、電子署名をした者が印鑑の提出をした者である場合は、代表権の制限等により電子認証登記所の電子証明書の発行を請求することができないときを除き、電子認証登記所の電子証明書でなければなりません（商登規第102条第6項）。
　また、代表取締役または代表執行役の選任に係る株主総会議事録、取締役会議事録または取締役の過半数の一致を証する書面にかわるべき情報を送信するときに電子署名しなければならない者およびあわせて送信しなければならない電子証明書は、次のとおりです（拙稿「商業登記のオンライン申請等について」登インター100号22頁参照）。なお、この場合には、別途、印鑑証明書を提出する必要はありません（松井信憲「改正商業登記規則（オンライン登記申請制度の導入）の解説」登情512号21頁参照）。

① 代表取締役の選任に係る株主総会議事録にかわるべき情報を送信する場合

当該電磁的記録の作成取締役、議長および出席取締役が電子署名し、これらの者の電子証明書をあわせて送信（電子署名に係る電子証明書が電子認証登記所の電子証明書である取締役があるときは、議事録作成取締役以外の者の電子署名および電子証明書は不要）します。なお、書面決議（会第319条第１項）によるときは、当該電磁的記録の作成取締役が電子署名し、当該取締役の電子証明書をあわせて送信すれば足ります。

② 代表取締役または代表執行役の選任に係る取締役会議事録にかわるべき情報をあわせて送信する場合

当該電磁的記録の作成取締役、出席取締役および出席監査役が電子署名し、当該者の電子証明書をあわせて送信します。なお、書面決議（会第370条）によるときは、当該電磁的記録の作成取締役および他の取締役全員が電子署名し、当該者の電子証明書をあわせて送信します（電子署名に係る電子証明書が電子認証登記所の電子証明書である取締役があるときは、議事録作成者以外の者の電子署名および電子証明書は不要）。〔書面決議について定める定款（商登規第61条第１項）の提出またはこれにかわるべき情報を送信しなければなりません。〕

③ 代表取締役の選任に係る取締役の過半数の一致を証する書面にかわるべき情報をあわせて送信する場合

当該電磁的記録の作成取締役および他の取締役が電子署名し、当該者の電子証明書をあわせて送信します。

（参考）　オンラインによる登記申請の際の代表取締役・代表執行役の選任に係る書面にかわるべき情報に電子署名し、電子証明書をあわせて送信すべき者

〇代表取締役の選任に係る株主総会議事録にかわるべき情報を送信する場合

いずれか	①作成取締役、②①以外の出席取締役全員、③議長	電子署名 電子証明書	株主総会議事録にかわるべき情報
	①作成取締役、②電子署名に係る電子証明書が電子認証登記所の電子証明書である出席取締役		
	電子署名に係る電子証明書が電子認証登記所の電子証明書である作成取締役		
	作成取締役（書面決議の場合）		

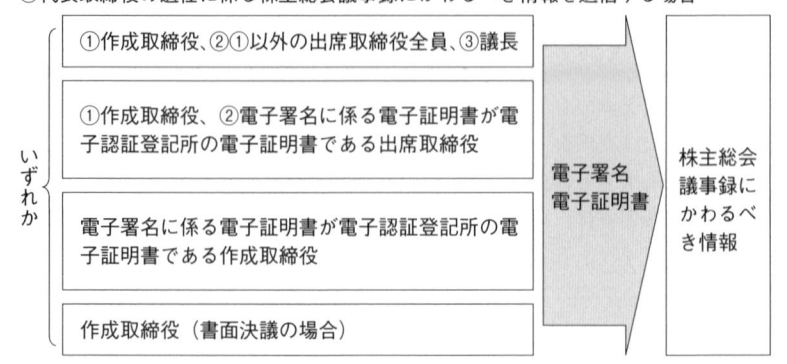

○代表取締役または代表執行役の選任に係る取締役会議事録にかわるべき情報をあわせて送信する場合〔書面決議の場合は、定款の提出または定款にかわるべき情報を送信しなければなりません。〕

いずれか
- ①作成取締役、②①以外の出席取締役全員、③出席監査役全員
- ①作成取締役、②①以外の取締役全員（書面決議の場合）
- ①作成取締役、②電子署名に係る電子証明書が電子認証登記所の電子証明書である取締役（書面決議の場合）
- 電子署名に係る電子証明書が電子認証登記所の電子証明書である作成取締役（書面決議の場合）

→ 電子署名 電子証明書 → 取締役会議事録にかわるべき情報

○代表取締役の選任に係る取締役の過半数の一致を証する書面にかわるべき情報をあわせて送信する場合

- ①作成取締役、②①以外の取締役全員

→ 電子署名 電子証明書 → 取締役の過半数の一致を証する書面にかわるべき情報

Q108　インターネットで受領証を受け取ることはできますか

A　インターネットで受領証を受け取ることはできません。受領証が必要なときは、申請した登記所の窓口において、または郵送によって受領証を受け取ります。

　なお、登記の申請が受け付けられたことについては、登記・供託オンライ

ンシステム上で確認することができます。

■ 補足説明

・受領証の交付の請求をするには、次の三つの方法があります（松井信憲「改正商業登記規則（オンライン登記申請制度の導入）の解説」登情512号14頁参照）。

　① 申請書情報において受領証の送付を請求する旨を明らかにして、オンラインによる登記の申請をするとともに、別途、送付先を記載した返信用封筒および郵便切手（書留郵便等配達が記録される郵便を推奨）を郵送する方法（商登規第38条の2）

　② 登記所の窓口で交付の請求をする方法〔申請番号または受付番号の記載された書面等申請人であることがわかる書面の提示が必要と考えられます。〕

　③ 受領証の送付を請求する旨記載した書面（会社の商号、本店および受付番号または申請番号も記載）、送付先を記載した返信用封筒および郵便切手（書留郵便等配達が記録される郵便を推奨）を郵送する方法（商登規第38条の2）

・申請書情報および添付書面情報の受領証は、送信された申請書情報の内容を印刷した書面を利用して作成されるので（商準則第44条第2項）、書面による登記の申請の場合と異なり、申請書情報の写しを提出する必要はありません。

・書面による登記の申請の場合と同様に、受領証が再交付されることはありません。

(参考) オンライン申請における受領証の受領のイメージ

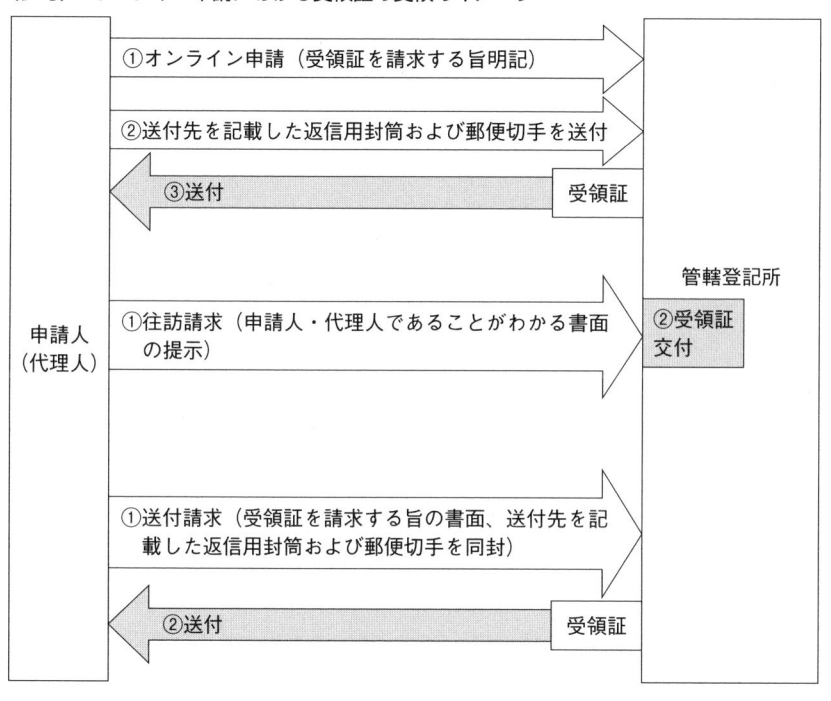

```
申請人              ①オンライン申請（受領証を請求する旨明記）→     管轄登記所
(代理人)            ②送付先を記載した返信用封筒および郵便切手を送付→
                   ←③送付  受領証

                   ①往訪請求（申請人・代理人であることがわかる書面 →  ②受領証
                    の提示）                                          交付

                   ①送付請求（受領証を請求する旨の書面、送付先を記 →
                    載した返信用封筒および郵便切手を同封）
                   ←②送付  受領証
```

第6章 インターネットによるサービスについて知りたいとき　227

4　オンラインによる証明書の交付の請求

・オンラインによる証明書の交付の請求は、自宅やオフィスからインターネットによってすることができます。
・オンラインによる証明書の交付の請求（登記・供託オンライン申請システムへの送信）は、登記所の開庁日の午前8時から午後7時までの間、することができます。ただし、証明書の発行は、登記所の開庁日の開庁時間（午前8時30分から午後5時15分まで）内にされます。
・オンラインによる登記事項証明書の交付の請求については、「かんたん証明書請求」によって、申請用総合ソフト等（221頁【耳寄りな情報14】）をダウンロードすることなく、画面上の案内に従って操作することにより、簡単にすることもできます。〔印鑑証明書の交付の請求を「かんたん証明書請求」によってすることはできません。〕
・管財人等（商登規第9条第1項第5号に規定する管財人等をいう）の職務執行者の印鑑証明書については、オンラインによる交付の請求をすることはできません（商登規第101条第2項）。
・オンラインによる印鑑証明書の交付の請求をするときは、印鑑を提出した者が申請用総合ソフト等により作成した印鑑証明書請求書情報（書面による請求の場合の印鑑証明書交付申請書に相当するもの）に電子署名し、これに係る電子証明書【詳細情報58】とあわせて送信する必要があります。

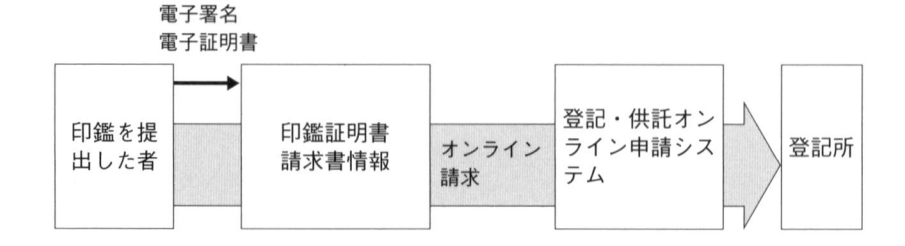

印鑑を提出した者 →（電子署名・電子証明書）→ 印鑑証明書請求書情報 → オンライン請求 → 登記・供託オンライン申請システム → 登記所

詳細情報58	印鑑を提出した者が印鑑証明書請求書情報とあわせて送信すべき電子証明書とは？

次の電子証明書です（商登規第107条第3項）。
① 電子認証登記所の電子証明書（211頁本章2）
② 公的個人認証電子証明書
　このほか、氏名、住所、生年月日等で本人を確認する法務大臣の指定する電子証明書も法令上認められていますが、平成26年4月1日現在、指定されているものはありません。
　なお、代表権の制限等により電子認証登記所の電子証明書の発行を請求することができないときを除き、電子認証登記所の電子証明書でなければなりません（商登規第107条第3項、第102条第6項）。

Q109 代理人が証明書を請求することはできますか

A　代理人がオンラインにより登記事項証明書や印鑑証明書の交付を請求することはできます。
　代理人がオンラインにより印鑑証明書の交付を請求するときは、印鑑を提出した者および代理人の電子証明書が必要です。

■ 補足説明
・登記事項証明書はだれでも取得することができるものであるので、代理人がオンラインにより登記事項証明書の交付の請求するときは、請求書情報に代理人として請求する旨を付記すれば足ります（松井信憲＝沼田知之「平成16年改正商業登記法等の解説」登情523号60頁参照）。なお、代理人が自己の名をもって請求することもでき、通常はこの方法によって請求されています。
・代理人がオンラインにより印鑑証明書を請求するときは、申請用総合ソフト等（221頁【耳寄りな情報14】）により作成した印鑑証明書請求書情報と印鑑証明書委任状情報（書面による請求の場合の委任状（ただし、印鑑カードの

提示により添付は不要とされている（202頁Q94））に相当するもの）を送信しなければなりません。印鑑証明書請求書情報に組み込まれた印鑑証明書委任状情報（申請用総合ソフトを利用する場合の方式）を送信するときは、印鑑を提出した者および代理人が印鑑証明書請求書情報と印鑑証明書委任状情報に電子署名し、あわせて電子証明書（231頁【詳細情報59】）を送信します。別途作成した印鑑証明書委任状情報を送信するときは、印鑑証明書委任状情報には印鑑を提出した者が、印鑑証明書請求書情報には代理人がそれぞれ電子署名し、あわせてそれらの電子証明書（231頁【詳細情報59】）を送信します。〔いずれの場合も印鑑を提出した者は、常に、電子署名し、電子証明書を送信する必要があります。〕

（参考）　代理人による印鑑証明書のオンライン請求（印鑑証明書請求書情報に組み込まれた印鑑証明書委任状情報を利用した場合）のイメージ

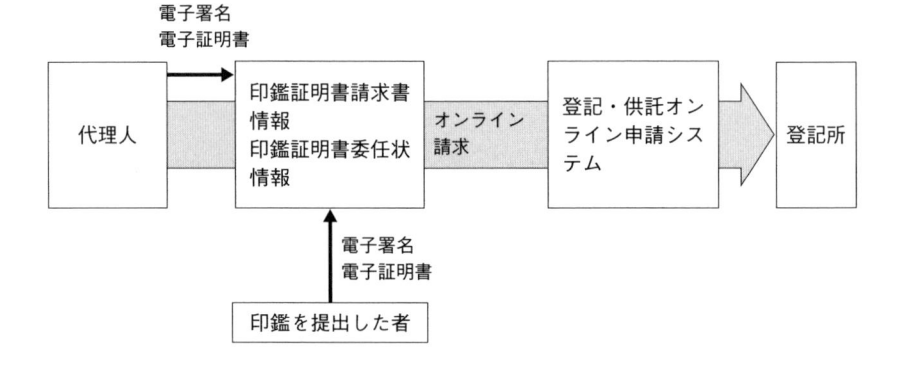

```
                電子署名
                電子証明書
    ┌──────┐      ┌──────────┐         ┌──────────┐      ┌──────┐
    │      │ ───→ │印鑑証明書請求書│ オンライン │登記・供託オン│ ───→ │      │
    │ 代理人 │      │情報            │  請求   │ライン申請シス│      │ 登記所 │
    │      │      │印鑑証明書委任状│         │テム          │      │      │
    │      │      │情報            │         │              │      │      │
    └──────┘      └──────────┘         └──────────┘      └──────┘
                        ↑
                      電子署名
                      電子証明書
                  ┌──────────┐
                  │印鑑を提出した者│
                  └──────────┘
```

(参考) 代理人による印鑑証明書のオンライン請求（印鑑証明書委任状情報を別途作成した場合）のイメージ

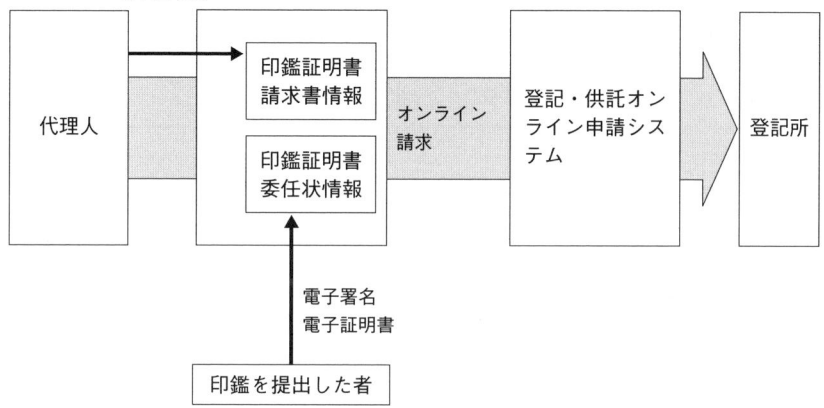

```
            電子署名
            電子証明書
              ↓
┌─────┐   ┌─────────┐              ┌─────────┐   ┌─────┐
│     │   │ 印鑑証明書 │              │ 登記・供託オン│   │     │
│ 代理人 │──→│ 請求書情報 │   オンライン   │ ライン申請シス│──→│ 登記所 │
│     │   ├─────────┤    請求      │ テム      │   │     │
│     │   │ 印鑑証明書 │              │         │   │     │
│     │   │ 委任状情報 │              │         │   │     │
└─────┘   └─────────┘              └─────────┘   └─────┘
                ↑
            電子署名
            電子証明書
          ┌─────────┐
          │印鑑を提出した者│
          └─────────┘
```

詳細情報59	代理人が印鑑証明書の交付の請求をするときに必要な電子証明書とは？

　代理人の電子証明書および印鑑を提出した者の電子証明書です。なお、代理人または印鑑を提出した者いずれも代表権の制限等により電子認証登記所の電子証明書の発行を請求することができないときを除き、電子認証登記所の電子証明書でなければなりません（商登規第107条第3項、第102条第6項）。

(1) 代理人の電子証明書は、次のとおりです（商登規第107条第4項）。
　① 電子認証登記所の電子証明書（211頁第6章2）
　② 公的個人認証電子証明書
　③ 法務大臣指定電子証明書（法務省ホームページ（商業・法人登記のオンライン申請について）において指定されている）

(2) 印鑑を提出した者の電子証明書は、次のとおりです（商登規第107条第3項）。
　① 電子認証登記所の電子証明書
　② 公的個人認証電子証明書
　　また、このほか、氏名、住所、生年月日等で本人を確認する法務大臣の

指定する電子証明書も法令上認められていますが、平成26年4月1日現在、指定されているものはありません。

Q110 どうやって登記手数料を納付するのですか

A オンラインによる証明書の交付の請求をするときは、Pay-easy（ペイジー：税金・各種料金払込みサービス。【耳寄りな情報15】）に対応した金融機関のインターネットバンキング、モバイルバンキング、ATMを利用して、登記手数料を電子納付します。

■ 補足説明

・オンラインによる登記の申請の場合と異なり、オンラインによる証明書の交付の請求の場合に、収入印紙で納付することはできません。
・オンラインにより証明書の送付の請求をするときは、別途郵便切手の送付の必要はありません。
・電子納付の際には、オンラインによる請求ごとに付される納付番号を入力する必要があります。

耳寄りな情報15　ペイジーとは？

　税金や公共料金、各種料金などの支払を、金融機関の窓口などに並ぶことなく、パソコンやスマートフォン・携帯電話（インターネットバンキング、モバイルバンキング）、ATMから支払うことができるサービスです。ペイジーのホームページのURLは次のとおりです。http://www.pay-easy.jp/index.html

　ほとんどの金融機関のインターネットバンキング、モバイルバンキングを利用して、ATMにあっては次の銀行のATMを利用して、便利で簡

単に登録免許税や登記手数料を納付することができます。登録免許税や登記手数料の電子納付については、登記・供託オンライン申請システムのホームページに詳しく掲載されています。

○ペイジーに対応したATMを設置する金融機関（平成26年4月1日現在）
　みずほ銀行、東京三菱UFJ銀行、三井住友銀行、りそな銀行、埼玉りそな銀行、群馬銀行、千葉銀行、横浜銀行、近畿大阪銀行、南都銀行、広島銀行、福岡銀行、親和銀行、東和銀行、京葉銀行、熊本銀行、ゆうちょ銀行、足利銀行

Q111 登記手数料は書面で請求するよりも安いですか

A　オンラインにより証明書の交付の請求をするときの登記手数料は、次のとおり（平成26年4月1日現在、25年4月1日改定）、窓口や郵送により請求するときのものより、大幅に安くなっています。

	書面による請求	オンラインによる請求	差額	備考
登記事項証明書（窓口受領）	600円	480円	120円	
登記事項証明書（送付）	600円	500円	100円	書面による請求の場合には、往復の郵送料が別途必要
印鑑証明書（窓口受領）	450円	390円	60円	
印鑑証明書（送付）	450円	410円	40円	書面による請求の場合には、往復の郵送料が別途必要

■ 補足説明

・登記事項証明書について、郵送により、1通の送付の請求をするときは、
　　　往信郵送料82円＋手数料600円＋返信郵送料82円＝664円
　かかりますが、オンラインにより、1通の送付の請求をするときは、500円となり、164円安くなっています。
・登記事項証明書について、郵送により、送付の請求をするときは、登記所までの往信の期間を要しますが、オンラインにより、送付の請求をするときは、登記所までの往信の期間を要しません。〔登記所の開庁時間内であれば、インターネットによりきわめて短時間で送信されます。〕

　　　（参考）　郵送・オンラインによる登記事項証明書の送付のイメージ
　　　○郵送による請求の場合

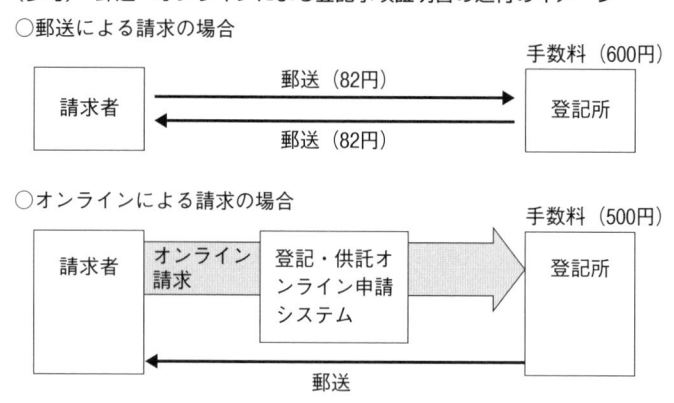

　　　　　　　　　　　　　　郵送（82円）　　　　　　手数料（600円）
　　　　　　請求者　　　────────→　　登記所
　　　　　　　　　　　　←────────
　　　　　　　　　　　　　　郵送（82円）

　　　○オンラインによる請求の場合

　　　　　　　　　　オンライン　登記・供託オ　　　　　手数料（500円）
　　　　　　請求者　　請求　　　ンライン申請　══════⇒　登記所
　　　　　　　　　　　　　　　　システム
　　　　　　　　　　　　←────────
　　　　　　　　　　　　　　郵送

第 **7** 章

商業登記に関して困ったとき

1　登記された事項に無効の原因があるとき

(1)　無効の登記の嘱託
- 下表の行為の無効は、その提訴期間内に訴えをもってのみ主張することができます（会第828条第1項）。当該無効の訴えに係る請求を認容する判決が確定したときは、裁判所書記官は、その登記を嘱託します（会第937条第1項第1号・第3項）。

訴えをもってのみその無効を主張することができる行為	提訴期間
会社の設立	会社の成立の日から2年以内
株式会社の成立後における株式の発行	株式の発行の効力が生じた日から6カ月以内（公開会社でない株式会社にあっては、株式の発行の効力が生じた日から1年以内）
新株予約権（当該新株予約権が新株予約権付社債に付されたものである場合にあっては、当該新株予約権付社債についての社債を含む）の発行	新株予約権の発行の効力が生じた日から6カ月以内（公開会社でない株式会社にあっては、新株予約権の発行の効力が生じた日から1年以内）
株式会社における資本金の額の減少	資本金の額の減少の効力が生じた日から6カ月以内
会社の組織変更	組織変更の効力が生じた日から6カ月以内
会社の吸収合併	吸収合併の効力が生じた日から6カ月以内
会社の新設合併	新設合併の効力が生じた日から6カ月以内
会社の吸収分割	吸収分割の効力が生じた日から6カ月以内
会社の新設分割	新設分割の効力が生じた日から6カ月以内
株式会社の株式交換	株式交換の効力が生じた日から6カ月以内
株式会社の株式移転	株式移転の効力が生じた日から6カ月以内

- 株主総会・種類株主総会・創立総会・種類創立総会の決議については、決

議の内容が法令に違反することを理由として、決議が無効であることの確認を、訴えをもって請求することができます（会第830条）。当該決議した事項についての登記があった場合において、当該訴えに係る請求を認容する判決が確定したときは、裁判所書記官はその登記を嘱託します（会第937条第1項第1号ト(1)）。

(2) 登記の抹消の申請
・登記された事項について無効の原因があるときは、訴えをもってのみその無効を主張することができる場合を除き、無効の原因があることを証する書面を添付して、その登記の抹消を申請することができます（147頁第3章12）。〔私人の作成した書面を添付しようとするときは、資格者代理人（23頁Q9）または登記所に相談することをお勧めします。〕

(3) 職権抹消
・登記官は、訴えをもってのみその無効を主張することができる場合を除き、登記された事項につき無効の原因があることを発見したときは、登記をした者に、1月を超えない一定の期間内に書面で異議を述べないときは登記を抹消すべき旨を通知しなければならないとされ、登記官は、異議を述べた者がないとき、または異議を却下したときは、職権で登記を抹消しなければならないとされています（商登法第135条第1項、第137条）。

・刑事訴訟において没収の判決があって登記所にその通知があった場合または偽造・変造・公正証書原本不実記載の判決があって刑事訴訟法第498条第2項の規定による検察官から登記所に通知があった場合には、登記官が登記された事項につき無効の原因があることを発見したときに当たるので、商業登記法第135条から第137条までの規定により職権で登記の抹消手続を行います（昭和44年3月18日民事甲第438号法務省民事局長回答（詳解商登（上）314頁）、詳解商登（上）310頁参照）。

なお、設立、株式の発行等訴えをもってのみその無効を主張することができる登記がされている場合には、上記通知があっても、登記官は、職権で登記の抹消手続を行うことはできません（昭和38年12月23日民事甲第3257号法務省民事局長回答（詳解商登（上）315頁）、詳解商登（上）310頁参照）。

（参考） 登記された事項に無効の原因があるときの対応イメージ

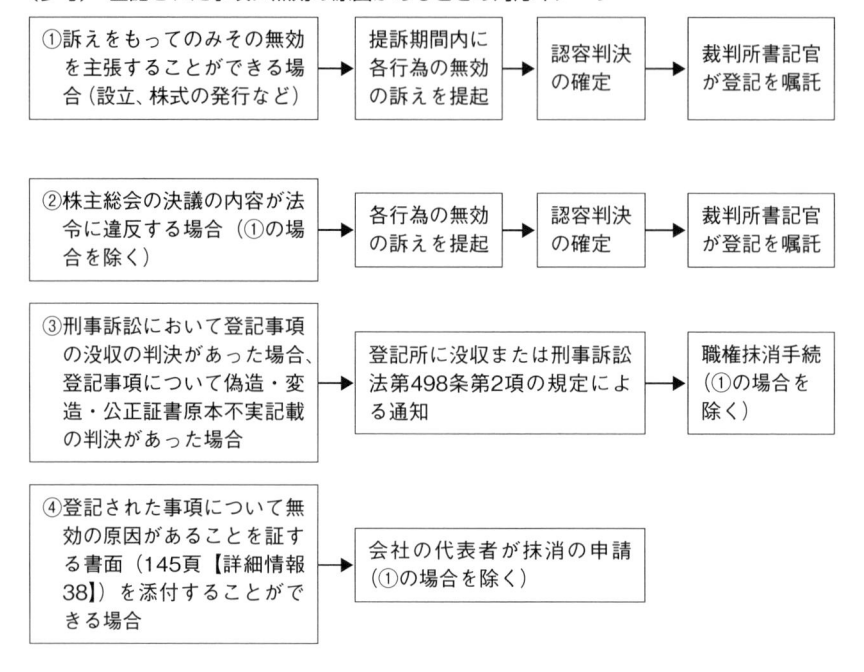

| ①訴えをもってのみその無効を主張することができる場合（設立、株式の発行など） | → | 提訴期間内に各行為の無効の訴えを提起 | → | 認容判決の確定 | → | 裁判所書記官が登記を嘱託 |

| ②株主総会の決議の内容が法令に違反する場合（①の場合を除く） | → | 各行為の無効の訴えを提起 | → | 認容判決の確定 | → | 裁判所書記官が登記を嘱託 |

| ③刑事訴訟において登記事項の没収の判決があった場合、登記事項について偽造・変造・公正証書原本不実記載の判決があった場合 | → | 登記所に没収または刑事訴訟法第498条第2項の規定による通知 | → | 職権抹消手続（①の場合を除く） |

| ④登記された事項について無効の原因があることを証する書面（145頁【詳細情報38】）を添付することができる場合 | → | 会社の代表者が抹消の申請（①の場合を除く） |

Q112 会社の設立に無効原因があるとき、どうすればよいですか

A 株式会社にあっては株主、取締役、監査役、執行役または清算人は、持分会社にあっては社員または清算人は、会社成立の日（設立の登記日）から2年以内に、会社の設立の無効（240頁【詳細情報60】）の訴えを提起することができます（会第828条第1項第1号、第2項第1号）。

会社の設立の無効の訴えに係る請求を認容する判決が確定すると、裁判所書記官は、その登記を嘱託し（第937条第1項）、会社は、清算をしなければなりません（会第475条第2号、第644条第2号）。

■ 補足説明

・会社の設立の無効の登記の記録例は、次のとおりです（商登規第40条第2項）。

設立の無効	平成〇年〇月〇日〇〇地方裁判所の設立無効の判決確定 平成〇年〇月〇日登記

　同時に次の登記は、抹消する記号を記録します（商登規第59条、第72条第2項、第86条第2項、第90条、第91条第2項）。
① 　取締役会設置会社である旨の登記ならびに取締役、代表取締役および社外取締役に関する登記
② 　特別取締役による議決の定めがある旨の登記および特別取締役に関する登記
③ 　会計参与設置会社である旨の登記および会計参与に関する登記
④ 　会計監査人設置会社である旨の登記および会計監査人に関する登記
⑤ 　委員会設置会社である旨の登記ならびに委員、執行役および代表執行役に関する登記
⑥ 　支配人に関する登記
⑦ 　代表社員に関する登記
⑧ 　業務執行社員および代表社員に関する登記

・設立の無効の訴えに係る請求を認容する判決が確定した場合には、会社は清算をしなければならず（会第475条第2号、第644条第2号）、清算人の登記を申請しなければなりません（会第928条）。
・次の場合に、それぞれに掲げる者は、持分会社の成立の日（設立の登記日）から2年以内に、訴えをもって持分会社の設立の取消しを請求することができます（会第832条）。
　① 　社員が民法その他の法律の規定により設立に係る意思表示を取り消すことができるとき　当該社員
　② 　社員がその債権者を害することを知って持分会社を設立したとき　当該債権者
・持分会社の設立の取消しの訴えに係る請求を認容する判決が確定すると、裁判所書記官はその登記を嘱託し（会第937条第1項第1号チ）、会社は、清算をしなければなりません（会第644条第3号）。この場合、支配人に関する登記ならびに合名会社および合資会社にあっては代表社員に関する登

記、合同会社にあっては業務執行社員および代表社員に関する登記は、抹消する記号を記録します（商登規第59条、第86条第2項、第90条、第91条第2項）。
・持分会社の設立の取消しの訴えに係る請求を認容する判決が確定した場合には、会社は、清算をしなければならず（会第644条第3号）、清算人の登記を申請しなければなりません（会第928条）。

詳細情報60	株式会社の設立の無効とは？

　株式会社の成立の無効の原因については、解釈に委ねられていますが、たとえば、①定款の絶対的記載事項の記載が欠けている、②出資額が定款で定める出資額に満たない、③発起人全員の同意による株式発行事項の決定がないこと等の客観的事由が無効事由となりうるとされています（論点解説47頁参照）。
　また、会社設立の無効判決の性質は形成判決であり、無効の効力は遡及せず、将来に向かってその効力を失います（会第839条）。したがって、設立の無効の訴えに係る請求を認容する判決が確定した場合は、会社を解散した場合と同様に清算をしなければなりません（詳解商登（上）1441頁参照）。

Q113　株式の発行に無効原因があるとき、どうすればよいですか

A　株主、取締役、監査役、執行役または清算人は、株式の発行の効力が生じた日から6カ月以内（公開会社でない株式会社にあっては、1年以内）に、株式の発行の無効【詳細情報61】の訴えを提起することができます（会第828条第2項第2号）。

　株式の発行の無効の訴えに係る請求を認容する判決が確定すると、裁判所書記官は、その登記を嘱託します（会第937条第1項）。

■ **補足説明**
・株式の発行の無効の登記が裁判所書記官から嘱託されると、株式の発行の

無効の判決が確定した旨、その年月日、裁判所の名称および登記の年月日を記録し、資本金の額に関する登記を除く株式の発行に関する登記（発行済株式の総数の登記等）は、抹消する記号を記録し、その登記により抹消する記号が記録された登記事項があるときは、その登記を回復します（商登規第40条第2項、第70条、第66条第1項）。
・株式の発行の無効の登記の記録例は次のとおりです。なお、無効とされた新株発行を特定するため、その変更の年月日をカッコ書で表記する取扱いとなっています（詳解商登（上）1447頁参照）。

発行済株式の総数並びに種類及び数	発行済株式の総数 〇〇〇〇株	
	発行済株式の総数 〇〇〇〇株	平成〇年〇月〇日変更
		平成〇年〇月〇日登記
		平成〇年〇月〇日〇〇地方裁判所の新株発行（平成〇年〇月〇日）無効の判決確定
		平成〇年〇月〇日登記
	発行済株式の総数 〇〇〇〇株	
		平成〇年〇月〇日回復

・株式の発行については、当該行為が存在しないことの確認を、訴えをもって請求することができます（会第829条）。株式の発行が存在しないことの確認の訴えを提起し、これを認容する判決が確定すると、裁判所書記官は、その登記を嘱託します（会第937条第1項第1号ホ）。この場合の登記については、株式の発行の無効の登記の場合と同様です。

詳細情報61	株式の発行の無効とは？

　株式の発行の無効事由は、法定されておらず、解釈に委ねられていますが、判例、学説上、たとえば、①定款所定の発行可能株式総数を超過する発行、②定款に定めのない種類の株式の発行、③譲渡制限株式である募集株式の発

行に必要な株主総会または種類株主総会の決議に瑕疵があることは、無効事由であると考えられています（江頭会社713頁参照）。

Q114 株主総会の決議が無効であるとき、どうすればよいですか

A 株主総会の決議については、決議の内容が法令に違反することを理由として、決議が無効であることの確認を、訴えをもって請求することができます（会第830条第2項）。

株主総会の決議した事項についての登記があった場合において、株主総会の決議の無効の確認の訴えを提起し、これを認容する判決が確定すると、裁判所書記官はその登記を嘱託します（会第937条第1項）。

■ 補足説明

・株主総会の決議の無効の登記が裁判所書記官から嘱託されると、株主総会の決議の無効の判決が確定した旨、その年月日、裁判所の名称および登記の年月日を記録し、決議された事項に関する登記は、抹消する記号を記録し、その登記により抹消する記号が記録された登記事項があるときは、その登記を回復します（商登規第40条第2項、第66条第1項）。

・取締役の選任決議の無効の登記の記録例は、次のとおり（商登規第66条第1項、第67条第1項）。

役員に関する事項	取締役　〇〇〇〇	平成〇年〇月〇日就任
		平成〇年〇月〇日登記
		平成〇年〇月〇日〇〇地方裁判所の選任決議無効の判決確定
		平成〇年〇月〇日登記

・株主総会の決議の無効については、訴えによらずに主張することもできるので、その登記の抹消を申請することもできます。しかし、登記の抹消を

申請するときは、登記された事項について無効の原因があることを証する書面（145頁【詳細情報38】）を添付しなければなりません。〔私人の作成した書面を添付しようとするときは、資格者代理人（23頁Ｑ９）または登記所に相談することをお勧めします。〕
・株主総会の決議については、決議が存在しないことの確認を、訴えをもって請求することができます（会第831条）。株主総会の決議が存在しないことの確認の訴えを提起し、これを認容する判決が確定すると、裁判所書記官は、その登記を嘱託します（会第937条第１項第１号ト(1)）。この場合の登記については、株主総会の決議の無効の登記と同様です。
・次の場合には、株主、取締役、監査役、執行役または清算人は、株主総会の決議の日から３カ月以内に、訴えをもって当該決議の取消しを請求することができます（会第831条第１項）。
　① 株主総会の招集の手続または決議の方法が法令もしくは定款に違反し、または著しく不公正なとき。
　② 株主総会の決議の内容が定款に違反するとき。
　③ 株主総会の決議について特別の利害関係を有する者が議決権を行使したことによって、著しく不当な決議がされたとき。
　株主総会の決議の取消しの訴えを提起し、これを認容する判決が確定すると、裁判所書記官は、その登記を嘱託します（会第937条第１項第１号ト(2)）。この場合の登記については、株主総会の決議の無効の登記と同様です。

2　会社の閉鎖した登記記録を復活したいとき

・閉鎖した登記記録（166頁【詳細情報42】）を復活したいときは、閉鎖の事由により、清算結了の登記の抹消の申請または清算を結了していない旨の申出を行います。この場合には、登記記録は復活され、登記記録中登記記録区にその旨およびその年月日が記録され、閉鎖の事由およびその年月日の記録に抹消する記号が記録されます（商登規第45条、第81条第3項、第5項、平成9年3月17日民四第495号法務省民事局第四課長回答（登情430号136頁））。

（参考）　閉鎖した登記記録の復活のイメージ
○登記の抹消の申請により、登記記録を復活する場合

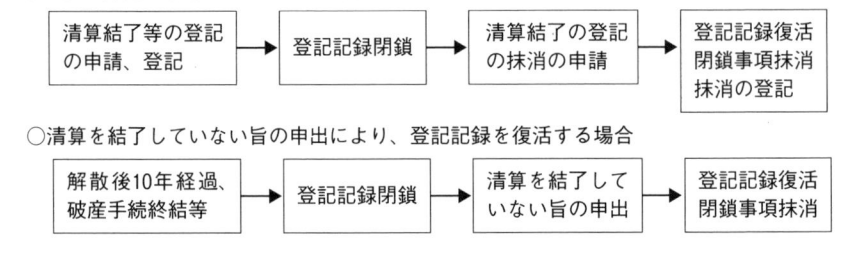

清算結了等の登記の申請、登記 → 登記記録閉鎖 → 清算結了の登記の抹消の申請 → 登記記録復活　閉鎖事項抹消　抹消の登記

○清算を結了していない旨の申出により、登記記録を復活する場合

解散後10年経過、破産手続終結等 → 登記記録閉鎖 → 清算を結了していない旨の申出 → 登記記録復活　閉鎖事項抹消

Q115　清算結了会社を復活するにはどうすればよいですか

A　残余財産の発見など清算を結了していないことが判明したときは、清算結了の登記の抹消を申請することができます（詳解商登（上）1181頁、登解292号115頁参照）。清算結了の登記を抹消するときは、閉鎖した登記記録は、復活されます（商登規第45条）。

■ 補足説明
・清算人の所在が不明であるなど清算人が清算結了の登記の抹消を申請することができないときは、通常、利害関係人が、裁判所に清算人の選任の申

立てを行い（会第647条第2項）、裁判所に選任された清算人が清算人の就任による変更の登記の申請を同時にします。

Q116 休眠閉鎖会社を復活するにはどうすればよいですか

A 休眠会社【詳細情報62】が解散の登記後10年を経過したことにより、登記記録が閉鎖されている場合においても、財産の処分など清算人による処理が必要なときは、清算人は、清算を結了していない旨の申出をすることができます（商登規第81条第3項）。この場合には、登記官は、当該登記記録を復活します（商登規第81条第3項）。

■ 補足説明

・休眠会社について、清算人の選任が必要なときは、株主総会の決議によって清算人を選任し、当該清算人が清算人（定款に清算人として定める者がないときは、解散時において取締役であった者）の登記および清算人の就任による変更の登記の申請をします（昭和49年11月15日民四第5938号法務省民事局第四課長依命通知（登解161号39頁））。清算人となる者がないときは、利害関係人が裁判所に清算人の選任の申立てを行い（会第647条第2項）、裁判所に選任された清算人が清算人の登記の申請をします。

詳細情報62	休眠会社とは？

　最後の登記から12年を経過した株式会社（特例有限会社を除く）は、休眠会社といわれ、法務大臣が官報に公告するなど一定の手続をすることにより解散したものとみなされます（会第472条）。当該手続は、会社法施行前も数年おきに行われており、前回は平成14年に行われています（会社法施行前は最後の登記から5年を経過した株式会社が対象とされていた）。
　なお、平成26年11月17日付けで、法務大臣による官報公告（休眠会社は、2カ月以内に「まだ事業を廃止していない」旨の届出がなく、登記もされないときは、解散したものとみなされる旨の公告）が行われ、対象となる休眠会社（最後の登記から12年を経過している株式会社（特例有限会社を除く）

に対して、登記所から法務大臣による公告が行われた旨の通知が発送されます。

　平成27年1月19日までに「まだ事業を廃止していない」旨の届出がなく、役員の変更等の登記の申請もされなかった休眠会社については、平成27年1月20日付けで解散したものとみなされ、登記官が職権で解散の登記をします。詳しくは、法務省ホームページに掲載されています。URLは、次のとおりです。
　http://www.moj.go.jp/MINJI/minji06_00082.html

　また、登記官は、解散の登記をした後10年を経過した会社について、上記休眠会社の解散手続を行う際に、過去の上記手続により解散の登記をし、10年を経過した休眠会社を対象に登記用紙・登記記録を閉鎖（商登規第81条第1項第1号）する作業を行っています（平成14年7月8日民商第1647号法務省民事局長通達「休眠会社の整理等について」（登インター36号201頁）参照）。〔休眠会社に該当するが解散の登記をすることができなかった支店登記簿は、支店休眠登記簿につづられることとされていました（196頁Q91）。〕

Q117　破産手続終結会社を復活するにはどうすればよいですか

　　破産手続終結後、破産財団に属さない財産の処分など清算人による処理が必要な場合には、清算人が清算を結了していない旨の申出を行えば、登記官は、商業登記規則第81条第3項の規定に準じ、当該登記記録を復活する取扱いとなっています（平成9年3月17日民四第495号法務省民事局第四課長回答（登情430号136頁）参照）。

■ 補足説明
・清算人が登記されていないときや登記されているがその所在が不明であるときは、利害関係人が、裁判所に清算人の選任の申立てを行い（会第647条第2項）、当該清算人が、清算人の就任による変更の登記の申請をします。

3 登記の申請をすることができないとき

・登記の申請が却下されたときは、審査請求（58頁【詳細情報19】）または処分の取消しの訴えを提起（提訴期間がある）することができます。
・登記すべき事項につき訴えをもってのみ主張することができる無効または取消しの原因がある場合において、その訴えが提訴期間内に提起されなかったときは、その本店の所在地を管轄する地方裁判所に訴えが提起されなかったことを証する書面の交付を請求し、当該証明書および登記すべき事項の存在を証する書面【詳細情報63】を添付して、当該行為に係る登記の申請をすることができます（商登法第25条）。

（参考）　提訴期間経過後の登記のイメージ

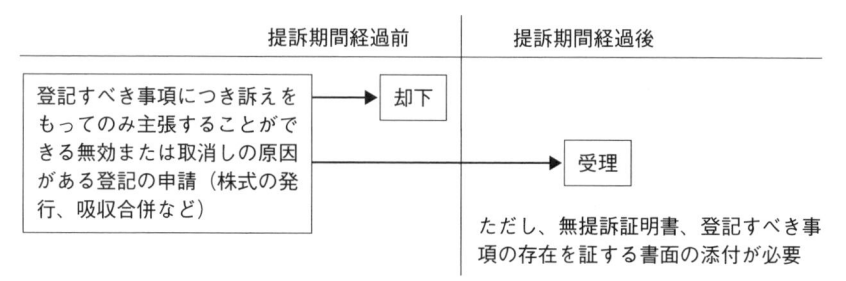

	提訴期間経過前	提訴期間経過後
登記すべき事項につき訴えをもってのみ主張することができる無効または取消しの原因がある登記の申請（株式の発行、吸収合併など）	→ 却下	受理 ただし、無提訴証明書、登記すべき事項の存在を証する書面の添付が必要

詳細情報63	登記すべき事項の存在を証する書面とは？

　どのような書面が登記すべき事項の存在を証する書面となるかは、具体的な場合に応じて判断するほかありませんが、添付書面の個々の規定が、その判断の基準になるものと考えられます。たとえば、株式の発行に無効の原因があるが、その無効の訴えの提訴期間が経過したため、登記の申請をする場合には、募集株式の発行による変更の登記の申請書に添付すべき書面が登記すべき事項の存在を証する書面の一応の基準になるものと考えられます。し

かし、株式の発行に無効の原因がある場合には、これらの書面全部を添付することができない場合があると考えられますが、その場合には、添付することができない書面にかえて、その書面によって証明すべき事実の存在を証するに足りるような書面を添付すべきと考えられます。たとえば、株主総会について無効の原因がある場合においては、株主総会の議事録は作成してあるはずですから、株主総会により決議を要する事項については、株主総会議事録が登記すべき事項の存在を証する書面となるのが通常であると考えられます（詳解商登（上）448頁参照）。具体的な登記の申請が必要となるときは、資格者代理人（23頁Q9）または登記所に相談することをお勧めします。

Q118 申請書に添付する定款が不明です。どうすればよいですか

A 定款は、会社にとって必要不可欠のものですので、その内容を調査し、復元する必要があります。

■ 補足説明

・定款の内容を調査する際の参考資料は、次のとおりです（山川郁資＝山森航太「東日本大震災に伴う商業登記の事務に関するQ＆A」登情596号56頁参照）。
　① 当該会社の登記事項証明書〔主な定款記載事項が記載されています。〕
　② 設立時に認証を受けた公証役場に保存されている定款〔保存期間は20年です。〕
　③ 司法書士が保存している申請書類の写し〔司法書士に登記の申請の代理または申請書類の作成を依頼し、司法書士が申請書類を保存している場合に限ります。〕
　④ 会社に備え置かれ、定款の変更の決議事項等が記載されている株主総会議事録、取締役会議事録等
　⑤ 登記所に保存されている登記後の申請書の添付書面（170頁Q77）〔保存期間は5年です。定款または定款変更を決議した株主総会議事録が添付されている場合に限ります。〕
　⑥ 官公庁に保存されている定款等〔許認可等の申請のため官公庁に定款

等を提出し、当該定款等が保存されている場合に限ります。〕

Q119 | 取締役が署名することができません。どうすればよいですか

A 株主総会または取締役会に出席した取締役中に死亡その他やむをえない事由により署名または記名押印することができない者がある場合は、これを証するに足る書面（株式会社の代表者が作成した上申書等）およびその他の出席取締役（取締役会にあっては取締役および監査役）の署名した議事録を添付して登記の申請をします（昭和28年10月2日民事甲第1813号法務省民事局長回答（登研72号34頁、登解338号87頁）、昭和38年12月18日民事四発第313号法務省民事局第四課長回答（登解334号81頁）、商登逐条285頁参照）。

なお、取締役会議事録については、出席取締役の過半数（定款をもって決議の要件を加重したときはその加重された数以上）の署名または記名押印がある場合には、これを添付して登記の申請をすることができるとされています（昭和28年10月2日民事甲第1813号法務省民事局長回答（登研72号34頁、登解338号87頁）、商登逐条285頁参照）。

■ 補足説明
・会社法施行後においては、株主総会議事録に議事録署名を要するのは、商業登記規則第61条第4項第1号の場合または定款に議事録署名人の定めがある場合のみです。
・議事録署名を要する場合において、これの一部を欠いた議事録を添付した登記の申請を検討するときは、資格者代理人（23頁Q9）または登記所に相談することをお勧めします。

Q120 | 取締役の後任が決まりません。どうすればよいですか

A 取締役が欠け、または定款で定めた取締役の員数（取締役会設置会社であって、当該員数が定められていないときは三人。以下同じ）が欠けた場

合、裁判所は、利害関係人の申立てにより、一時取締役の職務を行うべき者を選任することができる（会第346条第2項）とされているので、必要があるときは当該申立てをします。

■ 補足説明
・任期の満了または辞任により退任した取締役は、新たに選任された取締役（一時取締役の職務を行うべき者を含む）が就任するまで、なお、取締役の権利義務を有します（会第346条第1項）。
・取締役が欠け、または定款で定めた取締役の員数が欠けた場合に、取締役の選任手続を怠ると、代表取締役等は、過料に処されます（会第976条第22号）。
・任期の満了または辞任により、取締役が欠け、または定款で定めた取締役の員数が欠けた場合には、あわせて新たに選任された取締役の就任による変更の登記（一時取締役の職務を行うべき者の選任の嘱託の登記を含む）がされなければ、任期の満了または辞任した取締役の退任による変更の登記をすることは、できません（詳解商登（上）707頁参照）。
・任期満了または辞任により、取締役の権利義務を有する取締役が死亡した場合は、他に会社を代表して登記の申請をすることができる者がいれば、当該死亡した取締役の任期満了または辞任による退任の登記をすることができます（詳解商登（上）708頁参照）。
・取締役の死亡により、定款で定めた取締役の員数が欠けた場合には、他に会社を代表して登記の申請をすることができる者がいれば、新たに選任された取締役の就任による変更の登記がされていなくても、死亡した取締役の退任による変更の登記をすることができます。
・一時取締役の職務を行うべき者の選任の裁判があった場合には、裁判所書記官によりその登記の嘱託がされます（会第937条第1項第2号イ）。なお、一時取締役の職務を行うべき者は、登記簿上、仮取締役として記録されます（商登規別表第5）。
・一時取締役の職務を行うべき者（仮取締役）の登記は、新たに選任された取締役の就任の登記がされると、抹消する記号が記録されます（商登規第68条第1項）。

(参考) 取締役の任期満了・辞任・死亡による退任後、後任取締役就任までの対応のイメージ

ケース1：取締役が任期満了または辞任により退任し、一時取締役の職務を行うべき者の選任の申立てをしないまま新取締役が就任したケース

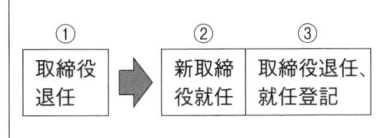

① 取締役退任 → ② 新取締役就任 ③ 取締役退任、就任登記

ケース2：取締役が任期満了または辞任により退任し、一時取締役の職務を行うべき者の選任の申立てをするケース

① 取締役退任 → ⑤ 取締役退任登記 → ⑥ 新取締役就任 ⑦ 取締役就任登記

② 一時取締役選任申立て
③ 裁判所による一時取締役選任
④ 一時取締役登記嘱託

⑧ 職権抹消

ケース3：取締役が死亡により退任し、一時取締役の職務を行うべき者の選任の申立てをするケース（他に代表者あり）

① 取締役退任 → ② 取締役退任登記 → ⑥ 新取締役就任 ⑦ 取締役就任登記

③ 一時取締役選任申立て
④ 裁判所による一時取締役選任
⑤ 一時取締役登記嘱託

⑧ 職権抹消

第7章　商業登記に関して困ったとき　251

4　不正な登記・不審な証明書に関して困ったとき

・不正な登記がされたときは、司法手続により、救済を求めることができます。司法手続を利用する場合には、必要に応じて、弁護士に相談することをお勧めします。

Q121　不正に登記の申請がされそうです。どうすればよいですか

A　申請人となるべき者に成りすました者が申請をするおそれがあるときは、不正登記防止申出【詳細情報64】をすることができます。この場合において、当該申出に係る登記の申請が申出の日から3月以内にあったときは、登記官は本人確認を行うこととされています（商登法第23条の2、商準則第47条第1項(2)）。

詳細情報64　不正登記防止申出とは？

申請人となるべき者本人からの申請人となるべき者に成りすました者が申請している旨またはそのおそれがある旨の申出のことです（商準則第47条、第49条）。当該申出は、登記の申請人となるべき者またはその代表者（出頭することができないやむをえない事情があると認められるときは代理人）が登記所に出頭して行う必要があります（商準則第49条第1項）。

（参考）　不正登記防止申出のイメージ

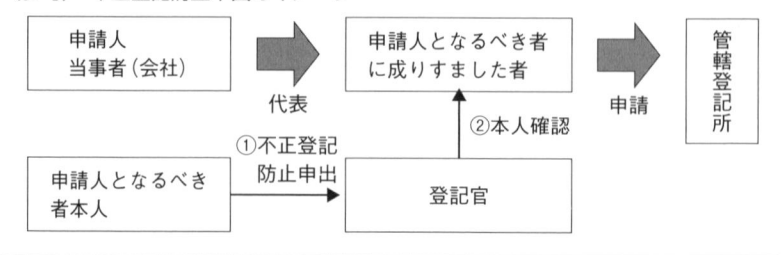

```
┌──────────────┐       ┌──────────────┐       ┌──┐
│  申請人      │  代表 │ 申請人となるべき者│  申請 │管│
│ 当事者（会社）├──────▶│ に成りすました者 ├──────▶│轄│
└──────────────┘       └──────────────┘       │登│
                              ▲                │記│
                       ②本人確認│                │所│
┌──────────────┐ ①不正登記 ┌──────────────┐ └──┘
│ 申請人となるべき│ 防止申出  │              │
│ 者本人       ├──────────▶│   登記官      │
└──────────────┘           └──────────────┘
```

■ 補足説明

　役員の全員を解任する登記の申請がされたときは、登記所から当該会社に連絡がされます。この場合において、相応の短期間内に役員に就任する者がその地位にないこと、または解任される役員がその地位にあることを確認する仮処分命令がされ、当該仮処分命令書の謄本が提出されれば、当該登記の申請は却下されます（平成15年5月6日民商第1405号法務省民事局商事課長通知（登情504号132頁））。

（参考）　役員全員解任登記申請却下までのイメージ

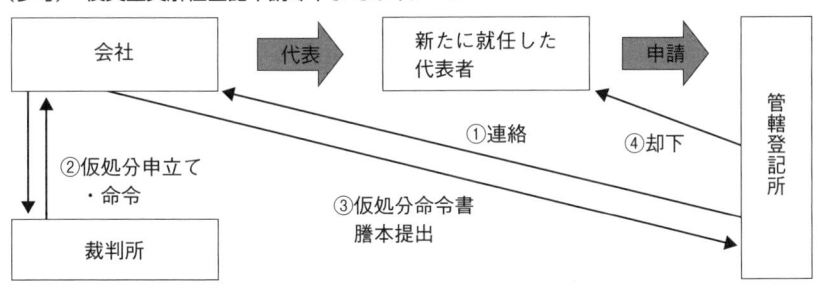

```
                                          ①連絡
  ┌──────┐ 代表 ┌──────────┐ 申請 ┌────┐
  │ 会社  │ ───▶│新たに就任した│ ───▶│管轄│
  │      │     │ 代表者      │     │登記│
  │      │◀────│            │◀────│所  │
  └──────┘     └──────────┘ ④却下 └────┘
     ▲↓②仮処分申立て         
       ・命令          ③仮処分命令書
     ┌──────┐           謄本提出
     │裁判所│ ─────────────────────▶
     └──────┘
```

Q122　不正に取締役が登記されました。どうすればよいですか

A　株主総会において取締役の選任が適法に行われなかったときは、取締役、監査役または株主は、選任決議取消しの訴え、選任決議無効確認の訴え、選任決議不存在確認の訴えまたは解任の訴えを提起することができます（会第830条、第831条、第854条）。また、これらの本案訴訟係属前（選任決議取消しの訴え等提起前）においても、取締役の職務執行停止または職務代行者選任の仮処分の申立てをすることができます（民事保全法第23条第2項）。

■ 補足説明

・取締役の職務執行停止または職務代行者選任の仮処分命令がされると、裁判所書記官は、その登記を嘱託します（民事保全法第56条）。
・取締役の選任決議取消しの訴え、無効確認の訴え、不存在確認の訴えまた

は解任の訴えに係る請求を認容する判決が確定すると、裁判所書記官は、その登記を嘱託し（会第937条第1項第1号）、登記官は、その登記をしたときは、職務執行停止または職務代行者選任の登記は、抹消する記号を記録します（商登規第68条第2項）。

(参考) 不正に取締役が登記され、仮処分および訴訟により対処した場合のイメージ

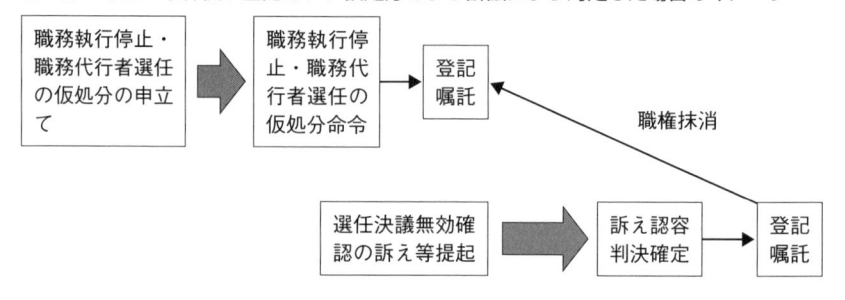

```
[職務執行停止・      [職務執行停
 職務代行者選任  →   止・職務代     →  [登記
 の仮処分の申立       行者選任の         嘱託]
 て]                 仮処分命令]             ↑
                                          職権抹消
                                             ↓
                     [選任決議無効確    [訴え認容     [登記
                      認の訴え等提起] → 判決確定]  →  嘱託]
```

Q123 不審な証明書を受領しました。どうすればよいですか

A 偽造が疑われる場合には、登記所に相談しましょう。また、偽造された証明書により犯罪被害にあったときは、直ちに警察に相談しましょう。

■ 補足説明

・登記事項証明書や印鑑証明書の用紙には、偽造防止策が講じられており、これらの専用紙に施された偽造防止措置については、法務省ホームページ「登記事項証明書及び印鑑証明書のＡ４化について（お知らせ）」に掲載されています。URLは、それぞれ次のとおりです。
http://www.moj.go.jp/content/000011135.jpg
http://www.moj.go.jp/content/000011136.jpg

5　証明書をとれないとき・電子証明書が失効したとき

・次の場合には、登記事項証明書等の交付を受けられません。
　① 　請求した会社が見当たらないとき
　② 　請求した会社が登記中のとき
　③ 　請求した会社の閉鎖した登記用紙（168頁【詳細情報43】）が廃棄されているとき
・次の場合には、電子認証登記所の電子証明書（211頁第6章2）は、失効します。
　① 　電子証明書の証明事項に変更が生じたとき
　② 　代表者の代表権の範囲または制限に関する定めが設けられたとき

Q124　請求した会社が見当たりません。どうすればよいですか

A　請求した会社が見当たらないときは、当該会社等に問い合わせましょう。また、次について確認しましょう。
① 　請求した商号が誤っていないか。
② 　請求した本店が誤っていないか。
③ 　商号として請求したものは、会社の商号ではなく、屋号等ではないか。
④ 　本店として請求した場所は、本店・支店以外の場所ではないか。
⑤ 　会社以外の法人、権利能力なき社団、外国会社ではないか。
⑥ 　登記用紙が閉鎖され、廃棄されている会社ではないか。
⑦ 　架空の会社ではないか。

■ 補足説明
・次表の法人については法人格はありますが、登記は必要とされていないので、登記事項証明書の交付の請求をすることができません（法人精義3頁参照）。

①	勤労者財産形成基金	⑧	国民年金基金
②	健康保険組合	⑨	国民年金基金連合会
③	健康保険組合連合会	⑩	住宅街区整備組合
④	厚生年金基金	⑪	全国農業会議所
⑤	厚生年金基金連合会	⑫	土地改良区
⑥	国民健康保険組合	⑬	土地改良区連合
⑦	国民健康保険組合連合会	⑭	都道府県農業会議

Q125 請求した会社が登記中です。どうすればよいですか

A 登記が完了するまで、登記事項証明書および印鑑証明書の交付を受けられません。

なお、取引先から登記事項証明書を提出するよう求められているときは、登記中であることを伝えましょう。

■ 補足説明

・会社の本店の所在地を管轄する登記所においては、申請中の登記の内容が交付の請求をする証明書の記載事項を変更するものでなければ、一部事項証明書、代表者事項証明書または印鑑証明書を交付（たとえば、目的変更の登記の申請がされている場合における印鑑証明書の交付）することができるときがあります。詳しくは、会社の本店の所在地を管轄する登記所の証明書発行窓口に問い合わせましょう。

・自社の証明書が直ちに必要なときは、登記の申請の取下げ（申請意思の撤回。56頁【詳細情報18】）をすれば、証明書をとることができます。ただし、再度登記の申請をすることにより、登記の期間（24頁【詳細情報11】）が経過し、登記を怠ることとなる場合もあるので、登記完了予定日（60頁【耳寄りな情報9】）を勘案して、慎重に検討しましょう。

Q126 電子証明書が失効しました。どうすればよいですか

A 電子認証登記所の電子証明書（211頁第6章2）を使用する必要があるときは、その発行を請求します。ただし、代表権の範囲または制限に関する定めが設けられているときは、その発行を請求することができません。

なお、当該電子証明書を使用する必要がないときは、何もする必要はありません。

■ 補足説明

・電子認証登記所の電子証明書の証明事項（株式会社の代表取締役の場合には、商号、本店、資格、氏名）が登記により変更され、または更正されたときは、当該電子証明書は失効します。代表取締役の退任（重任を除く）または代表権の範囲もしくは制限に関する定めの設定による登記により証明事項が変更されたときも同様です。

・代表取締役・代表執行役の住所は、電子認証登記所の電子証明書の証明事項ではないので、代表取締役・代表執行役の住所の変更または更正の登記がされても、当該電子証明書は失効しません。

（参考）　株式会社の代表取締役・代表執行役の電子認証登記所の電子証明書の失効のイメージ

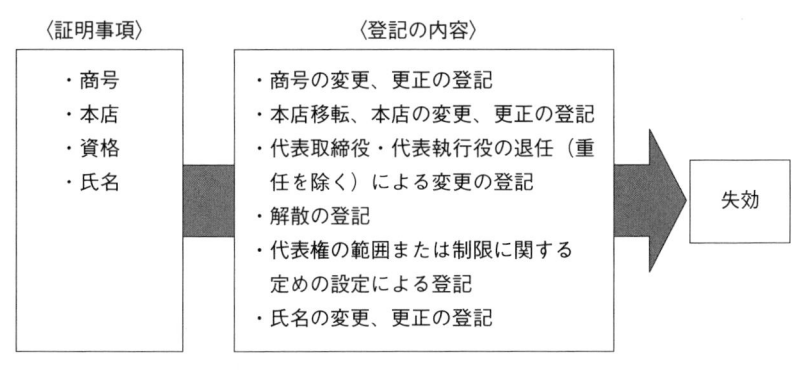

〈証明事項〉	〈登記の内容〉	
・商号 ・本店 ・資格 ・氏名	・商号の変更、更正の登記 ・本店移転、本店の変更、更正の登記 ・代表取締役・代表執行役の退任（重任を除く）による変更の登記 ・解散の登記 ・代表権の範囲または制限に関する定めの設定による登記 ・氏名の変更、更正の登記	失効

6　印鑑・印鑑カードに関して困ったとき

・印鑑・印鑑カードを紛失・盗難したときまたはこれらが毀損したときは、印鑑の廃止または印鑑カードの廃止の届出をすることができます。
・印鑑や印鑑カードが毀損した場合などこれらを悪用されるおそれのない場合には、登記の申請、印鑑カードの交付の申請または電子認証登記所の電子証明書（211頁第6章2）の発行の請求をするときに、改印の届出をすれば足ります。

Q127　印鑑を紛失しました。どうすればよいですか

A　新たに提出する印鑑（159頁【詳細情報41】）をもっているときは、会社の本店の所在地を管轄する登記所（商業・法人登記事務の集中化を実施している局においては、局内の他の商業登記所（15頁Q6）またはアクセス登記所（10頁【耳寄りな情報2】）を含む）に改印届書を提出します。改印届書には、生年月日等所要の事項を記載したうえで、提出する印鑑および市区町村に登録した印鑑を押印し、市区町村長が3カ月以内に作成した印鑑証明書（改印届書を提出する者によって異なる。154頁第4章1参照）を添付します。なお、すでに交付されている印鑑カードはそのまま使えます。

■ 補足説明
・新たに提出する印鑑をもっていないときは、会社の本店の所在地を管轄する登記所（商業・法人登記事務の集中化を実施している局においては、局内の他の商業登記所またはアクセス登記所を含む）に印鑑カードを提示のうえ、印鑑廃止届書および印鑑カード廃止届書（275頁参考資料12。印鑑カードが交付されていないときは、印鑑廃止届書（市区町村に登録した印鑑を押印し、市区町村長が3カ月以内に作成した印鑑証明書を添付））を提出します。

（参考）　印鑑を紛失したときの対応（必要な書面等）のイメージ

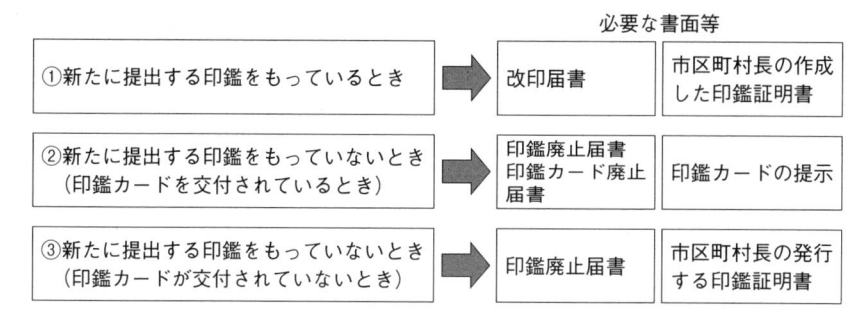

		必要な書面等	
①新たに提出する印鑑をもっているとき	→	改印届書	市区町村長の作成した印鑑証明書
②新たに提出する印鑑をもっていないとき（印鑑カードを交付されているとき）	→	印鑑廃止届書印鑑カード廃止届書	印鑑カードの提示
③新たに提出する印鑑をもっていないとき（印鑑カードが交付されていないとき）	→	印鑑廃止届書	市区町村長の発行する印鑑証明書

Q128　印鑑カードを紛失しました。どうすればよいですか

A　本店の所在地を管轄する登記所（商業・法人登記事務の集中化を実施している局においては、局内の他の商業登記所（15頁Q6）またはアクセス登記所（10頁【耳寄りな情報2】）を含む）に、印鑑カード廃止届書および印鑑カード交付申請書を提出します。

■ 補足説明

・印鑑カード廃止届書および印鑑カード交付申請書には、登記所に提出した印鑑を押印します。〔管財人等（商登規第9条第1項第5号に規定する管財人等をいう）の職務執行者の印鑑カード交付申請書には、当該管財人等である法人の登記事項証明書で作成後3月以内のものを添付しなければなりません（商登規第9条の4第2項本文）。ただし、当該法人の本店または主たる事務所の所在地を管轄する登記所に請求するときは、不要です（商登規第9条の4第2項ただし書）。〕

Q129　印鑑と印鑑カードを紛失しました。どうすればよいですか

A　新たに提出する印鑑（159頁【詳細情報41】）をもっているときは、会社の本店の所在地を管轄する登記所（商業・法人登記事務の集中化を実施し

ている局においては、局内の他の商業登記所（15頁Q6）またはアクセス登記所（10頁【耳寄りな情報2】）を含む）に、改印届書、印鑑カード廃止届書および印鑑カード交付申請書を提出します。

改印届書には、提出する印鑑および市区町村に登録した印鑑を押印し、市区町村長が3カ月以内に作成した印鑑証明書（改印届書を提出する者によって異なる。154頁第4章1参照）を添付します。

印鑑カード廃止届書には、市区町村に登録した印鑑を押印します（市区町村長の作成した印鑑証明書は、上記改印届書に添付したものを援用）。印鑑カード交付申請書には、登記所に提出する印鑑を押印します。〔管財人等（商登規第9条第1項第5号に規定する管財人等をいう）の職務執行者の印鑑カード交付申請書には、当該管財人等である法人の登記事項証明書で作成後3月以内のものを添付しなければなりません（商登規第9条の4第2項本文）。ただし、当該法人の本店または主たる事務所の所在地を管轄する登記所に請求するときは、不要です（商登規第9条の4第2項ただし書）。〕

■ 補足説明

・新たに提出する印鑑をもっていないときは、会社の本店の所在地を管轄する登記所（商業・法人登記事務の集中化を実施している局においては、局内の他の商業登記所またはアクセス登記所を含む）に印鑑廃止届書および印鑑カード廃止届書（市区町村に登録した印鑑を押印し、市区町村長が3カ月以内に作成した印鑑証明書を添付。275頁参考資料12）を提出します。

（参考）　印鑑と印鑑カードを紛失したときの対応（必要な書面等）のイメージ

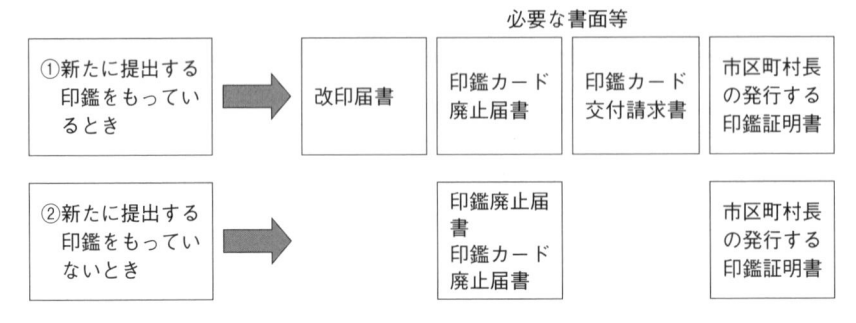

必要な書面等

①新たに提出する印鑑をもっているとき	→	改印届書	印鑑カード廃止届書	印鑑カード交付請求書	市区町村長の発行する印鑑証明書
②新たに提出する印鑑をもっていないとき	→		印鑑廃止届書　印鑑カード廃止届書		市区町村長の発行する印鑑証明書

参 考 資 料

1 商業登記サービス関係費用、利用場所・方法（受取場所・方法）一覧

サービス名		関係費用	利用場所・方法（受取場所・方法）	備考
登記事項証明書の交付				
	窓口	600円	全国の登記所	(注1)
	送付	600円 郵便切手（往復）	全国の登記所に郵送（郵送）	
	オンラインによる取得（窓口受取り）	480円	インターネット（全国の登記所）	
	オンラインによる取得（送付受取り）	500円	インターネット（郵送）	
印鑑証明書の交付				
	窓口	450円	全国の登記所	
	送付	450円 郵便切手（往復）	全国の登記所に郵送（郵便）	
	オンラインによる取得（窓口受取り）	390円	インターネット（全国の登記所）	
	オンラインによる取得（送付受取り）	410円	インターネット（郵送）	
登記事項要約書の交付		450円	管轄登記所	(注2)
改正不適合の登記簿の謄抄本の交付				
	窓口	600円	管轄登記所	(注1)(注3)
	送付	600円 郵便切手（往復）	管轄登記所に郵送（郵送）	
改製不適合の登記簿または登記簿の附属書類の閲覧		450円	管轄登記所	(注3)
登記情報提供サービスによる登記情報の取得		337円	インターネット	

サービス名	関係費用	利用場所・方法 （受取場所・方法）	備考
本支店一括登記の利用	300円	管轄登記所 管轄登記所に郵送 インターネット	（注4）
印鑑の提出、改印、廃止			
窓口	無料	管轄登記所	（注5）
送付	郵便切手（往信）	管轄登記所に郵送	
印鑑カードの交付、廃止			
窓口	無料	管轄登記所	（注5）
送付	郵便切手（往復）	管轄登記所に郵送 （郵便）	
電子認証登記所の電子証明書の発行			
窓口	2,500円	管轄登記所	（注5） （注6）
送付	2,500円 郵便切手（往復）	管轄登記所に郵送 （郵便）	
登記の申請書およびその添付書面の受領証の交付			
窓口	無料	管轄登記所	
送付	郵便切手（往復）	管轄登記所に郵送 （郵送）	

（注1） 50枚超50枚ごとに100円加算。
（注2） 50枚超50枚ごとに50円加算。
（注3） 管轄外本店移転により閉鎖した会社の改製不適合の登記簿の謄抄本の交付または当該登記簿もしくはその附属書類の閲覧の請求先登記所は、現在の本店の所在地を管轄する登記所ではありません（196頁Q91参照）。
（注4） 支店所在地における登記申請1件につき300円。3ついずれの方法でも利用可能。
（注5） 商業・法人登記の集中化を実施している局にあっては、局内の他の商業登記所（15頁Q6）、アクセス登記所（10頁【耳寄りな情報2】）を含む（登記の申請に伴う印鑑の提出を除く）。印鑑カードの廃止にあっては返信はありません。
（注6） 証明期間が3月のもの。3月単位で最長27月まで発行可能（3月ごとに1,800円加算）。

2　商業登記の全部または一部の事務を扱う登記所一覧

（平成26年4月1日現在）

法務局・地方法務局名	商業登記所	アクセス登記所	証明書発行登記所
東京法務局	本局、全支局、全出張所		
横浜地方法務局	本局、湘南支局	湘南を除く全支局、大和出張所	大和を除く全出張所
静岡地方法務局	本局、沼津支局、浜松支局	沼津・浜松を除く全支局、清水を除く全出張所	清水出張所
大阪法務局	本局、北大阪支局、東大阪支局、堺支局	北大阪・東大阪・堺を除く全支局、北・天王寺を除く全出張所	北出張所、天王寺出張所
京都地方法務局	本局	全支局、嵯峨・伏見を除く全出張所	嵯峨出張所、伏見出張所
神戸地方法務局	本局	全支局、須磨・北・東神戸を除く全出張所	須磨出張所、北出張所、東神戸出張所
名古屋法務局	本局、岡崎支局	岡崎支局を除く全支局、熱田を除く全出張所	熱田出張所
福岡法務局	本局、北九州支局	北九州支局を除く全支局、西新・箱崎を除く全出張所	西新出張所、箱崎出張所
仙台法務局	本局、全支局、全出張所		
盛岡地方法務局	本局、一関支局、水沢支局、大船渡出張所	花巻支局、二戸支局、宮古支局	
札幌法務局	本局	全支局、南・北・西・白石を除く全出張所	南出張所、北出張所、西出張所、白石出張所
釧路地方法務局	本局、全支局、全出張所		
上記以外の法務局・地方法務局	本局	全支局、全出張所	

3　同時申請・経由申請を要する登記一覧

	同時申請を要する登記の申請	経由先登記所
管轄外本店移転	旧本店所在地における本店移転の登記	旧本店所在地の管轄登記所
	新本店所在地における本店移転の登記	
種類の変更、組織変更、特例有限会社の通常の株式会社への移行（本店・支店の登記とも）	解散の登記	
	設立の登記	
吸収合併	存続会社の吸収合併による変更の登記	存続会社の管轄登記所
	消滅会社の解散の登記	
新設合併	設立の登記	新設会社の管轄登記所
	消滅会社の解散の登記	
吸収分割	承継会社の吸収分割による変更の登記	承継会社の管轄登記所
	分割会社の吸収分割による変更の登記	
新設分割	設立の登記	新設会社の管轄登記所
	分割会社の新設分割による変更の登記	
株式交換	完全親会社の株式交換による変更の登記	完全親会社の管轄登記所
	完全子会社の株式交換による新株予約権の消滅による変更の登記	
株式移転	完全親会社の設立の登記	完全親会社の管轄登記所
	完全子会社の株式移転による新株予約権の消滅による変更の登記	

	同時申請を要する登記の申請	経由先登記所
支配人を置いた営業所の移転等	本店・支店に関する移転・変更・廃止の登記	
	支配人を置いた営業所に関する移転・変更・廃止の登記	
外国会社のすべての営業所の管轄外移転	旧営業所所在地宛て営業所移転の登記	旧営業所所在地の管轄登記所
	新営業所所在地宛て営業所移転の登記	
外国会社のすべての営業所の閉鎖（日本における代表者の全員が退任しようとするときを除く）	営業所の所在地における営業所の閉鎖の登記	営業所所在地の管轄登記所
	日本における代表者の住所地における営業所の閉鎖の登記	
外国会社の日本における代表者の全員の管轄外住所移転	旧住所地における日本における代表者の住所移転の登記	旧住所地の管轄登記所
	新住所地における日本における代表者の住所移転の登記	
外国会社の営業所の設置（日本に営業所を設けていな外国会社）	日本における代表者の住所地における営業所の設置の登記	日本における代表者の住所地の管轄登記所
	営業所の所在地における営業所の設置の登記	

4 株式会社の機関設計

(1) 株式会社(特例有限会社を除く)の株主総会以外の機関設計

	大会社 (会計監査人は必置)	大会社でない会社
公開会社 (取締役会は必置)	他はなし	③ 取締役会＋監査役 ④ 取締役会＋監査役＋監査役会 ⑤ 取締役会＋監査役＋会計監査人
公開会社でない会社	⑤ ⑥ 取締役＋監査役＋会計監査人	④、⑤、⑥ ⑦ 取締役 ⑧ 取締役＋監査役 　(会計限定も可) ⑨ 取締役会＋会計参与 ⑩ 取締役会＋監査役(会計限定も可)

・すべての会社において、以下の設置が可能
　① 取締役会＋監査役＋監査役会＋会計監査人
　② 取締役会＋委員会＋会計監査人
・取締役は⑥、⑦、⑧以外も必置
・会計参与は⑨以外も設置可

(2) 清算株式会社(清算特例有限会社を除く)の株主総会以外の機関設計

	清算開始時に大会社であった会社(監査役は必置)	清算開始時に大会社でなかった会社
清算開始時に公開会社であった会社 (監査役は必置)	① 清算人＋監査役 ② 清算人＋清算人会＋監査役 ③ 清算人＋清算人会＋監査役＋監査役会	
清算開始時に公開会社でなかった会社	(注)	①～③ ④ 清算人 ⑤ 清算人＋清算人会

(注) 清算開始時に公開会社または大会社であり、委員会設置会社であった清算株式会社については、監査委員が監査役となります(会第477条第5項)。

5 株式会社の役員の任期等

		原則	例外	その他の任期満了事由
取締役・会計参与	委員会設置会社以外	選任後2年以内に終了する事業年度のうち最終のものに関する定時株主総会の終結の時まで	① 定款又は株主総会の決議によって、任期を短縮可 ② 公開会社でない会社にあっては、定款によって、選任後10年以内に終了する事業年度のうち最終のものに関する定時株主総会の終結の時までに伸長可	以下の効力が生じた時 ① 委員会を置く旨の定款の変更 ② 株式の譲渡制限の定めを全て廃止する定款の変更 ③ 会計参与にあっては、会計参与を置く旨の定款の定めを廃止する定款の変更
	委員会設置会社	選任後1年以内に終了する事業年度のうち最終のものに関する定時株主総会の終結の時まで	定款又は株主総会の決議によって、任期を短縮可	委員会を置く旨の定款の定めを廃止する定款の変更の効力が生じた時
監査役		選任後4年以内に終了する事業年度のうち最終のものに関する定時株主総会の終結の時まで	① 定款によって、任期の満了前に退任した監査役の補欠として選任された監査役の任期を退任した監査役の任期の満了する時までに短縮可 ② 公開会社でない会社にあっては、定款によって、選任後10年以内に終了する事業年度のうち最終のものに関する定時株主総会の終結の時までに伸長可	以下の効力が生じた時 ① 監査役を置く旨の定款の定めを廃止する定款の変更 ② 委員会を置く旨の定款の変更 ③ 監査役の監査の範囲を会計に関するものに限定する旨の定款の定めを廃止する定款の変更 ④ 株式の譲渡制限の定めを全て廃止する定款の変更
会計監査人		選任後1年以内に終了する事業年度のうち最終のものに関する定時株主総会の終結の時まで	なし	会計監査人を置く旨の定款の定めを廃止する定款の変更の効力が生じた時
執行役		選任後1年以内に終了する事業年度のうち最終のものに関する定時株主総会の終結後最初に召集される取締役会の終結の時まで	定款によって、任期を短縮可	委員会を置く旨の定款の定めを廃止する定款の変更の効力が生じた時

6　印鑑カード交付申請書（法務省ホームページから転載）

印鑑カード交付申請書

照合印

※ 太枠の中に書いてください。

（地方）法務局　　支局・出張所　　平成　年　月　日申請

（注1）登記所に提出した印鑑の押印欄 （印鑑は鮮明に押印してください。）	商号・名称	
	本店・主たる事務所	
	印鑑提出者	資格	代表取締役・取締役・代表理事・理事・（　　　）
		氏名	
		生年月日	大・昭・平・西暦　　年　月　日生
	会社法人等番号	

申　請　人（注2）　□ 印鑑提出者本人　□ 代理人

住所		連絡先	1 勤務先　2 自宅
フリガナ 氏名			電話番号

委　任　状

私は，（住所）

　　　　（氏名）

を代理人と定め，印鑑カードの交付申請及び受領の権限を委任します。

平成　年　月　日

住所

氏名　　　　　　　　　　　　　　　　　　　印　　〔登記所に提出した印鑑〕

(注1)　押印欄には，登記所に提出した印鑑を押印してください。
(注2)　該当する□にレ印をつけてください。代理人の場合は，代理人の住所・氏名を記載してください。その場合は，委任状に所要事項を記載し，登記所に提出した印鑑を押印してください。

交付年月日	印鑑カード番号	担当者印	受領印又は署名

（乙号・9）

7　登記事項証明書・登記簿謄抄本等交付申請書（法務省ホームページから転載）

|会社法人用|

登記事項証明書
登記簿謄抄本　交付申請書
概要記録事項証明書

※　太枠の中に書いてください。

　　（地方）法務局　　　支局・出張所　　　平成　　年　　月　　日申請

窓口に来られた人 （申請人）	住　所	収入印紙欄
	フリガナ 氏　名	収　入 印　紙
商号・名称 （会社等の名前）		
本店・主たる事務所 （会社等の住所）		収　入 印　紙
会社法人等番号		

※　必要なものの□にレ印をつけてください。

請　　　　求　　　　事　　　　項	請求通数
①**全部事項証明書（謄本）** 　□　履歴事項証明書　（閉鎖されていない登記事項の証明） 　　※現在効力がある登記事項に加えて、当該証明書の交付の請求があった日の3年前の日の 　　　属する年の1月1日から請求があった日までの間に抹消された事項等を記載したものです。 　□　現在事項証明書　（現在効力がある登記事項の証明） 　□　閉鎖事項証明書　（閉鎖された登記事項の証明） 　　※当該証明書の交付の請求があった日の3年前の属する年の1月1日よりも前に 　　　抹消された事項等を記載したものです。	通
②**一部事項証明書（抄本）**　※　必要な区を選んでください。 　□　履歴事項証明書　　□　株式・資本区 　□　現在事項証明書　　□　目的区 　□　閉鎖事項証明書　　□　役員区 　　　　　　　　　　　　□　支配人・代理人区 　　　　　　　　　　※2名以上の支配人等がいる場合で、その一部の者のみを 　　　　　　　　　　　請求するときは、その支配人等の氏名を記載してください。 ※商号・名称区及び　　　（氏名　　　　　　　　　　　） 　会社・法人状態区　　　（氏名　　　　　　　　　　　） 　は、どの請求にも　　□　その他（　　　　　　　　　　　　） 　表示されます。	通
③□**代表者事項証明書**　（代表権のある者の証明） ※2名以上の代表者がいる場合で、その一部の者の証明のみを請求するとき は、その代表者の氏名を記載してください。（氏名　　　　　　　　　　）	通
④**コンピュータ化以前の閉鎖登記簿の謄抄本** 　□　コンピュータ化に伴う閉鎖登記簿謄本 　□　閉鎖謄本（　　　　年　　月　　日閉鎖） 　□　閉鎖役員欄（　　　　年　　月　　日閉鎖） 　□　その他（　　　　　　　　　　　　　　　）	通
⑤**概要記録事項証明書** 　□　現在事項証明書（動産譲渡登記事項概要ファイル） 　□　現在事項証明書（債権譲渡登記事項概要ファイル） 　□　閉鎖事項証明書（動産譲渡登記事項概要ファイル） 　□　閉鎖事項証明書（債権譲渡登記事項概要ファイル） ※請求された登記記録がない場合には、記録されている事項がない旨 　の証明書が発行されます。	通

（収入印紙は割印をしないでここに貼ってください。登記印紙も使用可能）

交付通数	交付枚数	手　数　料	受付・交付年月日

（乙号・6）

8　印鑑証明書・登記事項証明書交付申請書（法務省ホームページから転載）

印鑑証明書及び登記事項証明書 交付申請書

会社法人用

※ 太枠の中に書いてください。

（地方）法務局　　支局・出張所　　平成　年　月　日申請

窓口に来られた人 （申請人）	住所		収入印紙欄
	フリガナ 氏名		収入印紙
商号・名称 （会社等の名前）			
本店・主たる事務所 （会社等の住所）			収入印紙
支配人・参事等を置いた営業所又は事務所			
印鑑提出者	資格	代表取締役・取締役・代表社員・代表理事・理事・支配人（　　　　　）	
	氏名		
	生年月日	大・昭・平・西暦　　年　　月　　日生	
	印鑑カード番号		

請求事項	請求通数
①印鑑証明書　　□ 代理人 ※代理人の場合は，□代理人にレ印をつけてください。 ※代理人の場合も，委任状は必要ありません。 **※必ず印鑑カードを添えて申請してください。**	通
②履歴事項全部証明書（謄本） （閉鎖されていない登記事項全部の証明） ※現在効力がある登記事項に加えて，当該証明書の交付の請求があった日の3年前の日の属する年の1月1日から請求があった日までの間に抹消された事項等を記載したものです。	通
③現在事項全部証明書（謄本） （現在効力がある登記事項全部の証明）	通
④代表者事項証明書　（代表権のある者の証明） ※2名以上の代表者がいる場合で，その一部の者の証明のみを請求するときは，その代表者の氏名を記載してください。 （氏名　　　　　　　　　　　　　　　）	通

（収入印紙は割印をしないでここに貼ってください。）
（登記印紙も使用可能）

交付通数	交付枚数	整理番号	手数料	受付・交付年月日

（乙号・12）

9　登記事項要約書交付・閲覧申請書（法務省ホームページから転載）

| 会社法人用 | 登記事項要約書交付・閲覧　申請書 |

※　太枠の中に書いてください。

（地方）法務局　　　支局・出張所　　　平成　年　月　日申請

窓口に来られた人（申請人）	住　所		収入印紙欄
	フリガナ 氏　名		収入印紙
商号・名称 （会社等の名前）			
本店・主たる事務所 （会社等の住所）			収入印紙
会社法人等番号			

※該当事項の□にレ印をつけてください。

要約書	□ 会社法人	※商号・名称区及び会社・法人状態区はどの請求にも表示されます。 ※請求できる区の数は上記のほか**3個**までです。 □ 株式・資本区 □ 目　的　区 □ 役　員　区 □ 支配人・代理人区 □ 支店・従たる事務所区 □ その他（　　　　　　　　）
	□ 会社法人以外	□ 商 号 登 記 簿 □ その他（　　　　　　　　）
閲覧	□ 登記簿　□ その他（　　　　　　　　） □ 閉鎖登記簿（　　年　月　日閉鎖） □ 申 請 書（　　年　月　日受付第　　号） 利害関係：	

収入印紙は割印をしないでここに貼ってください。（登記印紙も使用可能）

交付通数	交付枚数	手　数　料	受付・交付年月日

（乙号・7）

10　商業登記に関する主な用語の英訳例（法務省ホームページ「日本法令外国語訳データベースシステム」による英訳例参照）

登記所　a registry office
登記官　a register
登記事項証明書　a certificate of registered matters
印鑑証明書　a certificate of seal inpression
株式会社　stock company
合名会社　general partnership company
合資会社　limited partnership company
合同会社　limited liability company
外国会社　foreign company
商号　trade name
本店　head office
支店　branch office(s)
公告方法　public notice
会社設立の年月日　date of incorporation of the company
目的　purpose
取締役　director(s)
代表取締役　representative director(s)
取締役会設置会社　company with board of directors
会計参与　accounting advisor(s)
監査役　company auditor(s)
会計監査人　accounting auditor(s)
委員会設置会社　company with committees
代表執行役　representative executive officer(s)
支配人　manager(s)
組織変更　Entity Conversion
吸収合併　Absorption-type Merger
新設合併　Consolidation-type Merger
吸収分割　Absorption-type Company Split
新設分割　Incorporation-type Company Split
解散　dissolution
継続　continuation
清算人　liquidator(s)
代表清算人　representative liquidator(s)
清算結了　completion of liquidation

11　電子証明書発行申請書（法務省ホームページから転載）

電子証明書発行申請書

平成　年　月　日

法務局　　支局・出張所（経由）
東京法務局

印鑑届出事項

会社法人等番号	
商号（名　称）	
本店（事務所）	

印鑑提出者

資　格	
氏　名	
生年月日	明・大・昭　年　月　日生

証明期間（月数） ※○で囲んでください。	3　6　9　12　15　18　21　24　27	手数料	円

注　証明期間は3か月単位で最長27か月です。手数料は、証明期間が3か月のときは2,500円、3か月を超えるときは、その超える期間3か月当たり1,800円を加算した額となります。

上記のとおり電子証明書の発行を請求します。

申請人

印鑑提出者本人	氏名	（登記所に提出した印鑑）

代理人	住所	（印鑑：認印で可）
	氏名	

注　印鑑提出者本人の印鑑欄には、**登記所に提出した印鑑**を鮮明に押印してください。
　　代理人が申請するときは、代理人欄に住所・氏名を記載、押印（認印で可）し、委任状に所定事項を記載し、印鑑提出者本人が登記所に提出した印鑑を押印してください。

委　任　状

（住所）
（氏名）
私は、上記の者を代理人と定め、次の権限を委任します。
1．電子証明書発行申請に関する一切の件
　電子証明書証明期間　　　か月

平成　年　月　日
商号（名　称）
本店（事務所）
資格・氏名　　　　　　　　　印　（登記所に提出した印鑑）

整理番号	印鑑カード番号	受付・告知年月日	担当者印

印紙貼付欄

・収入印紙は割印をしないでここに貼ってください。
・登記印紙も使用することができます。
・印紙を貼りきれないときは、この用紙の裏面に貼ってください。

印鑑カードを必ず添えて申請してください。

12　印鑑・印鑑カード廃止届書（法務省ホームページから転載）

印鑑・印鑑カード廃止届書

※ 太枠の中に書いてください。

　　　　（地方）法務局　　　支局・出張所　　　平成　　年　　月　　日申請

□ 印鑑の廃止届出 □ 印鑑カードの廃止届出 □ 印鑑及び印鑑カードの廃止届出 （いずれかの□にレ印をつけてください。）	商号・名称	
	本店・主たる事務所	
印鑑提出者	資格	代表取締役・取締役・代表理事・理事 （　　　　　　　　　　　　　　　　　）
	氏名	
（注1） 登記所に提出した印鑑の押印欄	生年月日	大・昭・平・西暦　　　年　　月　　日生
	印鑑カード番号	
	カード廃止の理由 ※カードのみを廃止する場合に、□にレ印をつけてください。	□ 亡失（なくなった）　□ その他 □ 汚損（著しく汚れた） □ き損（破損した）
	申請人（注2）	□ 印鑑提出者本人　□ 代理人
（印鑑は鮮明に押印してください。）	住所	
	フリガナ 氏名	

委任状

　私は,（住所）

　　　　（氏名）

　を代理人と定め，□印鑑の廃止届出，□印鑑カードの廃止届出，□印鑑及び印鑑カードの廃止届出の権限を委任します。
　　　平成　　年　　月　　日
　　　　住所
　　　　氏名　　　　　　　　　　　　　　　　　　　　　印　[登記所に提出した印鑑]

（注1）　登記所に提出した印鑑を押印してください。この押印ができない場合は，市区町村に登録済みの印鑑を押印し，作成後3か月以内の市区町村長の証明した印鑑証明書を添付してください。
（注2）　代理人が届け出るときは，代理人の住所・氏名を記載してください。この場合，委任状に所要事項を記載し（該当する□にはレ印をつける），登記所に提出した印鑑を押印してください。
　　　　この押印ができない場合は，市区町村に登録済みの印鑑を押印し，作成後3か月以内の市区町村長の証明した印鑑証明書を添付してください。
（注3）　印鑑カードの交付を受けている場合は，返納してください。この場合には，（注1）の押印及び（注2）の委任状は不要です。

	印鑑処理番号	受付	調査	入力	校合

（乙号・10）

事項索引

【あ行】

アクセス登記所…………………… 7
委任状………………………………22
委任状情報………………………… 218
印鑑カード………………………… 7
印鑑証明書………………………… 5
印鑑証明書委任状情報…………… 229
印鑑証明書請求書情報…………… 228
印鑑届書……………………………14
印鑑廃止届書………………………14
印紙等貼付台紙……………………37
インターネット……………………30
受付………………………………… 2
訴えをもってのみその無効を主張
　することができる……………… 140
オンライン提出方式………………31

【か行】

改印届書……………………………14
外国会社……………………………18
外国人……………………………… 109
解散…………………………………19
開示請求…………………………… 170
会社成立の年月日…………………75
会社分割……………………………37
会社法人等番号……………………35
改製………………………………… 197
改製不適合の登記簿の謄抄本…… 5
開庁…………………………………13
解任…………………………………21

概要記録事項証明書……………… 184
合併…………………………………21
株式移転……………………………37
株式交換…………………………… 131
株式の発行の無効………………… 138
株主割当て…………………………94
過料………………………………… 2
管轄外本店移転……………………28
管轄転属…………………………… 189
官公庁の許認可……………………80
管財人等……………………………18
完全親会社………………………… 132
完全子会社………………………… 132
かんたん証明書請求……………… 228
偽造…………………………………56
却下…………………………………53
休眠会社…………………………… 245
業務執行社員……………………… 122
形式的審査権……………………… 2, 4
刑事事件…………………………… 139
継続…………………………………19
現物出資……………………………98
原本還付……………………………48
公印証明…………………………… 178
公開会社…………………………… 94, 192
公開会社でない会社……………… 193
公証人………………………………71
更正………………………………… 4
公的個人認証電子証明書…………48

【さ行】

債権者異議手続……………… 136
再使用………………………… 60
再任…………………………… 108
裁判所………………………… 2
資格者代理人………………… 23
資格証明書…………………… 183
指定公証人電子証明書……… 48
支店…………………………… 14
支配人………………………… 24
司法書士……………………… 23
事務委任……………………… 189
収入印紙……………………… 34
重任…………………………… 108
種類株式発行会社…………… 100
照会番号……………………… 210
商業登記所…………………… 7
商業登記電子認証ソフト…… 211
商業登記簿…………………… 2
商業・法人登記事務の集中化
　………………………… 11, 14
承継会社……………………… 116
商号…………………………… 2
証明書発行請求機…………… 171
証明書発行登記所…………… 7
消滅会社……………………… 21
嘱託…………………………… 2
職務執行者…………………… 122
職務執行停止………………… 43
職務代行者選任……………… 139
職権更正……………………… 141
職権抹消……………………… 237
書面決議……………………… 225

知れたる債権者……………… 115
審査請求……………………… 54
申請書情報…………………… 30
申請人………………………… 8
申請用総合ソフト等………… 218
新設会社……………………… 21
清算…………………………… 5
清算結了……………………… 111
清算人………………………… 111
清算を結了していない旨の申出…… 88
設立の取消し………………… 124
設立の無効…………………… 4
組織変更……………………… 50
存続会社……………………… 21

【た行】

第三者割当て………………… 94
代表社員……………………… 122
代理人………………………… 18
定款…………………………… 49
手数料………………………… 29
電子証明書…………………… 45
電子署名……………………… 45
電磁的記録…………………… 35
電子認証登記所の電子証明書…… 5
添付書面……………………… 36
添付書面にかわるべき情報…… 223
登記官………………………… 177
登記完了予定日……………… 60
登記・供託オンライン申請システム
　……………………………… 30
登記された事項につき無効の原因
　があることを証する書面…… 146
登記事項概要ファイル……… 9

事項索引　277

登記事項証明書……………………… 2
登記事項要約書……………………… 5
登記情報提供サービス……………… 2
登記の期間…………………………… 2
登記の事由……………………………35
登記簿の附属書類…………………… 5
謄本……………………………………48
登録免許税……………………………35
登録免許税・登記手数料納付
　用紙……………………………… 221
特例有限会社……………………… 116
特例有限会社の通常の株式会社へ
　の移行…………………………… 116
取下げ…………………………………53
取締役会設置会社……………………72
取締役会設置会社でない会社………73

【な行】

日本司法書士会連合会………………23
日本における代表者… 18, 19, 20, 24
認証局…………………………………47
認証者…………………………………45

【は行】

破産手続開始の決定…………………21
払込期間…………………………… 100
不正登記防止申出書…………………14
分割会社…………………………… 131
閉鎖した登記記録………………… 166
閉鎖した登記用紙および各欄の用
　紙………………………………… 168
ペイジー…………………………… 232

法定清算人……………………………40
法務局証明サービスセンター…… 171
法務局ホームページ…………………27
法務省ホームページ…………………45
法務大臣指定電子証明書……………48
募集株式………………………………97
募集株式の割当て……………………94
募集事項………………………………94
募集事項等……………………………94
募集による設立………………………71
保証書……………………………… 155
補正……………………………………53
発起人…………………………………70
本局…………………………………… 9
本国官憲の証明…………………… 109
本支店一括登記……………………… 5
本店…………………………………… 2
本店等所在地法務局等…………… 185
本人確認……………………………… 8

【ま行】

抹消…………………………………… 4
メール送信サービス…………………31

【や行】

有効期限…………………………… 177
郵送……………………………………27

【ら行】

領収証…………………………………34
ローマ字………………………………78

【著者紹介】

土手　敏行（どて　としゆき）

平成3年	早稲田大学教育学部英語英文学科卒業
平成3年	法務省人権擁護局総務課
平成17年	法務省民事局商事課法務専門官
平成18年	東京法務局民事行政部第一法人登記部門統括登記官
平成20年	法務省民事局総務課補佐官
平成22年	法務省民事局商事課補佐官
平成24年	法務省民事局民事第二課補佐官

平成25年から他省庁に出向中

［主な著書］

筧康生・神﨑満治郎・立花宣男編集代表『〔全訂〕詳解商業登記』（共著、金融財政事情研究会、2012）

Q&A商業登記利用案内

平成26年9月29日　第1刷発行

著　者　土　手　敏　行
発行者　小　田　　　徹
印刷所　株式会社太平印刷社

〒160-8520　東京都新宿区南元町19
発　行　所　一般社団法人 金融財政事情研究会
　　　　編　集　部　TEL 03(3355)2251　FAX 03(3357)7416
販　　　売　株式会社きんざい
　　　　販売受付　TEL 03(3358)2891　FAX 03(3358)0037
　　　　URL http://www.kinzai.jp/

・本書の内容の一部あるいは全部を無断で複写・複製・転訳載すること、および磁気または光記録媒体、コンピュータネットワーク上等へ入力することは、法律で認められた場合を除き、著作者および出版社の権利の侵害となります。
・落丁・乱丁本はお取替えいたします。定価はカバーに表示してあります。

ISBN978-4-322-12583-2

好評図書

[全訂]詳解商業登記

[編集代表] 筧　康生・神﨑満治郎・立花宣男
A5判・上製箱入り・2,380頁(上下組)・定価(本体24,000円＋税)

会社法制定を盛り込み 15年ぶりの大改訂!!

◆昭和39年『詳解商業登記』として発刊されて以来、「味村本」として長年にわたり商業登記のバイブルとして評価されてきた原著を全面改訂。

◆商業登記の標準的な解説を示すとともに、学説、判例、先例の位置づけを明記。

◆平成17年の会社法制定による商業登記制度の大幅な改正を盛り込み全面的に刷新。

◆商業登記・会社法関連業務にかかわる司法書士・弁護士、企業の融資・法務・経営管理担当者必読の一冊。

好評図書

金融法務のすべてを網羅した実務の定本

銀行窓口の法務対策 4500講

前版比700講増！
4年ぶりの全面改訂！

［監修］畑中龍太郎
　　　　中務嗣治郎
　　　　神田　秀樹
　　　　深山　卓也

Ⅰ	コンプライアンス・取引の相手方・預金・金融商品 編	1,640頁
Ⅱ	為替・手形小切手・電子記録債権・付随業務・周辺業務 編	1,584頁
Ⅲ	貸出・管理・保証 編	1,304頁
Ⅳ	担保 編	1,200頁
Ⅴ	回収・担保権の実行・事業再生 編	1,376頁

各巻A5判・上製　各巻 定価（本体8,000円＋税）
全5巻セット 定価（本体40,000円＋税）

◆でんさいネット、改正犯罪収益移転防止法、改正金融商品取引法など新法制・新ルールに対応！
◆海外進出支援、経営改善支援強化等、最新の実務動向をフォロー！